Gerhard Wisnewski

Jörg Haider

Gerhard Wisnewski

Jörg Haider

Unfall, Mord oder Attentat?

KOPP VERLAG

2. Auflage Juni 2009

Copyright © 2009 bei
Kopp Verlag, Pfeiferstraße 52, D-72108 Rottenburg

Alle Rechte vorbehalten

Umschlaggestaltung: Angewandte Grafik/Peter Hofstätter
Satz und Layout: Perfect Page, Karlsruhe
Druck und Bindung: CPI – Clausen & Bosse, Leck
ISBN: 978-3-938516-90-4

Mix
Produktgruppe aus vorbildlich bewirtschafteten
Wäldern und anderen kontrollierten Herkünften
www.fsc.org Zert.-Nr. GFA-COC-001223
© 1996 Forest Stewardship Council

Gerne senden wir Ihnen unser Verlagsverzeichnis.
Kopp Verlag
Pfeiferstraße 52
D-72108 Rottenburg
E-Mail: info@kopp-verlag.de
Tel. (0 74 72) 98 06-0
Fax (0 74 72) 98 06-11

Unser Buchprogramm finden Sie auch im Internet unter:
www.kopp-verlag.de

5

Inhaltsverzeichnis

»Keine Sekunde für den Haider-Unfall« – Vorwort

Donnerstag, 18. Dezember 2008, kurz vor 17 Uhr. In den Städten Kärntens hängt der Weihnachtsschmuck in den Straßen. Während in der Landeshauptstadt Klagenfurt die letzten Käufer über den Weihnachtsmarkt streifen, friere ich mir auf dem Parkplatz eines Baumarktes in einem Gewerbegebiet die Füße ab. Es ist dunkel und nasskalt. Der Asphalt glänzt schwarz. Leichter Schneeregen rieselt vom Himmel. Um 17 Uhr bin ich hier mit einem Herrn K. verabredet. Ich soll auf einen weißen Polo warten. Oder war vielleicht alles nur Einbildung? Oder ein leeres Versprechen? Dass ich gleich das seit dem Unfall sorgfältig versteckte Wrack des Haider-Phaetons sehen darf, kann ich immer noch nicht glauben. Kurz vor fünf rufe ich die Handynummer von Herrn K. an. Ja, er sei unterwegs, höre ich ihn durch die Fahrgeräusche seines Autos rufen. Scheint zu klappen – also weiter warten. Schließlich kommt der weiße Polo und hält direkt vor mir. Im Inneren lehnt sich ein Mann mit grauen Haaren und Trachtenjacke zu mir herüber. Ich soll ihm mit meinem Wagen folgen. Aus dem Café des Baumarktes hole ich schnell noch den Fotografen, den ich mitgenommen habe.

Es sei nicht weit, bloß ein paar Minuten, wurde mir schon vorher gesagt. Während wir durch die dunkle, triste Gegend fahren, ist mir nicht ganz wohl bei der Sache. Wir sehen die Heckleuchten des Polos durch das leichte Schneetreiben. Er biegt schließlich nach rechts in eine breite Einfahrt ein. Ich sehe mehrere, von Neonlampen angestrahlte flache Gebäude. Das Gelände macht einen kalten, unheimlichen Eindruck. Der Polo hält an der langen Seite eines Flachbaus, wir dahinter.

Die Kärntner Landesregierung hat sichtlich Sorge, das Wrack könnte plötzlich verschwinden. Der Zugang wurde verrammelt wie der Eingang zu einem Pharaonengrab. Vor uns türmen sich Paletten mit schweren Gehwegplatten, die nur für unseren Besuch von der Gebäudeseite weggerückt wurden. Hinter den Platten erkenne ich eine Plane und dahinter eine orangefarbene Tür, die sich nur einen Spalt breit öffnen lässt. Durch den Spalt, nur wenige Zentimeter hinter der Tür, erkenne ich die zerknitterte, schwarz glänzende Motorhaube des Phaeton. Er ruht hier wie ein großes, verletztes Tier, das sich zum Sterben verkrochen hat: der letzte stumme Zeuge des Todes von Jörg Haider. Was hat man ihm wohl wirklich angetan, überlege ich, während wir uns an den Gehwegplatten vorbei durch den schmalen Türspalt zwängen. Was würde er sagen, wenn er reden könnte? Und: Werde ich ihn wirklich zum Reden bringen können?

Um es gleich zu sagen: Dieses Buch dürfte man eigentlich gar nicht schreiben. Denn sein Thema ist der plötzliche und unerwartete Tod eines »Rechtspopulisten«, »Rechts-Politikers«, ja, vielleicht sogar eines »Nazis« oder »Neonazis«. Und solche Leute können sterben, wie sie wollen – Fragen soll man darüber keine stellen dürfen. Ja, wo kritische Geister sonst alles und jeden hinterfragen – bei einem Mann wie dem österreichischen Politiker Jörg Haider, der am 11. Oktober 2008 bei einem »Verkehrsunfall« plötzlich und unerwartet verstarb, hört das Denken blitzartig auf. Da darf man nicht fragen, sondern nur nachtreten: »Kaum war ich unlängst nach längerer Zeit mal wieder in Wien gelandet«, schrieb ein Kollege von mir, dessen Namen ich hier aus Wertschätzung verschweige, »da spult sich keine fünf Stunden später Landeshauptmann Jörg Haider an einem Betonpfosten auf – sturzbetrunken und mit 140 Sachen.«

Davon abgesehen, dass es einen Betonpfosten an der Stelle gar nicht gab: Derselbe Kollege stellt seit vielen Jahren bohrende Fragen über die Ungereimtheiten der Attentate des 11. September 2001 – aber im Fall Haider übernimmt er trotz aller Widersprüche unhinterfragt die offizielle Version. Wie Jörg Haider, dieser immerhin führende Politiker Österreichs, ums Leben gekommen ist, soll keine Rolle spielen. Ja, mehr noch, sein Ableben wird ganz offen begrüßt: »Ich sollte öfter nach Österreich kommen, vielleicht geht dann jedes Mal ein Nazi drauf«, habe er sich gedacht. Eine Formulierung, die mich verwunderte, denn immerhin wurde sie von einem anerkannt kritischen Journalisten benutzt. Und immerhin ging es ja hier um ein Menschenleben – »Rechtspopulist« oder »Nazi« hin oder her.

Während ich recherchierte und auch im Internet über den Fall Haider schrieb, wurde ich mit der knallharten Doppelmoral aller politisch Korrekten konfrontiert, die da lautet: Ist es denn nicht egal, ob ein Rechter ermordet worden ist? »Ich bin seit zwanzig Jahren mit einer

Österreicherin verheiratet und weiß deshalb durch enge Kontakte zu Österreich, was Haider war: ein Neonazi«, schrieb mir beispielsweise ein Leser, der mich fragte, warum ich mich überhaupt mit diesem Fall beschäftige. Offenbar gilt für »Rechte« oder gar »Neonazis« das Recht auf Leben nicht; sollte sie jemand ermorden, so ist es ganz in Ordnung, wenn hinterher kein Hahn danach kräht. Wer so argumentiert, tritt freilich sämtliche Werte mit Füßen, die er gegen die schrecklichen »Rechten« zu verteidigen vorgibt. Und er vertritt genau jene menschenverachtende Ideologie, die er bei dem Verstorbenen vermutet.

Deshalb distanziert sich dieses Buch nicht nur von Herrn Haider – sondern auch von seinen Kritikern.

Davon abgesehen erfordert bereits die korrekte politische Geschichtsschreibung die Klärung der Frage, ob die hochpolitische und brisante Figur des österreichischen »Rechtspopulisten« Jörg Haider in der gegebenen historischen Situation eines natürlichen Todes starb oder nicht. Ein Journalist, der diese Frage ausblendet, ist wie ein Gerichtsmediziner, der die Obduktion einer ihm nicht genehmen Leiche verweigert. Für einen Gerichtsmediziner darf ein Toter kein Gesicht haben; es darf nur noch um die Frage gehen, wie dieser Mensch zu Tode kam. Und wäre Haider wirklich ein neuer Hitler gewesen, wie manche nahelegen, würde man dann die Frage, ob er an einem Attentat starb oder nicht, einfach links liegen lassen? Natürlich nicht. Gerade dann würde man sich damit beschäftigen. Die Attentate auf Adolf Hitler wurden schließlich ausführlich untersucht und in dicken Büchern beschrieben. Ist dadurch etwa irgendeiner der Autoren zum Nazi geworden? Ich glaube nicht.

Eine politisch brisante und bedeutende Figur starb plötzlich und unerwartet an einem Scheideweg österreichischer Politik, kurz bevor sie wieder Einfluss auf die Bundespolitik hätte gewinnen können. Daher ist sie schlicht ein Objekt historischer und journalistischer Forschung.

München, im Mai 2009
Gerhard Wisnewski

Die Attentate auf H. und H. – Einleitung

Dieses Buch ist nicht nur ein Buch über einen angeblich »braunen« Politiker namens Haider eines kleinen europäischen Landes namens Österreich. Wäre es so, hätte es nie geschrieben werden müssen. Und wäre er nur ein »Kleiner Brauner« eines kleinen europäischen Landes, hätte er Europa nicht immer wieder aufmischen und erschüttern können. Die Bedeutung von Haiders plötzlichem Ableben reicht deshalb weit über Kärnten und Österreich hinaus. In Wirklichkeit war der unwahrscheinliche Tod des Landeshauptmannes von Kärnten ein plötzlicher Riss in der europäischen Matrix – ein Sprung im sensiblen und angeschlagenen EU-Gefüge im Kontext des zweiten kläglichen Scheiterns der EU-»Verfassung« 2008. Während Haider starb, kämpften die EU-Eliten und Globalisten um das Überleben ihres künstlichen Monsters. Mit der als »Reformvertrag« getarnten EU-Verfassung wollte man die europäischen Staaten endgültig in einen gemeinsamen Sack stecken, wenn da nicht immer wieder welche ausbüxten, wie zuletzt Irland (Referendum), Tschechien (Václav Klaus) und natürlich auch Österreich, wo das rechte Lager der EU feindlich gegenüberstand. Im Laufe des Buches werde ich darauf zurückkommen.

Bekanntlich soll der erste Eindruck ja immer der richtige sein. Ja, immer wieder bekommt man den Rat, sich zu erinnern, was man in der allerersten Sekunde eines bestimmten Ereignisses gedacht hat. Und häufig funktioniert das auch. Oft kommt man nach vielen langwierigen Betrachtungen des Verstandes genau zu den ersten Gedanken oder Assoziationen in der ersten Sekunde eines Ereignisses zurück. Und so will ich es mit diesem Buch auch halten: Zunächst möchte ich meinen ersten Eindruck schildern, dann das Ereignis im Detail analysieren, um schließlich wieder auf den ersten Eindruck zurückzukommen und die Frage zu stellen: Haben sich dieser erste Eindruck oder diese erste Assoziation bestätigt oder nicht?

Als ich zum ersten Mal das Bild von der völlig zerstörten Haider-Limousine sah, schoss mir sofort ein anderes Bild durch den Kopf, das diesem auf den ersten Blick glich wie ein Ei dem anderen – nämlich das Bild der total demolierten Limousine des Vorstandssprechers der Deutschen Bank, Alfred Herrhausen, der 1989 bei einem Attentat ums Leben gekommen war. Beide Male standen zwei große, schwarze Oberklasse-Limousinen völlig zerstört quer zur Fahrtrichtung auf einer Straße in einer ruhigen (Wohn-) Gegend. Beide Male blickten einem die Türöffnungen wie unheimliche Toten-Höhlen entgegen, beide Male klebte das Fahrzeug auf der Fahrbahn wie ein großer zertretener Käfer, beide Male hatten die Betroffenen nicht überlebt.

Ja, mehr noch: Beide Male hatte das Fahrzeug eine weniger zerstörte und eine vollkommen zerstörte Seite – nämlich die Seite, auf der das Opfer saß. Beide Male wurden auf dieser Seite die Türen herausgerissen. Beide Male handelte es sich bei den Betroffenen (bei allen Unterschieden natürlich!) um herausragende und stark angefeindete Querdenker. Beider Wurzeln reichten in den Nationalsozialismus zurück, wo sich Haiders Eltern politisch für die »Bewegung« engagierten und wo Alfred Herrhausen (Jahrgang 1930) die Reichsschule der NSDAP in Feldafing besuchte. Beide haben sich von dem Gedanken einer nationalen Identität nie trennen können und hatten noch so etwas wie eine Idee, einen eigenen Plan und eine eigene Strategie. Es handelte sich um auf herkömmlichen Wegen »nicht tot zu kriegende« Strategen und

Zerstörte Herrhausen-Limousine 1989

Interessenträger, die ihre ganz eigenen Wege verfolgten – ob uns diese nun passen oder nicht. Und beide Male standen ihre Limousinen plötzlich völlig zerstört auf der Fahrbahn.

Unterschiedlich waren die Todesfälle nur im Detail: Herrhausen war erklärtermaßen das Opfer eines Sprengstoff-Attentates, und soweit kann man der offiziellen Version auch Glauben schenken. Die von der Druckwelle aufgerissene Motorhaube des Mercedes und die Türen sprachen eine deutliche Sprache. Das war es dann aber auch schon mit der Wahrheit. Für die Behauptung, Herrhausen sei ein Opfer der sogenannten »Roten Armee Fraktion« gewesen, gibt es bis heute keine überzeugenden Beweise. Ein angeblicher Kronzeuge für die Täterschaft der RAF wurde von einem Autorenteam, dem auch ich angehörte, aufgespürt und erwies sich als psychisch kranker und drogenabhängiger Verfassungsschutzinformant, der uns in einem Exklusiv-Interview erklärte, zu seinen Aussagen vom Verfassungsschutz erpresst worden zu sein. Aus diesen Recherchen entstand eine TV-Dokumentation namens »Das Ende der RAF-Legende« (1992) und ein inzwischen berühmtes Buch namens »Das RAF-Phantom« (1992). Bis heute wurde kein Tatverdächtiger im Fall Herrhausen angeklagt oder verurteilt. Die deutschen Sicherheitsbehörden leisten es sich, die Frage nach den Mördern von Alfred Herrhausen und anderen seit nunmehr 20 Jahren einfach unbeantwortet zu lassen.

Zerstörte Haider-Limousine 2008

Und Haider? Die Art der Einwirkung auf sein Fahrzeug ist bei weitem nicht so klar wie bei Herrhausen und wird Gegenstand der Diskussion in diesem Buch sein. Aber genau wie bei Herrhausen war am schwersten der Bereich betroffen, in dem das Opfer saß: bei Herrhausen der rechte hintere Sitzplatz und die rechte Hintertür, bei Haider der Fahrerplatz und die linke Vordertür. Das heißt: Just da, wo das Opfer saß, waren die schwersten Beschädigungen am Fahrzeug festzustellen. Oder sollte ich sagen: »die Zielperson«?

Die frappierenden Ähnlichkeiten zwischen diesen beiden Vorfällen waren für mich Grund genug, mich mit dem »Unfall« von Jörg Haider zu beschäftigen. Aber auch wenn man das Attentat auf Alfred Herrhausen einmal völlig beiseite ließe, wäre das Zerstörungsbild am »Unfallort« von Jörg Haider in sich widersprüchlich. Es war wie bei einem Bild, in das der »Künstler« ein paar Fehler eingebaut hat: Wenn man das Bild sieht, weiß man genau, dass irgendetwas nicht stimmt, ohne die Fehler gleich benennen zu können. Um nachzuvollziehen, was der »Künstler« genau gemacht hat, muss man das Bild eine ganze Weile betrachten und zufällige von bewussten Pinselstrichen unterscheiden lernen. Genau das passierte bei dem Haider-»Unfall«, und darum ließ vielen diese Sache einfach keine Ruhe. Nicht nur ich, sondern auch Hunderttausende von Österreichern und Deutschen redeten sich die Köpfe heiß über diesen Todesfall.

1. Teil: Das Opfer – wer war Jörg Haider?

*»Als Helios, der Sonnengott, seinen Sohn Phaeton im Palast auf-
nimmt und als Sohn anerkennt, verpflichtet er sich durch einen Eid, dem
Sohn ein Geschenk seiner Wahl zu gewähren. Phaeton bittet darum, für
einen Tag den ›Sonnenwagen‹ lenken zu dürfen. Er besteigt, als die Nacht
zu Ende geht, den kostbaren und reich verzierten Sonnenwagen des Vaters. Das Vierergespann rast los und gerät bald außer Kontrolle. Phaeton
verlässt die tägliche Fahrstrecke zwischen Himmel und Erde und löst eine Katastrophe universalen Ausmaßes aus. Zeus schleudert einen Blitz.
Der Wagen wird zertrümmert, und der Wagenlenker Phaeton stürzt in die
Tiefe ...«* (Wikipedia)

Vom Zorn getroffen wurde in der Nacht zum 11. Oktober 2008
auch der VW Phaeton des österreichischen Rechts-Politikers Jörg Haider. Nur ob dieser Zorn wirklich göttlichen oder vielmehr allzu
menschlichen Ursprungs war, war am Anfang noch nicht ganz klar.
Nachts um viertel nach eins stand der Wagen des frischgebackenen
Shooting-Stars der Nationalratswahl 2008 und Vorsitzenden des
Bündnisses Zukunft Österreich (BZÖ) plötzlich total zerschmettert
wenige Fahrminuten von der Kärntner Landeshauptstadt Klagenfurt
entfernt auf der Loiblpass-Bundesstraße. Darinnen die Leiche des 58-
Jährigen. Genau wie den Sonnenwagen des Helios schien eine Art
über- oder außerirdisches Phänomen das Fahrzeug und seinen Insassen getroffen zu haben.

Der kometenhafte Aufstieg im Sonnenwagen und dann der bruta-
le Absturz – der Mythos, nach dem das Volkswagenmodell Phaeton be-
nannt worden ist, passt erstaunlich gut auf Haider. Der Aufstieg, das
war für Haider immer der Sprung von der Landes- in die Bundespolitik, zwei Pole, zwischen denen sein politisches Leben hin- und herge-
rissen war. Die Fahrt im Sonnenwagen ist Symbol für die Regierungsmacht, die für den umstrittenen Politiker zum Zeitpunkt seines Todes
erst seit wenigen Tagen wieder zum Greifen nahe schien. Mehrmals
war Haider bereits verzweifelt von der Macht im Bund ferngehalten

worden; nun griff er wieder danach. Nur zwei Wochen zuvor hatte
sein Bündnis Zukunft Österreich (BZÖ) bei den Nationalratswahlen
vom 28. September 2008 seinen Stimmenanteil fast verdreifachen
können – auf fast elf Prozent. Genau wie es in Deutschland die FDP
und die Grünen tun, kann man bei der Regierungsbildung in Österreich mit elf Prozent der Stimmen unter Umständen ein gewichtiges
Wörtchen mitreden. Wie Phoenix aus der Asche war der in die Kärntner Landespolitik abgedrängte Haider Ende September 2008 wieder
am politischen Himmel über Österreich aufgestiegen und streckte
den Arm nach der Regierungsbeteiligung aus. Just in diesem Moment
traf ihn der Bannstrahl – von wem auch immer. Um sich darüber zu
wundern, muss man kein Haider-Anhänger sein.

Leben und Karriere des Jörg H.

Wer von München nach Salzburg fährt und von dort weiter nach
St. Gilgen und Bad Ischl, kommt nach einer weiteren Viertelstunde in
den Geburtsort Jörg Haiders, nach Bad Goisern im Salzkammergut.
Seit 1931 ist das knapp 8.000 Einwohner-Örtchen ein Heilbad,»Bad«
darf es sich allerdings erst seit 1955 nennen.

Wichtiger als solche Details ist der nationalsozialistische Hintergrund von Haiders Elternhaus. Besonders der Vater war in der nationalsozialistischen»Bewegung« engagiert. Für manche ist damit sofort
alles klar:»Der Apfel fällt nicht weit vom Stamm«, heißt es oft, wenn
die Rede auf den»Rechtspopulisten« Jörg Haider kommt. Das Problem
solcher kurz greifender Erklärungen ist: Man kann die Figur Haider vor
lauter braunem Nebel plötzlich nicht mehr erkennen. Noch wichtiger als die von den Eltern bevorzugte Partei und deren politische Aus-
richtung könnten die eigentlichen Charakterzüge der Eltern gewesen
sein. Jörg Haider als Spross eines Nationalsozialisten zu bezeichnen
scheint zwar eine süffige Erklärung für alles Mögliche zu sein. Politische Meinungen oder Ausrichtungen prägen und vererben sich wahrscheinlich aber weniger als Charakter- und Wesenszüge. Vielleicht

dient es dem Verständnis von Jörg Haider daher auch, ihn als den Spross eines »Politisierers«, »Revoluzzers« und »Aufrührers« zu sehen, der Zeit seines Lebens für den Umsturz der herrschenden politischen Ordnung kämpfte – bis dieser Kampf 1945 ein- für allemal beendet wurde. Vater Robert, ein Schuhmacher, trat als Jugendlicher der Hitlerjugend, als junger Mann der SA bei. Nach dem Verbot der NSDAP in Österreich 1933 revoltierte er und machte bei illegalen Schmieraktionen mit. Dem Gefängnis konnte er sich nur durch seine Flucht nach Deutschland entziehen. Dort gehörte er der nationalsozialistischen Filialorganisation »Österreichische Legion« an. Im Rahmen eines Umsturzversuches in Österreich überschritt Robert Haider 1934 die Grenze, um nach dem Scheitern des Coups erneut nach Bayern zu fliehen. Das Exil währte jedoch nicht lange; anders als später die Parteien seines Sohnes Jörg sollte Vater Roberts »Bewegung« vorübergehend total obsiegen. Nach dem »Anschluss« Österreichs 1938 kehrte Haider senior in die Heimat, nach Linz, zurück und wurde »Gaujugendwalter« der Deutschen Arbeitsfront. 1940 wurde er zum Militärdienst eingezogen, mehrfach verwundet und ausgezeichnet. 1945 heiratete Robert Haider Dorothea Rupp, eine Funktionärin beim nationalsozialistischen Bund Deutscher Mädel (BDM). Am 26. Januar 1950 wurde Jörg Haider geboren.

»Jörg Haider war von klein auf eines jener Kinder, die von Tanten und Onkeln gern auf den Schoß genommen werden, weil sie zum Anbeißen süß sind«, schrieb die Haider-Biografin Christa Zöchling: »Auch noch später, größer geworden und ein bisschen pummelig, sah er herzig aus.« (Zöchling, S. 43) Einer jener Onkels, die den kleinen Jörg besonders gern auf den Schoß nahmen, war der Großonkel Wilhelm Webhofer, ein Bruder von Haiders Großmutter Hermine Webhofer. Der kinderlose, aber vermögende Junggeselle hatte, so Zöchling, den jungen Jörg schon als Kind ins Herz geschlossen: »In den Ferien beim Onkel gab es mehr Taschengeld als üblich.« (Zöchling, S. 44) Der Großonkel wurde zu Haiders »Lebensmenschen« – zumindest, indem er 1986 einen gemachten Mann aus ihm machte (dazu später).

18

1956, etwa in dem Jahr, in dem Jörg Haider in Bad Goisern einge-
schult wurde, wurde in Österreich die FPÖ als bundesweite Partei ins
Leben gerufen. Die »Freiheitliche Partei Österreichs« sollte Haiders erste politische Heimat werden. Der erste Parteivorsitzende war der ehemalige SS-Brigadeführer Anton Reinthaller, von dem das Zitat überliefert wird: »Der nationale Gedanke bedeutet in seinem Wesen nichts
anderes als das Bekenntnis der Zugehörigkeit zum deutschen Volk.«

Ein Gedanke, der schon ganz früh auch Jörg Haider umtrieb. Während andere nur pubertierten, fing Haider an zu politisieren. 1965 wurde er so etwas wie das Nesthäkchen der FPÖ. In dem Alter, in dem Haiders Vater der Hitlerjugend beigetreten war, entdeckte der damalige
FPÖ-Vorsitzende (in Österreich: »Obmann«) Friedrich Peter das Rede-
talent des gerade mal 15-jährigen Jörg Haider und begann ihn zu fördern. Der junge Jörg wiederum bediente sich aus Gedankengut und
Parteiprogramm der FPÖ und zimmerte daraus einen Beitrag für einen
Redewettbewerb des als deutschnational geltenden Österreichischen
Turnerbundes. Titel: »Sind wir Österreicher Deutsche?« »Die Abwehr
aller Bestrebungen, die auf eine Loslösung Österreichs vom Deutschtum gerichtet sind«, sei die vornehmste Aufgabe, konnte man darin
lesen. »Wir haben daher in den Deutschen Österreichs das Bewusstsein wachzuhalten, ein Teil des deutschen Volkes mit allen sich aus
dieser Zugehörigkeit ergebenden Rechten und Pflichten zu sein.«
Und: »Wenn man behaupten wollte, dass Wien keine deutsche Stadt
ist, dann dürfte man Paris nicht mehr als französische und London
nicht mehr als englische Stadt bezeichnen.« (Scharsach: Haiders Kampf,
S. 85 u. a.)

Wie es schien, fiel der Apfel tatsächlich nicht weit vom Stamm. Der
junge Jörg schloss sich der »deutschnationalen« Schülerverbindung
Albia an; unter seinen Lehrern am Gymnasium von Bad Ischl seien
viele alte Nationalsozialisten gewesen, heißt es. Andererseits ist das natürlich nichts Besonderes. Im Nachkriegsösterreich gab es genau wie
im Nachkriegsdeutschland jede Menge ehemaliger Nationalsozialisten, egal ob Lehrer, Ärzte, Professoren oder Politiker. »Alte National-

sozialisten« fanden sich an den Schulen und Universitäten genauso wie in den Parlamenten und Regierungen – schließlich konnte man die Hälfte der Gesellschaft ja nicht einfach eliminieren oder in Lager sperren. Seine Matura (= Reifeprüfung/österreichisches Abitur) legte Jörg Haider 1968 am Gymnasium in Bad Ischl ab. Bis 1969 leistete Haider seinen Wehrdienst; anschließend studierte er Jura und Staatswissenschaften in Wien, wo er auch der schlagenden Burschenschaft Silvania Wien angehörte. 1973 promovierte Haider zum Doktor der Rechte.

Seine politische Karriere hatte 1971 weiter Fahrt aufgenommen. Schon mit 21 Jahren wurde Haider Mitglied des Bundesvorstandes der Freiheitlichen Partei Österreichs (FPÖ), kurz auch »die Freiheitlichen« genannt. 1979 wurde er Nationalratsabgeordneter.

Am 25. April 1986 übertrug der erwähnte Großonkel Webhofer dem da schon nicht mehr so kleinen Jörg das Kärntner Bärental, einen etwa 1.600 Hektar großen und (nach dem Umrechnungskurs Euro/Schilling 1999) 22 Millionen Euro schweren Wald-Besitz. Der nächste Verwandte des Großonkels, »der sogar seine ganze Kindheit mit dem Onkel verbracht« habe, »ging dagegen leer aus«, wundert sich Zöchling (S. 137 f.). Dass das Bärental ursprünglich in jüdischem Besitz war, wurde den Haiders immer wieder angekreidet. Aber so recht ließ sich kein Honig daraus saugen, denn:

- Der Vater des Großonkels hatte das Anwesen während des NS-Regimes zwar zu einem niedrigen Preis von der Witwe des ursprünglichen jüdisch-italienischen Besitzers gekauft.
- Nach dem Krieg, 1954, habe es jedoch eine Einigung gegeben; der damalige Vorbesitzer habe noch einmal den Gegenwert von drei Jahreseinschlägen des Forstbetriebes im Bärental bekommen. (oe24.at, 12.10.2008)

Tatsächlich blieben Versuche, Haider das Bärental abzunehmen oder ihn wegen des Bärentals politisch zu schädigen, erfolglos. Das Bärental machte Haider stattdessen ein für allemal finanziell unabhängig und zu einem der wohlhabendsten Politiker Österreichs – ein Umstand, der nur selten erwähnt wird, ohne den Haider aber kaum zu verstehen ist. Denn mit einem solchen Vermögen im Rücken agiert es sich natürlich viel unabhängiger als in irgendwelchen regulären Beschäftigungs- oder Geschäftsverhältnissen. Und es hält einem auch zeitlich den Rücken frei. Während Politiker zu sein für viele andere nur ein Nebenberuf ist, konnte sich Haider wie nur wenige andere ungebremst seiner politischen Karriere widmen. Durchstarter Haider legte denn auch weiter einen unaufhaltsamen politischen Aufstieg hin. Am 13. September 1986 wurde er Bundesvorsitzender der FPÖ. Sein Aufstieg geriet immer nur dann ins Stocken, wenn er Bundesmacht zu erringen hoffte – oder drohte, je nach Perspektive. Stand Haider in Wien *ad portas* (nicht *ante*, wie oft fälschlicherweise geschrieben wird!), wurden hurtig ganze Regierungen aufgelöst und Neuwahlen anberaumt. Auch Morddrohungen sollen beim Rückzug Haiders in die Landespolitik in Kärnten im Spiel gewesen sein. Auf dieses politische Ping-Pong-Spiel komme ich am Ende des ersten Teils zurück.

Das *Enfant terrible* der europäischen Politik

Von Deutschland aus bekam man das politische Leben und die Karriere Jörg Haiders nur als fernes Echo mit. Alle paar Jahre, wenn Haider seine Macht erneut auszubauen oder wieder zu erringen drohte, schwappte eine Welle der Aufregung über die Alpen. Dann schaffte es Haider vorübergehend auch im deutschen Fernsehen in die Hauptnachrichten. So setzte sich die Biografie Haiders für den deutschen Medienkonsumenten nur aus aufgeregten Highlights zusammen, denen man entnehmen konnte, dass es sich bei Haider erstens um einen gefährlichen »Rechten« und zweitens um so etwas wie das *Enfant terrible* der österreichischen, ja, sogar der europäischen Politik handeln musste. Meistens ebbte die Aufregung jedoch sehr schnell wieder ab, und so hatte man von Deutschland aus kaum eine Chance, die wahre Dimension des »Problems Haider« zu erfassen: Was hierzulande als

»Aufregung« ankam, waren in Wirklichkeit handfeste Krisen des österreichischen, ja, des europäischen Systems.

Europas Staatsfeind Nr. 1

Denn Haider warf nicht nur einen Schatten über Österreich, sondern über ganz Europa, wie der Titel eines Buches über Haider lautete. Sagte ich »über Haider«? Nicht doch: Eigentlich gab es kaum Bücher über Haider, sondern fast nur gegen Haider: Zöchlings »Haider – eine Karriere« genauso wie Hans-Hennig Scharsachs »Haiders Kampf« oder das erwähnte »Haider – Schatten über Europa« (ebenfalls von Scharsach). Obwohl lange vor Haiders Ableben geschrieben, lesen sich die Texte – natürlich unabsichtlich – wie vorweggenommene Nachrufe oder gar Rechtfertigungen für einen Mord: »Er war zum Stein des Anstoßes geworden«, schrieb beispielsweise Zöchling 1999, »zum Menetekel für einen neuen Rassismus und zum Markenzeichen für das Ende der europäischen Idee ... Gäbe es in Europa nicht einen, sondern zwei, drei und mehr Haiders, gäbe es jedenfalls bald kein Europa mehr.« Die Sanktionen von 14 europäischen Mitgliedsstaaten gegen das kleine Österreich im Jahr 2000 seien »eine Maßnahme« gewesen, »um die Idee von Europa zu retten.« (Zöchling, S. 9 und 12 f.) Europa vor Haider »retten« zu müssen, kann wohl nur bedeuten, dass Haider für Europa eine massive Bedrohung darstellte. Zudem spricht Zöchling unverblümt von der »herrschenden Elite«: »Die herrschende Elite hat wohl immer gewusst, wes Geistes Kind Haider ist.« (S. 13)

Donnerwetter: Der »Jörgi« (wie ihn seine Fans liebevoll nannten) aus dem (damals) 8-Millionen-Völkchen Österreich, Landeshauptmann des 560.000-Einwohner-Bundeslandes Kärnten – Europas Staatsfeind Nr. 1? Geht's nicht eine Nummer kleiner? Und wer, bitte, ist denn nun eigentlich diese interessante »herrschende Elite«? Wird Europa etwa nicht demokratisch regiert?

Genau mit diesem Europa der »herrschenden Eliten« stand Haider auf Kriegsfuß: »Außenpolitisch bekämpfte Haider 1994 in Nuancen den Beitritt Österreichs zur Europäischen Union, er initiierte Ende 1997 ein wiederum erfolgloses Volksbegehren gegen die Einführung des Euro, sprach sich 1998 gegen die EU-Osterweiterung aus und forderte im April 1995 die Abkehr von der Neutralität sowie den Beitritt zur NATO«, heißt es in Meyers Lexikon online (Zugriff 4.2.2009, Website eingestellt am 23.3.2009). »Er zeigte unverhohlen«, schreibt Zöchling, »wie sehr ihm das ›hysterische Gackern‹ im europäischen Hühnerstall auf die Nerven ging.« (S. 9) »Einmal schon sah es aus, als ob ihn das Glück verlassen würde. Bei den Nationalratswahlen 1995 verloren die Freiheitlichen 0,6 Prozent der Stimmen. Darauf atmete das österreichische Establishment kollektiv auf, als sei ein böser Fluch nun gebannt. Aber warte nur balde: Der Niederlage folgte am 3. Oktober 1999 ein 27-Prozent-Triumph auf dem Fuß. Die Freiheitlichen wurden nach den Sozialdemokraten zur zweitstärksten Partei, und es war bald klar, dass ohne sie nicht regiert werden konnte.« (S. 10)

Der Populist

Jörg Haider war, so erfahren wir landauf, landab aus allen Medien, ein (rechter) »Populist«, ein Ausdruck, der immer wieder für politisch nicht genehme Figuren benutzt wird wie etwa auch für Oskar Lafontaine, Gregor Gysi und andere. An diesen Begriff haben wir uns schon so gewöhnt, dass niemand mehr über dessen eigentliche Bedeutung nachdenkt. Ja, sowohl das Schimpfwort wie auch das Phänomen des »Populismus« sind weltweit verbreitet.

»Es ist schon seltsam, wie stereotyp der Populismus in der Regel als reiner Unfug oder putzige Kuriosität abgetan wird«, schreibt der französische Sozialpsychologe Alexandre Dorna, Autor eines Buches über den »Populismus«: »Der Begriff muss für beliebige Zwecke herhalten: mal zur Analyse des Wahlsiegs eines Luiz Inácio Lula da Silva in Brasilien und der Politik eines Hugo Chávez in Venezuela, dann wieder zur Erklärung des Erfolgs der Schweizerischen Volkspartei eines Christophe Blocher und des Aufstiegs von Bernard Tapie in Frankreich, schließlich zur Interpretation historischer Phänomene wie des Boulangismus oder der Poujadisten[1].« (Dorna, A.: Wer ist Populist? Le Monde diplomatique, 25.11.2003)

In jedem Fall wird der Begriff »Populist« negativ assoziiert. Aber warum eigentlich? Denn immerhin geht das Wort auf das lateinische populus zurück: das Volk. Ein Populist ist also jemand, der das Volk anspricht, an das Volk appelliert, ja, vielleicht sogar sich nach dem Volk richtet. Die Frage ist nur: Warum ist das dann ein Schimpfwort? Anders gefragt: Was ist das für eine Demokratie, in der jemand, der sich an das Volk wendet, abschätzig behandelt wird? Sagt das nicht viel mehr über die real existierende Demokratie aus als über den »Populisten«? Tatsächlich empfand Haider »den Vorwurf des Populismus« durchaus »als ehrenwert«: »In einer Demokratie muss das Volk gehört und ernst genommen werden. Befehlsausgaben aus dem Elfenbeinturm der herrschenden politischen Klasse, deren Verachtung für das Gemeine Volk somit sichtbar wird, haben mit einem System der Freiheit nichts gemein.« (Haider, S. 57)

Und ist ein Populist wirklich schon automatisch ein Faschist, ein Rechter, ein Stalinist oder ein Antidemokrat? Nun, Letzteres wäre schon aus oben genannten Gründen merkwürdig, denn demos ist das griechische Wort für das lateinische populus, das Volk. Rein semantisch betrachtet, kann ein Populist also gar kein Anti-Demokrat sein, das wäre ein Widerspruch in sich – rein semantisch, wohlgemerkt. »Gelegentlich wird der Populismus mit Nationalismus oder Faschismus gleichgesetzt«, so Dorna. »Doch solche zuweilen parteipolitisch gefärbte Rhetorik ist ziemlich unseriös ... Steckt denn hinter jedem Appell ans Volk gleich der Wille, eine Ideologie an die Macht zu bringen, die ihrem Wesen nach antidemokratisch sein muss?« Eben kaum. Semantisch betrachtet, stimmt sogar eher das genaue Gegenteil.
»Der populistische Diskurs wendet sich unmittelbar an die ›Massen‹, ist aber nicht etwa a priori, nur weil er die ›Sprache des Volkes‹

[1] Populistische Strömungen der französischen Politiker Pierre Pujade (1920–2003) und George Boulanger (1837–1891). Boulanger beging angeblich Selbstmord.

spricht, mit reaktionären, demagogischen oder faschistischen Bewegungen gleichzusetzen«, meint Professor Dorna. Mit anderen Worten handelt es sich bei dem Populismus also um eine Kommunikationsform, die noch nichts über politische Richtungen aussagt. Über die Systeme oder Staaten, in denen sie auftritt, sagt sie dafür umso mehr aus. Laut Dorna tritt der Populismus nämlich nicht beliebig oder irgendwo auf. »Einige der charismatischen Figuren« des lateinamerikanischen Populismus der 1930er-Jahre, die im Namen der Nation oder der sozialen Gerechtigkeit als Hoffnungsträger aufgetreten seien, hätten sich »vor dem Hintergrund schwacher und korrupter Regierungen« profiliert. Der Populismus, so Dorna, sei eine »Begleiterscheinung einer allgemeinen Krise, einer für die Massen unerträglichen politischen und sozialen Situation. Es handelt sich also eher um ein lautes, überschwängliches Alarmsignal als um eine alles zum Einsturz bringende Explosion. Nicht jeder Populismus führt automatisch zu einem Regimewechsel. Wenn allerdings die herrschende Klasse die Botschaft nicht versteht, kann der Appell an das Volk womöglich eine blockierte Situation lösen.«

Am Populismus wäre gemäß dieser Definition also nicht der Populist, sondern die Umgebung schuld, in der er entsteht:

»Das charismatische Moment des Populismus wirkt wie ein Antidepressivum. Denn durch den emotionalen oder gar erotisch aufgeladenen Kontakt können die verbitterten Menschen mobilisiert und organisiert werden. Der Appell wendet sich an das ganze Volk, an alle, die Ungerechtigkeit und Elend schweigend ertragen; so kann man eingefahrene Spaltungen überwinden und durch Rückbesinnung auf große kollektive Taten und gemeinsame Werte emotionale und rationale Momente zusammenführen.«

Der Populismus ist demnach nicht ein »Versagen« oder ein Stigma des Populisten, sondern des jeweiligen Systems oder der jeweiligen Regierung. Und das ist auch ein Grund, warum die etablierte Politik so nervös auf den Populismus reagiert – weil sie nämlich weiß, dass er nur ein Symptom der eigenen Unfähigkeit und Volksferne ist.

Der Robin Hood

Haider inszenierte sich als Sozialrebell. Für Haider stand das Soziale ganz oben auf der politischen Agenda. Ununterbrochen klagte er soziale Missstände an. Für viele Österreicher war er so etwas wie ein österreichischer Robin Hood: »Das hypertrophe [auswuchernde] Sozialsystem bewirkt«, schrieb er in seinem programmatischen Werk »Die Freiheit, die ich meine« 1993,

> »dass die Schwachen benachteiligt sind und die Starken sich Vorteile verschaffen. Das Gesundheitssystem ist dafür ein trauriges Beispiel. Die Zustände in den österreichischen Krankenanstalten sind für den kleinen Mann untragbar. Chronischer Schwesternmangel führt dazu, dass ärmere Patienten wochenlang auf ihre lebensrettende Operation warten müssen, weil auf der Intensivstation kein Personal vorhanden ist. Wozu, muss man sich fragen, brauchen wir überhaupt eine Klassenmedizin, in der Unterbringung, ärztliche Betreuung, Essen und medizinische Versorgung nach dem Einkommen oder nach der Art der Versicherung gestaltet sind? Was ist das für eine humane Gesellschaft, deren einfache Patienten, in Krankenhäusern mit Mehrbettzimmern untergebracht, nicht einmal einen Vorhang für ihre tägliche Körperpflege haben? … In Wien beispielsweise leistet die Gebietskrankenkasse pro Tag einen Kostenbeitrag von 1.307 Schilling[2], der Tagessatz im AKH beträgt aber 8.610 Schilling, sodass die Krankenkasse nur mehr rund 15 Prozent der Kosten eines Patienten trägt. Was ist das auch für eine humane Gesellschaft, wo man ohne Zusatzversicherung im Ernstfall dem Tode näher ist als der Sonderklassenpatient?«* (S. 170)

Auch die Rentner waren ein Thema. So habe er ausgerechnet, dass »aufgrund der Einkommensschwächung dem Ausgleichszulagenrentner 43 Liter Milch von seinem Gehalt weggestohlen worden sind«, schreibt Haider-Biografin Zöchling (S. 112). Von seinem Sisyphus-Kampf zur »Vermenschlichung« der Arbeitswelt habe er ebenso be-

---

[2] Österr. Währung bis 1999. Der offizielle Wechselkurs zum Euro betrug 13,76 Schilling, die Beträge wären also durch 13,76 zu teilen. Aufgrund der Inflation zwischen 1993 und 1999 dürften die von Haider genannten Sätze 1999 aber bereits höher gelegen haben.

richtet, wie sich zum Retter der Behinderten, der Bauern und der Müt-
ter stilisiert, die er am liebsten daheim gesehen hätte. Er habe sich –
und dabei klingt ihr Buch über Haider ab Seite 112 fast wie eine An-
klageschrift der erwähnten »Eliten« – als »Sprachrohr des kleinen
Mannes« definiert; die Jugendarbeitslosigkeit habe er mit staatlichen
Lohnzuschüssen bekämpfen wollen; das Recht auf Arbeit und das
Recht auf einen Lehrplatz freier Wahl habe er als soziale Grundrechte
in der Verfassung verankert sehen wollen. Die Sozialversicherungs-Bü-
rokratie habe er ebenso angeprangert wie den »Luxusstil von Funktio-
nären in staatlichen Monopolbetrieben«. Vieles habe er später »durch
seine geschickten Skandalisierungen« von den Regierungsparteien
»erzwingen« können (S. 113).

Er habe, und auch das klingt wie ein Vorwurf, erfolgreich für die
Schichtarbeiter, für ein besseres Krankenversicherungssystem der Bauern, gegen Ungerechtigkeiten bei den Schülerfreifahrten und gegen
die Mehrwertsteuer auf Pflegegebühren in den Altersheimen gekämpft. Nach einer Statistik habe Haider in den Achtzigerjahren von
allen Abgeordneten am häufigsten das Wort ergriffen. Die Lohnsteu-
erreform, habe er in einer Plenardebatte 1982 gesagt, »sollte nur jenen
etwas bringen, die es am schwierigsten haben«. Dafür sei er »für die volle Besteuerung der Gehälter und Zulagen von Politikern« eingetreten.
Als eine Reform eine weitere »Auffettung der Politikerbezüge« vorgesehen habe, habe Haider seine Parteikollegen »einem wochenlangen
verbalen Trommelfeuer« ausgesetzt und im Nationalrat als einziger
Abgeordneter dagegengestimmt.»Das schafft ihm nicht nur Freunde«,
erkannte Zöchling (S. 114 f.).

Wie wahr: Dass Haider polarisierte, wurde ja schon häufiger festgestellt. Aber wie polarisierte er? Nun, die Polarisierung verlief exakt entlang der Trennlinie zwischen dem politischen Establishment und der
Bevölkerung. Ja, der Riss ging eigentlich mitten durch Haider hin-
durch: Während er mit einem Bein fest in Kärntner und österreichischen Stuben stand, tanzte er mit dem anderen Bein in Bundes-
und Landesparlamenten, wo er der politischen Klasse permanent vors

Schienbein trat. Kein Zweifel: Haider wollte auf dem »Volksticket« in die Bundesregierung reisen; er wollte von einer Volksbewegung ins Bundeskanzleramt getragen werden, und zwar auf Kosten der übrigen politischen Klasse. Und das ist nun wirklich verboten. Wählerpotenziale darf man nur im stillen Einverständnis mit der übrigen politischen Klasse bewirtschaften; Wähler aufhetzen und zum Halali auf die politische Klasse blasen, ist dagegen tabu. »Krankhaft ehrgeizig«, sei Haider, erkannte einmal die »Neue Kronenzeitung«, »und das wird ihm politisch einmal das Genick brechen.« (21.5.1983)

»Wahlerfolge verdankte Jörg Haider auch seiner ausgeprägten Sozialpolitik«, heißt es in dem posthum erschienenen Buch »Jörg Haider: Mensch, Mythos, Medienstar« auf Seite 12:

»Seine Kreativität im Erfinden neuer sozialer Wohltaten für bedürftige Teile der Kärntner Bevölkerung war schier grenzenlos: Er schuf unter anderem den ›Kinderscheck‹, das ›Müttergeld‹, einen freiheitlichen ›Sozialfonds‹ und einen ›Teuerungsausgleich‹. Aktionistisch war die Form der Auszahlung – Tausende minderbemittelte Menschen pilgerten persönlich zum Landeshauptmann, um sich das Geld abzuholen. Seine politischen Gegner nannten das ›menschenverachtend‹, er selbst ›bürgernah‹.«

In Wirklichkeit handelte es sich wohl eher um eine ganz persönliche Form des Stimmenkaufs. Die Menschen sollten hautnah erfahren, wem sie den Geldsegen zu verdanken hatten – und bei der nächsten Wahl entsprechend abstimmen.

Der blaue Dallinger

Aufgrund seines – manchmal nur vordergründigen, wie einige behaupten – Einsatzes für die »kleinen Leute« nannte man ihn auch den »blauen Dallinger«. Blau für die Farbe seiner Freiheitlichen Partei, Dallinger nach dem früheren Sozialminister Alfred Dallinger. Der war von 1974 bis 1983 Abgeordneter des Österreichischen Nationalrates; 1980 wurde Dallinger Bundesminister für soziale Verwaltung unter dem Kanzler Bruno Kreisky und gehörte in dieser Funktion den Kabinetten Kreisky IV., Sinowatz, Vranitzky I. und Vranitzky II. an (ab 1.4.1987: »Bundesminister für Arbeit und Soziales«). Dallinger trat für die 35-Stunden-Woche ebenso ein wie für eine Wertschöpfungsabgabe zur Sicherung der Sozialversicherungssysteme: Um die Einstellung von Mitarbeitern zu erleichtern, sollten sich die Sozialabgaben eines Unternehmens nicht mehr nach der Lohnsumme berechnen, sondern nach der Wertschöpfung (also dem Ertrag) des jeweiligen Unternehmens. Folge: Die Unternehmen hätten durch Entlassungen keine Sozialabgaben mehr sparen können. Mit der Schaffung der »experimentellen Arbeitsmarktpolitik« habe Dallinger völlig neue Wege zur Beschäftigung beschritten – auch gegen den Widerstand vieler Gruppierungen, würdigte die österreichische Sozial- und Gesundheitsministerin Lore Hostasch 1997 ihren Vorgänger. Mit seiner »Politik der Solidarität« habe Dallinger ein Beispiel gegeben, sagte Hostasch: Er habe »weit vorausschauende Ideen und Konzepte wie Arbeitszeitverkürzung, Wertschöpfungsabgabe und Mindestsicherung« entwickelt. Kurz: »Er war der Anwalt der sozial Schwachen, ein großer Denker und sozialpolitischer Gestalter.« (pressetext/pts, 21.2.1997)

Der Geehrte konnte den freundlichen Worten nicht mehr selbst lauschen, denn da war er schon acht Jahre tot – gestorben am 23. Februar 1989 bei einem Unfall, einem mysteriösen Flugzeugabsturz. »In Nachrufen wurde er als ›dynamischer Gewerkschafter‹, ›ideenreicher Sozialpolitiker‹, ›aufrechter Demokrat‹ oder ›unermüdlicher Mitstreiter für soziale Gerechtigkeit und Integration statt Ausgrenzung‹ gewürdigt«, schrieb die Kirchenzeitung der Diözese Linz zehn Jahre später über ihn: »Dabei stand er zu Lebzeiten immer wieder im Mittelpunkt der Kritik. Denn er hatte Mut zu Utopien. Beispielsweise mit seinem Vorschlag, Strafgefangene sollten nach ihrer Entlassung Mindestansprüche an Arbeitslosen- und Pensionsversicherung haben und daher bei höherem Stundenlohn in die Sozialversicherung eingebunden werden. Und da waren vor allem seine Mahnungen zur Arbeitszeitverkürzung, um die Arbeitslosigkeit zu bekämpfen, sein Eintreten für eine Wertschöpfungsabgabe (die als ›Maschinensteuer‹ diffamiert wurde) und für einen Grundlohn für alle.« (KIZ Ausgabe 1999/07, 23.2.1999)

Am 23. Februar 1989 hob dieser »Anwalt der sozial Schwachen« um 9.36 Uhr als Passagier einer zweimotorigen Verkehrsmaschine vom Typ Turbocommander AC-90 von der Startbahn des Flughafens Wien mit Flugziel Hohenems im österreichischen Vorarlberg ab. Dort muss Dallinger einen ebenso dringenden wie aufwühlenden Termin gehabt haben. Schon vor dem Abflug rief das österreichische Sozialministerium immer wieder beim Flughafenpersonal an und drängte auf eine planmäßige Durchführung des Fluges. Auch Dallinger war regelrecht außer sich: »Der Sozialminister hat beim Verlassen der Abfertigungshalle einen sehr hektischen und erregten Eindruck gemacht«, erinnerte sich ein Flughafenangestellter. Etwa eineinhalb Stunden später stürzte die mit insgesamt elf Menschen besetzte Maschine (neun Passagiere, zwei Piloten) bei Rorschach in den Bodensee. Alle Insassen ertranken oder starben – wie der Co-Pilot – an einem Genickbruch. »Aufgrund der beim Aufprall entstandenen starken Beschädigungen an der Zelle muss das Flugzeug augenblicklich gesunken sein«, vermutete der Untersuchungsbericht der Eidgenössischen Untersuchungsbehörde vom 19. Mai 1990. »Obwohl alle Insassen Ertrinkungsbefunde aufwiesen, kann davon ausgegangen werden, dass niemand einen Rettungsversuch unternahm, da alle beim aufschlagbedingten Wassereinbruch unter hohem Druck das Bewusstsein verloren haben.« Bei nur vier Grad Wassertemperatur hätte auch bei einer Befreiung aus dem Wrack keine Überlebenschance bestanden. Zwar fanden die Eidgenossen »keine Anhaltspunkte« für ein Attentat, eine definitive Unfallursache

aber auch nicht. Der Unfall sei »wahrscheinlich« darauf zurückzuführen, dass die Besatzung im dichten Nebel zu lange auf Sicht flog, bevor sie die gefährliche Annäherung an die Wasseroberfläche bemerkte – menschliches Versagen also.

Wie auch immer, zumindest scheinen Sozialpolitiker in Österreich
vom Pech verfolgt zu sein:

- Am 31. Juli 1971 kam Gertrude Wondrack, Staatssekretärin im Sozialministerium, bei einem Autounfall ums Leben.
- Am 1. Oktober 1980 erlag bereits Dallingers Vorgänger Gerhard
  Weißenberg, österreichischer Sozialminister seit 1976, einem
  »kurzen Leiden«, wie in offiziellen Mitteilungen zu lesen stand.
  (krone.at, 11.10.2008)
- Am 23. Februar 1989 starb Sozialminister Alfred Dallinger bei einem Flugzeugabsturz.
- 2003 wäre der österreichische Vizekanzler und Sozialminister Herbert Haupt beinahe Opfer eines schweren Unfalls geworden. Auf der
  Autobahn kurz vor einem Tunnelportal versagten plötzlich Servolenkung und Servobremse; nur mit Mühe konnte Haupt den Wagen
  unter Kontrolle bringen. (Interview, 17.1.2009, s. auch S. 217 ff.)
- Am 11. Oktober 2008 starb auch »Sozialrebell« Jörg Haider bei einem Autounfall.

Der Nationalist und Anti-Globalist

Das Soziale, um nicht zu sagen Sozialistische, war aber nur eine von
Haiders Seiten. Eine andere sahen viele im Nationalen, woraus sich eine unaussprechliche Wortkombination ergibt.

Dazu eine persönliche Geschichte: Ich weiß noch, wie eines Tages
– ich besuchte noch das Gymnasium in Frankfurt am Main – unser Ge-
schichtslehrer morgens in das Klassenzimmer stürmte, stinkwütend
unsere Schulhefte auf sein Pult warf und uns eine Standpauke hielt.

Am Vortag hatten wir eine Arbeit über den deutschen Nationalismus der Jahrhundertwende geschrieben. Das Problem war nur: Einige Schüler hatten Nationalismus ganz locker mit Nationalsozialismus verwechselt und Nationalisten als Nationalsozialisten bezeichnet. Das aber wäre, ich zitiere den Lehrer in heutiger Diktion,»völlig daneben«. Klar: Nationalisten oder Nationalsozialisten – wer kennt als junger Mensch den Unterschied schon so genau? Das Problem ist nur, dass jemand, der sich mit seiner Nation identifiziert und für deren Interessen eintritt, noch lange nicht mit den Nationalsozialisten und ihrer Schreckensherrschaft gleichgesetzt werden darf. Wie man an diesem Beispiel sieht: Indem Hitler durch seine Taten auch den Nationalismus gleich mitkompromittierte, war er einer der wirksamsten Globalisierer überhaupt.

Denn eins muss klar sein: Die Nation und der Nationalismus stehen auf der Abschussliste der Globalisierer. Nationalismus und Globalisierung sind logischerweise unüberwindliche Gegensätze. Ja, Nationalismus ist sogar das genaue Gegenteil der Globalisierung. Logisch: Wer auf der Institution der Nation besteht, muss deren Auflösung in einem Weltstaat ablehnen. Zwar gibt es hier auch viele denkbare Zwischenstufen; mit der Entstehung von Nationen wie Österreich und Deutschland haben sich ja auch Bundesländer wie Kärnten oder Bayern nicht vollständig aufgelöst. Aber aufgegangen sind sie natürlich schon in der größeren Einheit der Nation. Auch wenn man aber später Zwischenstufen oder eine Art weichen Nationalismus vertritt, macht man sich daher heute in der sich globalisierenden Welt mit nationalen Standpunkten verdächtig. Europas Staatsfeind Nr. 1 war daher auch einer der wichtigsten globalen Staatsfeinde, da Europa nun mal eine der wichtigsten Zellen des zukünftigen Globalstaates werden soll.

Sagte ich vorher »in der sich globalisierenden Welt«? Nun, das ist nicht ganz richtig. In Wirklichkeit gibt es Strategen, die die Welt ganz gezielt globalisieren. Und die finden an rechten oder nationalen »Populisten« nicht den geringsten Gefallen. Einen Vertreter dieser Gattung werde ich im nächsten Kapitel vorstellen.

»Es ist schick und modisch, für alles, was in der Welt nicht so recht im Sinne der neuen Weltordnung funktionieren will, den ›Nationalismus‹ verantwortlich zu machen«, schrieb Jörg Haider in »Freiheit, die ich meine«: »Und in der Tat, er ist da: in Armenien wie in der Ukraine, in Korsika wie im Baskenland und in Slowenien wie in Litauen. Er ist da: als unerfüllte Sehnsucht nach Geborgenheit, Bindung und Selbstbestimmung sprachlich, kulturell und geschichtlich miteinander verbundener Menschen.« (S. 80)

Der Mensch suche auf dreifache Weise Geborgenheit, zitiert Haider den früheren deutschen Bundeskanzler Helmut Schmidt:

»Nämlich

1. die Geborgenheit in der Familie und unter Freunden;
2. die Geborgenheit in der Heimat, in der gesellschaftlichen, seelischen, geistig-religiösen Heimat, in der man und von der man lebt;
3. die Geborgenheiten in einem Nationalstaat, der die Möglichkeit der Identifikation bietet.« (S. 81)

Ursprünglich gab es aber noch ein viel größeres Problem als Haiders Nationalismus, und das war Haiders Deutsch-Nationalismus. Sprich jene politische Auffassung, die Österreich als Teil der deutschen Nation betrachtete. Mit entsprechenden Thesen fing Haiders Karriere, wie weiter oben dargelegt, jedenfalls an: Die vornehmste Aufgabe sei »die Abwehr aller Bestrebungen, die auf eine Loslösung Österreichs vom Deutschtum gerichtet sind«, hatte er als 16-Jähriger in seiner preisgekrönten Rede gesagt.

Lange her? Vielleicht. Aber für die Haider-Kritiker stand viele Jahre später noch fest: »Haiders Bubenträume haben den Wandel der Zeit überdauert«, so einer der profiliertesten Haider-Feinde, der Journalist Hans-Henning Scharsach, der viele Jahre lang als eine Art Sprecher der »linken Globalisierer« und Anti-Nationalen fungierte. Das eigenständige österreichische Nationalbewusstsein, so Scharsach 1992, werde verleugnet. So beschwerte sich Scharsach, dass Haider am 26. Oktober 1988 statt zum österreichischen Nationalfeiertag zum »Staatsfeiertag« in das Palais Auersperg in Wien eingeladen habe. Haiders Partei FPÖ habe damit argumentiert, es gebe keine österreichische Nation. (Scharsach: Haiders Kampf, S. 84 f.) Paradox: Vor der Auflösung der österreichischen Nation in der EU kämpften die Globalisierer und Haider-Feinde noch verbissen um die nationale österreichische Identität. Vor der Verschmelzung Österreichs mit dem europäischen Superstaat stand die Loslösung Österreichs von der deutschen Identität, und das ging nur über eine Betonung der österreichischen Identität – über eine vorübergehende Betonung, versteht sich: »Aus der politischen und gesellschaftlichen Desorientierung nach Kriegsende ist Österreich in eine eigene nationale Identität hineingewachsen«, schrieb Haider-Gegner und EU-Freund Scharsach. »Endlich«, atmete der Mann auf, »bestätigen Meinungsforscher, was der Volksmund immer schon wusste: Mir san mir.« (S. 86)

»Irgendwann Mitte der Sechzigerjahre« habe der »Abnabelungsprozess vom Reichsgedanken« begonnen. Der große Bruder Deutschland sei vom großen Bruder EG (= Europäische Gemeinschaft) abgelöst worden: »Die Neuformierung Europas nahm dem deutschnationalen Plädoyer für staatliche Größe zur Sicherung der wirtschaftlichen und politischen Existenz viel von der einstigen Überzeugungskraft. Die EG hat zur internationalen Aufwertung gerade ihrer kleinsten Mitglieder beigetragen.« Und wie? Indem ihre »größte Stärke darin besteht, Teil des Ganzen zu sein.« (S. 87) Die Auflösung als Aufwertung – die Quadratur des Kreises also.

Die Wiedervereinigung von West- und Ostdeutschland habe Tatsachen geschaffen, die von Haider und anderen nicht akzeptiert worden seien, indem Haider von der »Wiedervereinigung in der kleinen Version« – also ohne Österreich – gesprochen habe (S. 90). Haiders Bekenntnisse zum österreichischen Staat wertete Scharsach als bloß formale Erklärungen: »Seine Anhänger vom äußersten rechten Rand wissen aus eigener Erfahrung, dass man als Deutschnationaler nicht alles so sagen darf, wie man gerne möchte.« (S. 91)

Die spektakuläre Wende sei 1995 gekommen. »Ich glaube, dass jedes Element der Deutschtümelei in der FPÖ der Vergangenheit angehören muss«, habe Haider da gesagt. In der »veränderten europäischen Sicht« sei es die wichtigste Aufgabe, »eine starke österreichische Identität zu gewährleisten.« (Scharsach: Haider – Schatten über Europa, S. 110) Dennoch traute ihm sein führender Feind Scharsach nicht. Haider selbst habe den Wert der Wende relativiert. Die rechte Zeitschrift »Nation & Europa« habe ein Interview mit Haider veröffentlicht, »in dem dieser die Hinwendung zum Österreich-Patriotismus als taktisches Manöver beschreibt.« »Ich bleibe der, der ich immer war, und werde meine Gesinnung nicht verändern«, zitierte Scharsach Haider. Zum Erreichen politischer Ziele müsse man eben auch mal einen kleinen Umweg machen. Das »lauthals« aus dem FPÖ-Programm herausoperierte Bekenntnis zur »deutschen Volks- und Kulturgemeinschaft« sei 1997 heimlich, still und leise mit dem Satz wieder hineingeschmuggelt worden: »Da die Mehrheit der Österreicher die Staatssprache Deutsch als Muttersprache hat, ergibt sich deren Zugehörigkeit zur deutschen Kulturgemeinschaft.« Auch bei anderer Gelegenheit, 1999, habe Haider angedeutet, »sein Abschied von der ›Deutschtümelei‹ sei nicht ganz ernst zu nehmen« und ein Bekenntnis zur »Erhaltung des deutschen Volkstums« abgelegt. »Die letzte Klärung bringt Haiders Personalpolitik«, schrieb Scharsach im Jahr 2000. »Keiner der ›Deutschtümler‹, von denen sich der FPÖ-Chef so demonstrativ verabschiedet hat, verlässt die Partei. Im Gegenteil: Parteifunktionen und sichere Listenplätze fallen jenen zu, die tiefer als andere im deutschnationalen Lager verwurzelt sind.« (Scharsach: ebenda, S. 110 ff.)

Zwar hat sich Haider inzwischen von der FPÖ getrennt und 2005 das Bündnis Zukunft Österreich (BZÖ) gegründet; aber dennoch liegt diese Kritik noch nicht so lange zurück. An Brisanz könnte das Thema durch die Wiederannäherung zwischen Haider und der FPÖ kurz vor seinem Tod gewonnen haben.

Das Institut der Nation widerspricht nicht nur einem vereinten Europa, sondern auch einer anderen heiligen Kuh der Globalisierer: der ungehinderten Migration, mit der Betonung auf »ungehindert«. Langfristig soll jeder (fast) überall einwandern dürfen. Aber nicht mit Haider: Österreich sei »kein Einwanderungsland und kann es auch gar nicht sein«, schrieb Haider. »Wir sind, wie es der österreichische Bundespräsident Dr. Thomas Klestil ausgedrückt hat, ›ein Land der Gastfreundschaft‹, aber kein Trampelpfad für überflüssigen Durchzugsverkehr und kein Auffanglager für alle Hoffnungslosen dieses Kontinents … Es wäre aber falsch verstandene Humanität, die Grenzen so lange zu öffnen, bis die soziale Stabilität bei uns gefährdet ist.« Man könne Einwanderer nur solange aufnehmen, so Haider weiter, »wie wir ihnen Arbeitsplätze, Wohnungen und schulische Integration für ihre Kinder bieten können … Es ist eine ebenso dumme wie gefährliche Vereinfachung, die Befürwortung einer schrankenlosen Einwanderung zum Grunderfordernis und Synonym für Ausländerfreundlichkeit zu machen.« (Haider, S. 97)

Ein Slogan wie »Österreich zuerst« wäre in der zu globalisierenden Welt völlig fehl am Platze. Aber genau unter diesem Motto startete Haider im Jahr 1993 ein Volksbegehren. Einzelne der insgesamt zwölf Punkte lesen sich wie Folterwerkzeuge aus dem Gruselkeller der Nationalisten. Zum Beispiel:

1. Einführung einer Verfassungsbestimmung: »Österreich ist kein Einwanderungsland.«
2. Einwanderungsstopp bis zur befriedigenden Lösung der illegalen Ausländerfrage, bis zur Beseitigung der Wohnungsnot und Senkung der Arbeitslosigkeit auf fünf Prozent.
3. Ausweispflicht für ausländische Arbeitnehmer am Arbeitsplatz, Aufstocken der Exekutive (Fremdenpolizei, Kriminalpolizei) sowie deren bessere Bezahlung und Ausstattung zur Erfassung der illegalen Ausländer.
4. Entspannung der Schulsituation durch Begrenzung des Anteils von Schülern mit fremder Muttersprache in Pflicht- und Berufsschulklassen auf höchstens 30 Prozent.

»Gegen dieses Volksbegehren wurde in noch nie da gewesener Weise im ganzen Land agitiert und mobilisiert«, beschwerte sich Haider: »Politische Parteien, Kammern und Verbände, Gewerkschaften und Kirchenvertreter, Lehrer und Künstler, Printmedien und Fernsehen, sie alle waren sich einig darin, dass diese Initiative zutiefst verwerflich war. Gemeinsam gründete man die Aktion ›SOS-Mitmensch‹, die ein ›Lichtermeer‹ veranstaltete.« (Haider, S. 101) Das Volksbegehren scheiterte, aber Haider nahm für sich in Anspruch, dass mancher Ansatz daraus von den anderen Parteien übernommen worden sei. Tatsächlich zwang Haider die anderen Parteien immer wieder zur Anpassung; immer wieder richtete sich die Republik nach Haider aus – ob er nun regierte oder nicht. Genauer gesagt, regierte Haider die Republik auf eine heimliche und unheimliche Weise mit – ob die anderen Parteien das nun wollten oder nicht.

Ganz oben auf seiner Kritikliste stand immer wieder der Schmelztiegel Europäische Union, eine der wichtigsten Zellen der Globalisierung. Seine These: Das schöne und vielfältige Europa bleibe eben nur dann so schön bunt und vielfältig, solange es Völker und Nationen gebe – und keinen Einheitsbrei:

>»Alle wollen doch Europäer sein! Wozu muss es da die graue Nation geben, wo doch Europa so bunt, so vielfältig, so offen ist? Genau deshalb. Wenn dieses Europa kein kultureller und sprachlicher Einheitsbrei aus dem Fleischwolf der Brüsseler Bürokraten werden soll, dann muss die Entwicklung zu einem Europa der Völker und Volksgruppen ermöglicht werden. Eine abstrakte europäische Kultur und die dazu passenden Menschen gibt es nicht. Es gibt nur konkrete Identitäten von Menschen und Völkern.« (Haider, S. 82)

»Die Linke will eine andere Gesellschaft, will ein neues Volk, weil sie ihr eigenes Volk nicht leiden kann. Sie schwärmt von einem multikulturellen Europa, will durch Zuwanderung neue Mehrheiten im Volk erzwingen«, schrieb Haider in »Freiheit, die ich meine« auf Seite 54. Konsequent weitergedacht, heißt das: Die Multikulti-Ideologie und

die Propaganda vom multikulturellen Europa sind glatter Etiketten-
schwindel, da sie in Wirklichkeit für »Monokulti«, also das Einstamp-
fen der Kulturen eintreten. Die schrankenlose Zuwanderung bringe in
Wirklichkeit nur Schwierigkeiten:

> »Die Jugend und die Bauern glauben der öffentlichen EG-Euphorie ein-
> fach nicht. Breite Arbeitnehmerschichten zeigen Unmut über die verfehl-
> te Ausländerpolitik, und bürgerliche Eliten entziehen sich dem schuli-
> schen Chaos, das durch den hohen Ausländeranteil in den Klassen der
> Volks-, Haupt- und Berufsschulen erzeugt wurde, durch den Weg in die
> Privatschulen. Offiziell darf aber darüber nicht geredet werden. Diese Dis-
> kussion hat nicht stattzufinden. Jeder, der aufbegehrt, wird in die Schran-
> ken gewiesen.« (Haider, S. 54)

Das Problem: Jörg Haider passte einfach nicht in die politische
Landschaft der totalen Entgrenzung: der Entgrenzung zwischen Nationen, Erdteilen, und Ethnien, die wir »Globalisierung« nennen.
Aber auch der Entgrenzung zwischen einzelnen Menschen, Familien
und Generationen. Während Grenzen in rasendem Tempo überall
aufgehoben werden, war Haider einer, der auf ihnen beharrte. Während die offizielle One-World-Kultur ethnische, nationale, regionale
und familiäre Identitäten verneint, hat Haider auf ihnen bestanden.

Ein Globalist und die Nationalisten

Nach seinem Wikipedia-Bild könnte man Thomas P. M. Barnett als
x-beliebigen Bankmanager verbuchen, wie sie zu Tausenden in der
Wall Street herumlaufen: glatt rasiert und pomadisiert, dunkler Zwei-
reiher und zweifarbige Krawatte. Auch die dozierende Haltung würde
zu einem aalglatten Analysten passen, der seinem Publikum gerade
neue Zockerstrategien erklärt. Und das tut er ja auch. Tatsächlich ist
Barnett berühmt für seine gut besuchten Powerpoint-Präsentationen,
die ihm eine treu ergebene Anhängerschaft eingebracht haben. Allerdings weniger unter Brokern und Bankern, sondern mehr unter Bom-

benwerfern – sprich: im US-Militärestablishment. Gezockt wird hier mit Ländern, Regionen und Kontinenten, und so sieht man hinter Barnett auch keine Aktienkurven hängen, sondern eine Weltkarte. Und da haben wir's auch schon: Thomas P. M. Barnett plagt sich nicht mit Kleinkram, sondern nur mit dem großen Ganzen – nämlich dem Globus. Und wenn sich einer wie Barnett mit dem Globus beschäftigt, verheißt das nichts Gutes. Denn bei ihm heißt Globalisierung weniger vornehm »Kriegsführung«, Unterwerfung und Kolonialisierung. Von 1998 bis 2004 lehrte der Karriereakademiker an der US-Marine-Kriegsschule in Newport, Rhode Island (U. S. Naval War College). Finanziert durch die Wall-Street-Broker-Firma Cantor Fitzgerald bastelte er ausgerechnet im Turm Nr. 1 des World Trade Centers an neuen Strategien zur Welteroberung, euphemistisch auch »Globalisierung« genannt (siehe thomaspmbarnett.com/biography.htm). Und siehe: Tatsächlich sackte dieser Turm gemeinsam mit seinem Zwilling am 11. September 2001 spektakulär in sich zusammen, was den USA umgehend ganz neue Möglichkeiten der Globalisierung und Welteroberung eintrug. Dass Barnett hier regelrecht selbst Hand anlegte, ist bestimmt zu kurz gedacht – eine gewisse Begeisterung konnte er aber trotzdem nicht verbergen. Die Zerstörung der World-Trade-Center-Türme nannte er den »ersten live ausgestrahlten Killer-Film der Geschichte« (Wall Street Journal, 11. Mai 2004). Unnötig zu erwähnen, dass Barnett selbst in diesem »snuff video« nicht zu sehen war. Wahrscheinlich war er an diesem Tag nicht in dem Gebäude. Aus dem strategischen Nutzen der 9/11-Attentate für die USA machte er jedenfalls keinen Hehl und aus seinem Herzen keine Mördergrube. Die Attentate des 11. September sah der Stratege als einmalige historische Chance: »Im Gefolge des 11. September sah sich Amerika der einmaligen historischen Chance gegenüber, die strategische Umgebung durch eine dramatische Ausweitung dessen, was bisher als ›der Westen‹ bekannt war, umzugestalten.« (Barnett: The Pentagon's New Map, S. 142)

Auf alle Fälle war der 11. September ein Anlass für jede Menge neuer bunter Powerpoint-Präsentationen. Inhalt: The Pentagon's New Map – Der neue Pentagon-Atlas. Der 11. September war sozusagen die Geburtsstunde dieser neuen Weltkarte, und Barnetts »New Map« entwickelte sich unter den Cash- und Kriegsstrategen schnell zum Renner. Aus der Präsentation wurde zunächst ein Artikel und dann – 2004 – ein Buch: »The Pentagon's New Map – War and Peace in the Twenty First Century« (»Der neue Pentagon-Atlas – Krieg und Frieden im 21. Jahrhundert«).

Wie alle amerikanischen Erfindungen ist auch diese ebenso einfach wie einleuchtend. Die Karte unterteilt die Staaten der Erde in Musterknaben der Globalisierung (bei denen weder eine militärische noch politische Einmischung notwendig ist) und in »Versager«, »Schurken« und Konfliktzonen. Noch einfacher ausgedrückt, steht einem globalisierten Kern eine nicht globalisierte »Lücke« (»Gap«) gegenüber. Lücke deshalb, weil diese Regionen bei einer zweidimensionalen Weltkarte wie ein großes klaffendes Loch zwischen Kanada, USA, Europa sowie Russland im Norden und Australien im Süden erscheinen. Im weitesten Sinne handelt es sich dabei um die Äquatorialregionen. Als zum Kern gehörig zählt Barnett kaum noch einzelne Länder auf, sondern bereits globalisierte Großregionen – neben Nordamerika Europa, Russland, China, Japan, Indien, Australien, Neuseeland, Südafrika, Argentinien, Brasilien und Chile. Zu den Schurken und Versagern zählen ganz Afrika sowie Armenien, die Türkei, Afghanistan, Nordkorea, Kasachstan, Aserbaidschan und Saudi Arabien. Natürlich wollen Barnett und seine Pentagon- und Wallstreet-Freunde nur das Beste für die Bewohner dieser Länder, nämlich sie von der Unterdrückung befreien. Allerdings geht das, man ahnt es schon, nur durch eine noch brutalere Unterdrückung, nämlich durch Krieg. Das Ziel ist die Vernichtung aller Gegner, die sich der Freiheit widersetzen – respektive der Globalisierung. Schließlich ist das ein- und dasselbe.

»Um seine Wirtschaft und Gesellschaft zu globalisieren, muss man in Kauf nehmen, dass die Welt die eigene Zukunft weit mehr umgestaltet, als man umgekehrt selbst die Welt beeinflusst. Die Kontinuität der Vergangenheit, als die Söhne Generation für Generation den Beruf des Vaters ergriffen, wird in den meisten Fällen in eine schroffe Missachtung der Traditionen münden.« (Barnett: Pentagon, S. 122)

Güter und Dienstleistungen, die ein Land der Welt anbieten könne, würden gegenüber all den Produkten verblassen, die den eigenen
Markt überfluten und die Hersteller und Firmen zwingen würden, sich
dieser neuen Wettbewerbslandschaft entweder anzupassen oder un-
terzugehen.

Alles in allem braucht es für die Globalisierung vier ungehinderte
Ströme, die jedes nationale Refugium gnadenlos niederwalzen:

- Den ungehinderten Strom von Einwanderern (»Wie auch immer:
  Sie werden kommen. Die einzige Frage ist, wie wir sie willkommen
  heißen werden.« Barnett, S. 214)
- Den ungehinderten Strom von Erdöl, Erdgas und anderen Roh-
  stoffen
- Den ungehinderten Strom von Krediten und Investitionen in alle
  Richtungen
- Den ungehinderten Strom amerikanischer Sicherheitskräfte in die
  »regionalen Märkte«

Alles Dinge, die jemandem wie Haider wohl kaum gefallen hätten.
Doch umgekehrt hätte ein Nationalist wie Haider auch Barnett nicht
gefallen: »Die globale Vernetzung, die sich von Europa aus in die Staaten der früheren Sowjetunion und nach Nordafrika hin ausbreitet, ist
für das Schrumpfen des GAP entscheidend. Aufgrund seiner schnell
alternden Bevölkerung muss Europa den ›Gastarbeiter‹ hinter sich lassen und genau wie Amerika bedeutende Einwandererströme fördern.
Rechtsgerichtete und einwanderungsfeindliche Politiker müssen von
der politischen Bühne abberufen werden, und zwar schnell!« (Barnett:
Pentagon, S. 376)

Nun soll damit nicht gesagt werden, dass Herr Barnett hier als
Mordverdächtiger oder Anstifter zu gelten habe. Vielmehr gehört er
zu denen, die die Argumente für den amerikanischen Militär- und Ge-
heimdienstapparat liefern.

Der Umstürzler

Zu behaupten, Jörg Haider sei der meistgehasste Mann Österreichs oder Europas gewesen, trifft es nicht ganz. Auch hier muss man wieder zwischen Bevölkerung und Establishment unterscheiden. In Wirklichkeit war Jörg Haider der bestgehasste Mann der österreichischen und europäischen politischen Eliten. Ja, der Mann hatte dem politischen Establishment seiner Heimat, aber auch darüber hinaus, von Anfang an den Kampf angesagt. Ein besonderer Dorn im Auge war ihm die Herrschaft der Altparteien SPÖ und ÖVP, die den österreichischen Staat aus Haiders Sicht nach dem Zweiten Weltkrieg von den Alliierten quasi als Geschenk erhalten und unter sich aufgeteilt hatten:

»Die Herrschaft der Altparteien (SPÖ – Sozialistische Partei Österreichs, ÖVP – Österreichische Volkspartei, KPÖ – Kommunistische Partei Österreichs) wurde begründet, als es noch kein freies Österreich gab. Mit Lizenz der Besatzungsmächte wurde der Auftrag an die Parteien erteilt, sich des Landes ›anzunehmen‹. Diesen Auftrag haben die Altparteien sehr ernst genommen«, schrieb Haider 1993 in »Die Freiheit, die ich meine« auf Seite 126.

»Bis heute ist Österreich ein Beutestück dieser Parteien. Es gibt keine westliche Demokratie, in der Parteien so viel Macht, eine so große, organisatorische Dichte und so umfassenden Zugriff auf die privaten Lebensumstände der Bürger haben wie in Österreich. Selbst Publizisten, die dem Lager der Altparteien zuzurechnen sind, wie Professor Karl-Heinz Rischel, Chefredakteur der Salzburger Nachrichten, äußerten wiederholt die Sorge, Österreich könnte ohne grundlegende politische Erneuerung so etwas wie ein Parteienstaatsmuseum werden. Diese Gefahr ist real ... Die Politik dieses Landes muss sich ändern – und zwar gründlich, von der Wurzel her, also radikal.« (Haider, S. 135)

Dabei bedeutete politische Macht in Österreich (aber natürlich nicht nur dort) von Anfang an auch wirtschaftliche Macht und Wohlstand für die Parteigänger der »Altparteien«. Sie teilten nicht nur die

Parlamente, sondern auch die Posten in staatlichen Betrieben und Unternehmen unter sich auf. Auf diese »Proporzritter« und den »Postenschacher« hatte es Haider abgesehen und prophezeite:

>*»Die Mächtigen von heute werden morgen als Polit-Opas nur mehr auf der Parkbank in Erinnerungen schwelgen können, wie es doch war, als Rot und Schwarz noch alles beherrschten. Denn die Bürger wollen heraus aus diesem System westlicher Mandarine, die sich zu Ende des 20. Jahrhunderts noch immer in der Sänfte durchs Land tragen lassen und für diese Art der politischen Apartheid vom Volk auch noch Dankbarkeit erwarten ...*

>*Die rot-schwarzen Proporzritter, die so salbungsvoll vom Rechtsstaat reden, treten diesen permanent mit Füßen ... Dieses Nachkriegsösterreich hat nicht nur autoritäre Züge, die eine strukturelle Unfreiheit der Bürger bewirken, sondern wird von Parteien beherrscht, deren Repräsentanten ihre politische Erfolgslosigkeit durch Missbrauch der Macht und subtile wie brutale Unterdrückung auszugleichen versuchen. Manchmal fühlt man sich fast so wie im letzten realsozialistischen Land außer Nordkorea und China.«* (Haider, Die Freiheit, die ich meine, S. 195)

Und tatsächlich hatte Haider bei seinen Reformbemühungen sogar Erfolg, wie selbst Angehörige anderer politischer Richtungen einräumten. Befriedigt zitierte Haider »den sozialistischen Universitätsprofessor« Dr. Norbert Leser: »Was immer man sonst gegen Jörg Haider und die FPÖ sagen mag, in der Frage des Privilegienabbaues hat er nicht nur Ankündigungen gemacht, sondern Taten gesetzt und sich auch gegen Parteifreunde, selbst wenn sie das formelle Recht auf ihrer Seite hatten, durchgesetzt.« (Haider, S. 34)

»Der Mann muss weg«, fasste Haider in einer Überschrift eines Kapitels auf Seite 240 die Haltung der herrschenden politischen Klasse ihm gegenüber zusammen: »Viele werden uns ablehnen, weil sie Günstlinge und Nutznießer des Systems sind ... In diesem dialektischen Prozess sind die Positionen klar verteilt: hier Altparteien und sonstige Pseudo-Opposition – dort die Freiheitlichen als Herausforderer des Systems.« (Haider, S. 241)

»Ist es klug, sich so zu exponieren?«, fragte er und gab die Antwort: »Das weiß ich nicht, aber es ist notwendig! Eine angepasste Nominal-Opposition, die ständig um Bereichskoalitionen winselt, wie dies Grüne und Liberale tun, ist nur das Beiwerk eines noch fast allmächtigen politischen Monstrums. Österreich steht unter einer Einheitspartei-herrschaft von SPÖ und ÖVP = SPÖVP. In dieser Situation muss man den Mut haben, Außenseiter zu sein, damit Veränderungen zum Guten möglich sind.« (Haider, S. 241)

Wie immer man dieses aus Haiders Sicht »Gute« bewerten mag: Der Mann sah sich im Zentrum eines Endkampfes zwischen herrschender politischer Klasse und den »Freiheitlichen«:

»Ich weiß, dass mein Erfolg bei sozialistischen Wählern in der SPÖ dazu geführt hat zu fordern: ›Der Mann muss weg aus der Politik!‹ Der Mann muss weg, er bringt uns in Gefahr, lautet ihr Schlachtruf. Daher wollte man mich schon 1986 mit der einseitigen, vertragswidrigen Kündigung der Koalition nach dem Reformparteitag der FPÖ in Innsbruck beseitigen. Dann versuchte man den Großangriff mit meiner Abwahl durch die Altparteien als Landeshauptmann. Sogar ein Herauskaufen von Abgeordneten aus der FPÖ-Fraktion schien geeignet, meinen Sturz einzuleiten. Gewiss wird es auch in Zukunft solche Sturzversuche geben.« (Haider, S. 243)

Wie gesagt, ging es nicht nur um Politik, sondern auch um Fressnäpfe: »Die politische Klasse vergisst mir nicht, dass ich ihre Privilegien aufgedeckt habe, dass ich ihr über 4.000 Mandate in Gemeinden, Kammern, Land und Bund weggenommen habe und dass ich mächtige Genossen wie den Verantwortlichen für das Debakel um die Zellstoff-Fabrik in St. Magdalen bei Villach, Frühbauer, vor Gericht gebracht habe.« (Haider, S. 244)

44

Und dann kommt es ganz dick: »Es geht um die Überwindung der freiheitsfeindlichen Elemente eines ständestaatlichen Systems und um die Entmachtung der herrschenden politischen Klasse durch Beseitigung ihrer Pfründe, Privilegien und demokratisch nicht legitimierten Machtinstrumente«, fasste Haider sein Vorhaben zusammen (Haider, S. 200):

> »Die Altparteien brauchen die Große Koalition, weil durch diese krankhafte Umklammerung die Millionen und Abermillionen Schilling aus den Abhängigen herausgeholt werden können, um Parteiapparate und Parteisoldaten zu mästen. Die Altparteien brauchen den Staatsrundfunk, um durch Angst, Verunsicherungs- und Verleumdungspropaganda Loyalitätsverluste unter den eigenen Anhängern in Grenzen zu halten ... Unser Vorhaben ist mehr als Machtwechsel oder politische Korrektur. Wir wollen eine österreichische Kulturrevolution mit demokratischen Mitteln, wir wollen die herrschende politische Klasse und die intellektuelle Kaste stürzen.« (Haider, S. 201)

Noch Fragen? Eigentlich nicht. Dabei war das noch nicht alles. Haider legte sich mit allen Schichten und Teilen des verkrusteten österreichischen Parteienstaates an.

Schlagen wir ein beliebiges Buch über Haider auf, das lange **vor** dessen Tod geschrieben wurde, und zwar das bereits erwähnte »Haider – Eine Karriere« aus dem Jahr 1999 von Christa Zöchling. Im Nachhinein bekommen schon ihre Formulierungen auf den ersten Seiten einen ganz seltsamen Klang:

> »Tausendmal totgesagt, ist er, wie man es nur Gespenstern nachsagt, immer wieder aufgetaucht und von Wahl zu Wahl groß und größer geworden«, beklagt sich Zöchling gleich auf der ersten Textseite (S. 7). »Im September 1986 hatte Jörg Haider, unterstützt vor allem von Kameraden im Geiste des Nationalsozialismus, in einer Kampfabstimmung die Macht in der Freiheitlichen Partei Österreichs übernommen. Im Laufe der Zeit hat er aus der Fünfprozentpartei eine Bewegung gemacht, die heute

gemeinsam mit der österreichischen Volkspartei die Bundesregierung stellt. Früher oder auch später«, unkt Zöchling, »will Haider jedoch selbst die Führung der Republik übernehmen. Falls seine Partei so überwältigend stark geworden ist, dass er anschaffen kann.« (Zöchling, S. 8)

Das Problem lautete also: Haider, der Rechtspopulist, -politiker und -propagandist, wollte »die Republik übernehmen« und Kanzler werden: »Trotz der Internationalen Proteste gegen die Regierungsbeteiligung der FPÖ hält Haider am Willen und an der Vorstellung zukünftiger Kanzlerschaft fest«, so Zöchling. Trotz Haiders Rücktritt als FPÖ-Vorsitzender am 28. Februar 2000 traute man ihm nicht. Zöchling: »An diesem Tag ging eine große Erregung durch das Land. Jörg Haider verkündete seinen Rücktritt als Vorsitzender der Freiheitlichen. Doch dieser freiwillige Verzicht, den er ›als Dienst am Land und an seiner Partei‹ zu begreifen wünscht, passt nicht zur Mission eines Helden, der ausgezogen ist, um Österreich zu erobern.« (Zöchling, S. 8)

Haider – ein Nazi?

Narziss oder Nazi?

Da es ja einen Nazi-TÜV (noch) nicht gibt, ist es wohl am besten, wenn ich meine eigenen Erfahrungen mit der Frage, ob Haider ein Nazi war oder nicht, schildere. Da ich mein Wissen über Haider zu Beginn dieses Buches aus dem Haider umwabernden Publizistik- und Propagandanebel bezog, war ich meiner Sache noch wesentlich sicherer. Da war Haider für mich zumindest ein extremer »Rechter«. Inzwischen, viele Gespräche und Recherchen später, bin ich mir da nicht mehr so sicher. Mein Eindruck ist, dass Haider im Laufe der Zeit eine Veränderung durchgemacht hat. Fünf Jahre (1950) nach dem Ende des Dritten Reiches in ein nationalsozialistisches Elternhaus hineingeboren, schien Haider noch stramm rechts sozialisiert worden zu sein. Auch sein Vortrag über das deutschnationale Österreich als 16-Jähriger legt davon Zeugnis ab. Danach wurde er Mitglied der damals stramm rechts positionierten und von ehemaligen Nazis mitbegründeten FPÖ. Doch das ist inzwischen lange her, und das Nazi-Bild Haiders aus dieser Zeit ist inzwischen schon etwas abgestanden. Später schien sich Haider aus jedweder Ideologie gelöst zu haben und sich um das Rechts-Links-Schema nicht zu scheren. Was bedeutete, dass er »rechte« Standpunkte genauso übernahm wie linke, wie sein ausgeprägtes soziales Engagement zeigt. 2005 trennte sich Haider von der FPÖ und gründete das BZÖ.

Mit der Zeit wurde Haiders stramm rechtes Image eher von politisch interessierten Kreisen und Medien als bequeme Allzweckwaffe konserviert. Haiders rechte Positionen wurden von seinen Gegnern viel lieber herausgestellt und betont als die linken, hoffte man doch, ihn so mundtot machen und ins politische Abseits stellen zu können. Mit anderen Worten versuchte man, ihn auf seinem rechten Image festzunageln. Einzelne Äußerungen wie die über die Beschäftigungspolitik im Dritten Reich »made it around the globe« – schafften es rund um den Globus – und prägten weltweit das Bild des FPÖ- und BZÖ-Politikers. Ja, während man den realen Haider eben fast nur in Kärnten zu Gesicht bekam, wurden die vermeintlichen oder wirklichen »rechten« Standpunkte und Entgleisungen zu internationalen Medienereignissen aufgeblasen. Und so ein »Nazi« darf sich eben schnell mal um einen Betonpfosten »spulen«.

Genau wie der Deutsche in ausländischen Filmen viele Jahre lang immer noch als »jawohl«-schreiender und Hacken-knallender Militarist gezeigt wurde, war Haider im Ausland der ewiggestrige Nazi, der eine Gefahr für Österreich und die Welt darstellte. Dieser überlebensgroße Nazi (oder feiner: »Rechtspopulist«), zu dem Haider aufgeblasen wurde, war jedoch eine Kunstfigur. Denn in Wirklichkeit war Haider eben auch »Linkspopulist«, nur wurde das verschwiegen beziehungsweise nicht groß zum Thema gemacht. Der spätere Haider kultivierte die Gabe, populäre Themen aufzugreifen, und dabei interessierte es ihn relativ wenig, welches politische Etikett diesen Themen anhaftete. Und mit diesen populären Themen machte er sich dann auch selbst populär. Deshalb trifft es ihn auch viel besser, was Karl Anderwald über ihn schrieb: »Haider war kein Nazi, sondern ein Narziss.« (Lux u. a., S. 78) Und zwar einer mit einem Goldmund, darf man hinzufügen, in dessen Munde jedes Thema zu politischem Edelmetall und harter politischer Währung wurde. »Er hat blöde Ausrutscher gehabt«, meint der Klagenfurter Bürgermeister Harald Scheucher: »Aber er ist 1950 geboren, was soll denn das? Väter hin oder her, Sippenhaftung gibt es keine. Er war nach meinem Dafürhalten nie und nimmer ein Nazi.« (Lux, S. 115)

»Antisemit«?

Dieselben Vorbehalte gelten auch gegenüber vorschnellen Antworten auf die Frage, ob Haider nicht nur »Nazi«, sondern auch Antisemit war. Was ist eigentlich ein Anti-Semit? Dazu vorab eine Definition: Rein semantisch bedeutet der Begriff Anti-Semit »gegen die Semiten«, also gegen die semitische Völkerfamilie, zu der übrigens auch arabische Völker gehören. Das heißt: Ein Anti-Semit kritisiert andere pauschal in ihrem und aufgrund ihres Semit-Seins. Einfach weil sie Semiten oder eben Juden sind. Und das heißt zweitens, dass in einer solchen »Kritik« oder Schmähung dazu notwendigerweise auch das Jude- oder Semit-Sein des anderen Thema sein muss. Schauen wir uns dazu die Zitate an, die beispielsweise die österreichische Webseite »Haider Watch« von Haider zusammengetragen hat (smoc.net/haiderwatch; Klammern und Quellenangaben von »Haider Watch«):

- *»Der Herr Muzicant (Ariel Muzicant, Präsident der Jüdischen Kultusgemeinde Wien) ist erst zufrieden, bis man ihm auch jene 600 Millionen Schulden bezahlt hat, die von ihm in Wien angehäuft worden sind.«* Dreikönigstreffen der FPÖ, Wien, 21.1.2001
- *»Ich verstehe nicht, wie einer, der Ariel (Muzicant) heißt, so viel Dreck am Stecken haben kann!«* Ried im Innkreis, Aschermittwoch, 28.2.2001
- *»Wenn Du heute noch nicht weißt, wo es in Wien fehlt, wird das auch nicht der Herr Greenberg (ehem. Berater des US-Präsidenten Clinton) erklären können, der ist ein Experte im Lewinsky-Skandal, aber nicht für Wiener Probleme.«* An den Wiener Bürgermeister Häupl gerichtet. Wien Favoriten, 22.2.2001
- *»Der Häupl (Wiener SPÖ-Bürgermeister) hat einen Wahlkampfstrategen, der heißt Greenberg. (Lachen im Saal) Den hat er sich von der Ostküste einfliegen lassen! Liebe Freunde, ihr habt die Wahl, zwischen Spindoctor Greenberg von der Ostküste oder dem Wienerherz zu entscheiden!«* Wien Oberlaa, 21.2.2001
- *»Wir brauchen keine Zurufe von der Ostküste. Jetzt ist es einmal genug. Jetzt geht es um einen anderen Teil der Geschichte, die Wiedergutmachung für die Heimatvertriebenen.«* Wien Oberlaa, 21.2.2001
- *»Es wirkt das Ganze schon wie ein eingefrorener Posthornton, der da von manchen Staaten ausgesendet worden ist. Es nützt sich halt alles ab, was ständig wieder neu versucht wird: Ob Monica Lewinsky oder David Levy (israelischer Außenminister), es ist alles das Gleiche, es*

*hängt den Leuten im wahrsten Sinne des Wortes zum Hals heraus.«
Zur Kritik aus USA und Israel, 14.10.1999*
- *»So wie Bronfman (Präsident des World Jewish Congress) hat selbst Goebbels in den Umbruchtagen nicht gegen Österreich gehetzt!« Kleine Zeitung Graz, 22.1.1988*

Erfüllen diese Äußerungen also die Definition des Anti-Semitismus? Eindeutig nein, denn das mutmaßliche Jude- oder Semit-Sein der genannten Personen wird an keiner Stelle thematisiert. Vielleicht äußerte sich Haider hier über Juden, aber er äußerte sich nicht über das Jude-Sein und ob dies irgendwelche Charaktereigenschaften oder sonstigen Dispositionen mit sich bringt. Vielleicht sind das nicht alle Äußerungen Haiders über mutmaßliche Juden (ob die Genannten wirklich Juden sind, habe ich nicht nachgeprüft). Wenn aber mit solchen Äußerungen gearbeitet wird, legt das nahe, dass es überhaupt nirgends ein wirklich anti-semitisches Zitat von Haider gibt, in dem er das Jude- oder Semit-Sein selber angreift oder kritisiert.

Der Vorwurf des Antisemitismus ist seit der Judenvernichtung im Dritten Reich die schärfste politische und demagogische Waffe, die sich gegen einen Menschen in Stellung bringen lässt. Und zwar deshalb, weil in diesem Vorwurf auch immer der vielfache Mord an Unschuldigen mitschwingt. Da er heute aber als politische Waffe gegen alles und jeden gebraucht wird, hat hier eine enorme Inflationierung eingesetzt. Und wie bei jeder Inflationierung geht auch mit der Inflationierung von Begriffen eine Entwertung einher. Wird der Antisemitismus erst immer und überall gewittert, hat die Diagnose bald gar keinen Sinn mehr. Antisemiten sollen bereits gewesen sein: Martin Luther, Karl Marx, Rudolf Steiner, Rudolf Augstein, Martin Walser, Gerhard Schröder, Erich Honecker, Ernest Hemingway, Friedrich Nietzsche, Theodor Fontane, Franklin D. Roosevelt, Richard Wagner, Joseph Stalin, Michail Bakunin, Voltaire, Pius XII., Graf Stauffenberg, Mel Gibson und natürlich auch Yassir Arafat, selbst ein Angehöriger der semitischen Völkerfamilie.

Wie schnell man zum Antisemiten werden kann, musste ich schon am eigenen Leibe erfahren. Das Berliner »Zentrum für Antisemitismusforschung« (ZfA), das zur Technischen Universität Berlin gehört, hatte 2007 »erforscht«, ich hätte folgende Thesen zu den Attentaten des 11. September 2001 aufgestellt:

- Jüdische Kreise hätten von dem Anschlag gewusst, weshalb es so gut wie keine Opfer gegeben habe – was nachweislich nicht stimmt: Circa 400 Juden und 5 Israelis sind umgekommen.
- Der Mossad habe von dem Anschlägen gewusst und Israel habe Nutzen daraus gezogen.

Dieses »Forschungsergebnis« wurde auch prompt veröffentlicht, und zwar im Rahmen einer Ausstellung über Antisemitismus, Antizionismus und Israelkritik im Lichthof des Deutschen Außenministeriums. Diplomaten, Journalisten, Touristen – alle konnten dort drei Wochen lang nachlesen, was für ein schlimmer Antisemit dieser Wisnewski doch sei. Das Problem: Die »Forscher« hatten für ihre Behauptungen überhaupt keine Belege. Die mir zugeschriebenen Thesen waren in meinem gesamten Werk nirgends zu finden. Und auch sonst waren keine Belege für irgendeinen »Antisemitismus« bei mir zu finden. Und so musste das Institut am 4. September 2007 den schmählichen Rückzug antreten und eine Unterlassungserklärung abgeben. Dort verpflichteten sich der Institutsleiter Professor Wolfgang Benz und die Ausstellungsleiterin Dr. Juliane Wetzel, diese Behauptungen nicht zu wiederholen. Am 27. Februar 2009 wurde das ZfA vom Kammergericht Berlin zur Zahlung eines Schmerzensgeldes an mich in Höhe von 5.000 Euro verurteilt (Geschäftsnummer 9 U 142/08). So viel zur »Antisemitismusforschung« in Deutschland.

Zugedacht wird diese Bezeichnung inzwischen relativ wahllos jedermann, der sich irgendwie kritisch mit dem Mainstream auseinandersetzt. Der Vorwurf des Antisemitismus ist die Allzweckwaffe gegen jeden politisch Unliebsamen, egal, ob der sich nun jemals über Juden geäußert hat oder nicht. Denn bestimmt hatte derjenige irgendwie indirekt Kontakt zu Antisemiten, hat schon mal in ganz anderen Fragen aus Schriften von Antisemiten zitiert oder hatte in einer ganz anderen Frage dieselben Ideen wie irgendein »Antisemit«. Der Begriff des Antisemitismus wird heute dauernd erweitert, sodass man mittlerweile sogar Antisemit sein kann, ohne es selbst zu wissen. Insbesondere wird der Begriff des »Antisemitismus« inzwischen auch auf den Anti-Zionismus (also auf die Ablehnung der zionistischen Bewegung), ja, sogar auf jedwede Israelkritik erweitert, sodass jeder, der nichts vom Vorgehen Israels gegen die Palästinenser hält, sowieso schon mal automatisch Antisemit ist. Der Vorwurf des Antisemitismus wird als Guillotine benutzt, mit der man heute jedermann hinrichten kann, speziell in Deutschland und Österreich. Irgendetwas lässt sich immer an den Haaren herbeiziehen.

Die Hitlerisierung Haiders

»Adolf Hitler begann seinen Aufstieg als nationaler Populist. Vergleiche zwischen Haider und Hitler beziehen sich auf die Zeit vor der Machtergreifung. Geistige Nähe zur nationalsozialistischen Schreckensherrschaft und ihren Verbrechen wird dem FPÖ-Obmann nicht unterstellt«, heißt es im Vorwort zu einem Buch von Hans-Henning Scharsach über Jörg Haider aus dem Jahr 1992 auf S. 11 – um Haider anschließend umso mehr mit Hitler und dem Nationalsozialismus in einen Topf zu werfen, versteht sich. Das Vorwort dient nur dazu, sich gegen Rechtsstreitigkeiten abzusichern – als eine Art vorweggenommene Unterlassungserklärung. Etwas, was man bei einer möglichen Klage Haiders einem Richter unter die Nase halten kann: »Ja, aber hier wird doch gar nicht behauptet, dass Haider und Hitler ein- und dasselbe seien.« Dabei muss man sich diese Botschaft schon genauer ansehen. Sie lautet: Mit der real existiert habenden nationalsozialistischen Schreckensherrschaft traut man sich nicht, Haider in Verbindung zu bringen. Vergleiche zwischen Haider und Hitler sind aber durchaus erlaubt, solange es um den Hitler vor der Machtergreifung geht. Damit ist auch gar nichts verloren, denn schließlich war ja auch Haider (noch) nicht Bundeskanzler. Und damit sagt man ja genau das, was man sagen will: »Haider = Hitler? Was nicht ist, kann ja noch werden.« Kaum sind diese juristischen Formalitäten im Vorwort des Buches erledigt, geht es denn auch ohne weitere Umschweife los. »Führer, Führer, Führer«, hämmert das Buch abwechselnd mit »Hitler, Hitler, Hitler«: »Die Führer sind wieder da«, die FPÖ sei eine »Führerpartei«, Rechtsextremisten und »nationale Populisten feiern Wahltriumphe«. Obwohl damit eigentlich nur Haider gemeint sein kann, fehlt der zusätzliche Hinweis nicht: »Auch Hitler begann als Populist« (S. 11 u. a.). Nach Haider ist Hitler der meistgenannte Name in dem Buch.

Die implizite Aufforderung, den Anfängen zu wehren, ist kaum zu überhören.

Um wen und worum es eigentlich geht, ergibt sich nun mal glasklar auch schon aus dem Titel des Buches. Und der lautet »Haiders Kampf«, mit einem Konterfei des damaligen FPÖ-Chefs auf dem Cover. Assoziationen zu Hitlers Buch »Mein Kampf« dürften wohl kaum unbeabsichtigt gewesen sein.

Und so geht es in diesem und in weiteren Anti-Haider-Büchern des eingeschworenen Haider-Hassers Hans-Henning Scharsach denn auch heftig zur Sache. Der Journalist und zeitweilige Redakteur des österreichischen Nachrichtenmagazins News (das die offizielle Version des Haider-Unfalls übrigens mit Zähnen und Klauen verteidigt) Scharsach ist eine der Hauptquellen der Hitlerisierung Haiders und bastelte viele Jahre lang am Bild des braunen Teufels Haider. In Sachen Haider dürften seine Bücher zumindest zeitweise die meistgelesenen gewesen sein; der Mann war von Haider regelrecht besessen. Fast ein halbes Dutzend Bücher verfasste der hauptberufliche Haider-Hasser über sein obskures Objekt der »Begierde«: Neben »Haiders Kampf« auch »Haiders Clan. Wie Gewalt entsteht«, »Rückwärts nach rechts – Europas Populisten« mit Haiders Konterfei an erster Stelle auf dem Titel sowie »Haider. Österreich und die rechte Versuchung«. Nicht zu vergessen

das erwähnte Buch »Haider – Schatten über Europa« – ganz so, als er-
höbe sich der Kärntner Landeshauptmann bereits als politisches
Monster über dem ganzen Kontinent. Auf der Rückseite finden sich
freundliche Zitate von Simon Wiesenthal, Elfriede Jelinek, Werner
Schneyder und Ralph Giordano.

Apropos Europa: Außer mit Haider und den Nazis beschäftigte sich
Scharsach laut Bibliothekenkatalogen (beispielsweise der Bayerischen
Staatsbibliothek) schriftstellerisch nur noch mit einem weiteren Thema, nämlich der EU. Und während Scharsach Haider regelrecht in den
Boden stampfte, konnte sich die Europäische Union einer von ihm
ungewohnten Milde erfreuen: Ob es in einem vereinten Europa etwa
keine Sachertorte mehr geben werde, lautete die Leitfrage seines Wer-
kes über die EU, das auf diese Weise versuchte, EU-Kritik ins Lächerli-
che zu ziehen (»Europa ohne Sachertorte«, siehe Literaturverzeichnis).
1989 veröffentlicht, schaltete sich das Buch in die Diskussion um den
EU-Beitritt Österreichs ein und erzählte den Lesern, dass Österreich gar
keine Wahl habe: »Zum westeuropäischen Markt von 350 Millionen
Konsumenten gibt es keine Alternative«, schreibt Scharsach auf Seite
204. Wenn Österreich nicht beitrete, werde es zu dem Europa zweiter
Klasse gehören. Es müsse sich dann an Spielregeln halten, auf die es
keinen Einfluss habe: »Wer anderes behauptet, läuft ins politische Abseits.« EG-Gegner, die schon den Antrag auf Mitgliedschaft in der Europäischen Gemeinschaft verhindern wollten, »wissen entweder
nicht, worum es geht, oder sie argumentieren unredlich.« (S. 204)

Wer könnte damit wohl gemeint gewesen sein? Ist das etwa des Pu-
dels Kern im Scharsach-Haider-Konflikt? Pickte sich EU-Freund Scharsach den gefährlichsten europäischen EU-Feind heraus, um ihn mit
der braunen Keule auszuschalten?

Auch wenn man den Namen »Scharsach« beim Onlinebuchhänd-
ler Amazon eintippt, findet man nur zwei Sorten von Buchtiteln: gegen Haider und für bzw. über die EU. Neben Hans-Henning Scharsach
hat sich da auch sein Sohn Gilbert Scharsach verewigt. Und während

beide neutral bis freundlich über die EU schreiben, hat sich der Herr Papa den Rechtspopulisten Haider zum Lieblingsfeind erwählt. Wurde Haider also etwa von einem EU-Lohnschreiber »fertiggemacht«? Das kann auf dieser dünnen Datenbasis freilich kein Mensch behaupten. Ein »G'schmäckle« bleibt aber trotzdem. Haider und seine »Bewegung« zu entlarven und immer wieder den braunen Teufel an die Wand zu malen, schien so etwas wie eine Lebensaufgabe für den alten EU-Kenner Scharsach zu sein. Und dabei arbeitete er, von kleinen juristischen Kniffen einmal abgesehen, mit groben Strichen. Das Bild, das dabei entsteht, kann man ziemlich knapp so zusammenfassen: Haider und die Seinen sind verkappte Nazis. Sie haben sich bloß neue Kleider übergestülpt. Überschriften wie »Führer und Führerpartei«, »Nach dem Vorbild des Führers«, »Am Kärntner Wesen« (in: »Haiders Kampf«) beschwören permanent Assoziationen an Hitler und das Dritte Reich herauf und verfehlen ihre Wirkung nicht.

Haider – ein neuer Hitler?

Was sind die Folgen von solchen Stigmatisierungen für den Betroffenen, insbesondere dann, wenn er nicht nur dem Verdacht ausgesetzt wird, ein Nazi und/oder Antisemit zu sein, sondern sogar quasi eine Reinkarnation von Adolf Hitler? Die Gleichsetzung von Jörg Haider mit Adolf Hitler ist von Freund, aber auch Feind immer als besonders harte Kritik und Polemik betrachtet worden. Na und? Schließlich stehen auch Fußballspieler nach einem groben Foul wieder auf. In Wirklichkeit hat die Gleichsetzung von Menschen mit Hitler aber weit reichende Konsequenzen. Der Verdacht, ein Nazi zu sein, kann einen die Existenz kosten. Der Verdacht, ein neuer Hitler zu sein, aber das Leben.

Es ist ein entscheidender Schritt zur Auflösung des Rechts und des Rechtsschutzes für den Betroffenen. Ja, sogar sein Recht auf Leben könnte damit verwirkt sein. Die Gleichsetzung mit Hitler macht ihn praktisch zum Freiwild. Wie kann das funktionieren? Ganz einfach:

Durch die Institution des sogenannten Tyrannenmordes. Nach dieser Vorstellung kann es unter bestimmten Umständen möglicherweise gerechtfertigt sein, einen grausamen Diktator zu ermorden, bevor er (weiteres) Unheil über die Menschen bringt. Und genau deshalb kann man heute guten Gewissens Hitler-Attentäter wie Claus Schenk Graf von Stauffenberg oder Georg Elser verehren, die versuchten, Hitler zu beseitigen. Auf Adolf Hitler wurden circa 45 Attentate verübt, wobei heutzutage jeder bedauert, dass kein einziges davon zum Erfolg führte. Ja, man mag es auch bedauern, dass er nicht bereits **vor** der Machtergreifung 1933 einem Attentat zum Opfer fiel. Das heißt: Der Vorwurf oder der Verdacht, ein neuer Hitler zu sein, ist, ob berechtigt oder nicht, de facto lebensgefährlich für den Betreffenden. Genau genommen handelt es sich um eine Art Morddrohung, mit der schon eine ganze Reihe von Leuten überzogen wurde, darunter die Staatschefs Saddam Hussein, Slobodan Milosevic, Mahmud Ahmadinedschad, Kim Il-Sung und Hugo Chávez. Zumindest zwei davon sind heute nicht mehr am Leben. Saddam Hussein wurde nach einem rechtsstaatlich unhaltbaren Prozess, während dessen mehrere Verteidiger ermordet wurden, am 30. Dezember 2006 vom amerikanischen Vasallenregime im Irak hingerichtet. Der ehemalige jugoslawische Staatschef Slobodan Milosevic starb schon am 11. März 2006 unter nicht genau geklärten Umständen ausgerechnet im Gefängnis des UN-Kriegsverbrechertribunals in den Haag. Ob Milosevic nun an einem Mord, mangelnder medizinischer Versorgung oder aber eines ganz natürlichen Todes starb: Zumindest starb er in der »Obhut« seiner Ankläger, was immer einen unguten Beigeschmack hinterlässt. Die Einstufung als »neuer Hitler« ist auf keinen Fall gesund und kann nach dem Motto »Wehret den Anfängen« jedenfalls als vorweggenommene Rechtfertigung für einen Mord, aber auch für tödliche Vernachlässigung wirken.

Das Interessante ist nun, dass man, tippt man bei Google die Worte »neuer Hitler« ein, von 1.390 Fundstellen als erstes weder auf Saddam Hussein, Mahmud Ahmadinedschad, Kim Il-sung oder Slobodan Milosevic stößt, sondern auf Jörg Haider:[3] »Ein neuer Hitler in Österreich?«, wird da die italienische Zeitung La Repubblica in einer Pres-

---

[3] Suche zuletzt durchgeführt am 27. März 2009

sestimmensammlung nach dem FPÖ-Wahlerfolg 1999 zitiert (Spiegel Online, 4.10.1999). Und der Zürcher Tagesanzeiger schreibt: »Haider steht für einen autoritären Führungsstil, geprägt von Intoleranz, Provinzialität, Hass, Nationalismus und der Ausgrenzung all jener, die sich diesem Stil widersetzen ... Es gibt in Österreich diese Sehnsucht nach einem Führer, der endlich einmal durchgreift.« (ebenda)

»Adolf Hitler stammte aus Österreich und ist in Deutschland durch demokratische Wahlen an die Macht gelangt«, schreibt die Haider-Biografin Christa Zöchling. »Die herrschende Elite hat wohl immer gewusst, wes Geistes Kind Haider ist.« (Zöchling, S. 13)

Haider wurde also zu politischem Freiwild vom Schlage eines Saddam Hussein, Mahmud Ahmadinedschad, ja, eines Hitler gezählt, in deren Angesicht man einfach rechtsstaatliche und demokratische Maßstäbe fallen lassen darf. So können – wie im Jahr 2000 gegen Österreich – nach demokratischen Wahlen Sanktionen gegen ein EU-Mitgliedsland verhängt werden (siehe unten), aber natürlich wird so auch der Rechtsschutz für den Betroffenen aufgeweicht. Indem man ihn auf eine Stufe mit Adolf Hitler stellt, wird ihm das Recht auf Leben abgesprochen, gibt man ihn quasi bereits zum Abschuss frei – sozusagen im Rahmen eines prophylaktischen Tyrannenmordes. Solange es sich wirklich um einen »neuen Hitler« handelt, mag man das begrüßen. Aber wenn nicht? Und: Wer will das überhaupt beurteilen, solange noch keine Schreckensherrschaft errichtet wurde?

»Wenn man den Haider stoppen wollte, müsste man ihn erschießen«, sagten die ORF-Kabarettisten Stermann und Grissemann (laut Nexus-Magazin vom 17.10.2008): »Irgendjemand, der nur noch zwei Monate zu leben hat. Wenn Haider weg ist, ist es auch mit der Partei aus.« »Der deutsche Satiriker Wiglaf Droste etwa hat kürzlich in der TAZ geschrieben, der einzige Tisch, an dem er mit Haider zusammenkommen würde, wäre der Obduktionstisch, auf dem Haider liegt«, zitierten Stermann und Grissemann einen Kollegen. (Der Standard, 1.3.1999, laut kabarett.cc)

»Mit einem Prozess konfrontiert, erklärte das Duo lau, man habe halt ein wenig unbedacht ›vor sich hingebrabbelt‹. Die linke deutsche Wochenzeitung Jungle World bedauerte die Entschuldigung und wünschte in einem Kommentar unverblümt, dass der Vision echte Taten folgen.« (Nexus-Magazin Online, 17.10.2008)

Die Nationalratswahl 2008

Wie bereits dargestellt, zielten sämtliche Bemühungen der Altparteien darauf ab, Haider aus der Bundespolitik, insbesondere aber aus der Bundesregierung, fernzuhalten. Aber nicht nur die Bemühungen der Altparteien. Nachdem Haiders FPÖ am 3. Oktober 1999 bei den Nationalratswahlen (Deutschland: Bundestagswahl) auf Bundesebene zweitstärkste Partei geworden war und gemeinsam mit der ÖVP die Bundesregierung stellte (Regierung Schüssel I), zeigte es sich, dass die Haider-Gegner tatsächlich noch viel weiter »oben« angesiedelt waren. Sämtliche übrigen 14 EU-Staaten verhängten wegen Haiders Einfluss auf die Bundesregierung gegen das EU-Mitgliedsland Österreich Sanktionen. Darüber hinaus zielte ein regelrechter globaler Aufstand aus Protesten und Sanktionen auf die Entfernung des rechten und EU-kritischen Politikers aus dem Umfeld der Regierung.

Nun kann man diesen »globalen Aufstand« auf zweierlei Weise interpretieren: als spontanen Ausbruch weltweiter Empörung oder als koordinierte Aktion oberer globaler Ebenen zur Fernhaltung des gefährlichen Rechtspopulisten aus einer EU-Regierung. Da Haiders Politik fast in jedem Aspekt anti-global war, besteht in der Tat die Möglichkeit, dass Haiders Feinde nicht nur in Österreich, sondern auch in der EU und in den darüber gelegenen globalen Ebenen angesiedelt waren. Es hatte den Anschein, als sei Haider irgendjemandem auf die Zehen getreten – jemandem mit enorm großen Schuhen. Dann hatte Haider natürlich wirklich ein Problem. Die Luft als Bundesparteiobmann der FPÖ war einfach zu dünn geworden. Obwohl Haider selbst das bestritt, hielt er dem globalen Druck nicht mehr stand und zog sich im Jahr 2000 auf das Amt des Kärntner Landeshauptmannes zurück.

Aber das wiederum entsprach nicht seinem Machtstreben und Geltungsbedürfnis. Der Mann fühlte sich nun mal zu Höherem berufen, und betrachtet man das politische Umfeld und die Führungsfiguren der politischen Konkurrenz, konnte man ihm das noch nicht mal übel nehmen. Dass er es nicht lange allein auf Kärntner Landesebene aushielt, sondern alsbald wieder mit den Hufen scharrte, ist da kein Wunder. Spätestens 2002 kämpfte der Kärntner Landeshauptmann wieder um die Macht in der Bundespartei. Zumindest aber um den Kurs der Bundespartei und der ÖVP-FPÖ-Regierung (Schüssel I): Nach einem Beschluss der FPÖ-Bundesparteiführung, eine den Bürgern von der FPÖ versprochene Steuerreform zu verschieben, sammelte Haider Unterschriften für einen Sonderparteitag über diese und andere Fragen. Im Rahmen dieses »Sonderparteitags« am 7. September 2002 in Knittelfeld kam es zu chaotischen Auseinandersetzungen innerhalb der FPÖ, die zum Rücktritt von FPÖ-Ministern und schließlich zu Neuwahlen führten. Die Querelen mündeten in einen fortschreitenden Ansehensverlust und Wählerschwund bei der FPÖ. Als Spätfolge der Querelen und Differenzen gründete Jörg Haider im April 2005 eine neue Partei, das Bündnis Zukunft Österreich (BZÖ). Oder anders gesagt: Er ließ das ihm unbequeme FPÖ-Personal und auch die nationalsozialistischen Wurzeln der FPÖ hinter sich und zog seine Getreuen in das BZÖ hinüber, sodass die FPÖ mit ihren Altlasten wie eine um einen wesentlichen Kern (nämlich Haider und seine engsten Vertrauten) beraubte Hülse stehen blieb. Für Haider war die Trennung so gesehen auch ein Reinigungsprozess und ein Schritt auf dem Weg zu mehr Political Correctness. Wenn, dann würde Haider in Zukunft nicht mehr mit Alt-Nazis in einem Boot sitzen, sondern die beiden Boote FPÖ und BZÖ nur noch zusammentäuen. Mit dem BZÖ wurde das rechte Lager plötzlich auch für Leute wählbar, die die FPÖ bisher abgelehnt hatten – die Verbreiterung des Wählerpotenzials für das rechte Lager war eine naheliegende Folge davon.

Da auch die FPÖ-Minister der zweiten Regierung Schüssel zum BZÖ wechselten, wurde das BZÖ auf Anhieb Regierungspartei. Bei der Nationalratswahl am 1. Oktober 2006 übersprang das BZÖ auch die Vier-Prozent-Hürde für den Einzug in den Nationalrat – allerdings nur aufgrund des guten Ergebnisses in Haiders Kärnten (25,9 Prozent). In den restlichen acht Bundesländern blieb die Partei mit Ergebnissen zwischen 1,7 und 3,3 Prozent eine Splitterpartei. Die Regierung Schüssel II aus BZÖ und ÖVP regierte bis zum 10. Januar 2007, dann installierten SPÖ und ÖVP wieder die althergebrachte und Haider so verhasste Große Koalition (Regierung Gusenbauer). Schon im Sommer 2008 hatte diese Regierung abgewirtschaftet: »Die letzten zwei Jahre unter Rot-Schwarz waren eine einzige Zumutung, auf dem Programm: politischer Dauerzoff, permanenter Politzirkus. Der Hass, die Abneigung zwischen Roten und Schwarzen war in dieser Zeit größer als die Verantwortung für das Land. Das Wahlvolk nahm es übel.« (Spiegel Online, 29.9.2008)

Wie wahr. Am 7. Juli 2008 gaben die Koalitionsparteien grünes Licht für die Auflösung des Parlaments und baldige Neuwahlen. Als Termin wurde wenig später der 28. September 2008 anberaumt. Am 12. August 2008 gab Haider bekannt, für die Nationalratswahl 2008 als Spitzenkandidat des BZÖ antreten, das etwaige Mandat allerdings nicht annehmen, sondern Kärntner Landeshauptmann bleiben zu wollen. Übersetzt in deutsche Verhältnisse heißt das: Jemand kandidiert für den Bundestag, bewirbt sich um einen Abgeordnetensitz, gibt aber gleichzeitig bekannt, diesen Sitz nie einnehmen, sondern auf einer anderen Position bleiben zu wollen. Am Wahltag, 13 Tage vor Haiders Tod, erhielten die zerstrittenen Altparteien die Quittung für die letzten eineinhalb Jahre Koalitionsregierung. SPÖ und ÖVP verloren gegenüber der letzten Nationalratswahl sechs beziehungsweise acht Prozent, FPÖ und BZÖ legten massiv zu.

Nach der internationalen Revolte von 2000 erschien Haider wie der berühmte Phoenix aus der Asche nun doch wieder auf Bundesebene. Das FPÖ-Desaster 2002, die Trennung und Neugründung des BZÖ

2005, die mickrigen Wahlergebnisse 2006 – all das war vergessen. Statt einer Zersplitterung des rechten Lagers hatte die Trennung in FPÖ und BZÖ zu einer Verbreiterung des Wählerpotenzials geführt und einen Fluchtpunkt für frustrierte Wähler der Altparteien geschaffen. Mit einem Mal erschienen die beiden zuvor noch verkrachten Parteien als ein gemeinsames »Lager«, nämlich das dritte neben ÖVP und SPÖ. Nach 4,1 Prozent 2006 erreichte Haiders BZÖ nun 10,7 Prozent und damit die dreifache Zahl der Sitze im Nationalrat (21 statt sieben). Mit 28,2 Prozent der Stimmen belegten die Rechten aus BZÖ und FPÖ den zweiten Platz hinter der SPÖ (29,3 Prozent). Erst dann kam die ÖVP mit 26 Prozent der Stimmen. »Es ist mehr als ein Denkzettel für Österreichs ÖVP und SPÖ, es ist eine historische Niederlage«, befand gar das Zentralorgan der Globalisierer, Spiegel Online, am 29. September 2008: »Erstmals sind beide Parteien unter 30 Prozent. Freuen können sich die Rechtsparteien FPÖ und BZÖ. Sie profitieren von koalitionärem Dauerzoff und Politzirkus.«

Zur Großen Koalition von ÖVP und SPÖ schien an diesem Tag kein Weg zurückzuführen, handelte es sich bei ihnen doch um die eindeutigen Verlierer dieser Wahl. »Eine Neuauflage von Rot-Schwarz scheint wenig attraktiv, zu tief sind die Trennungslinien, zu groß die Verachtung gegenüber dem bisherigen Koalitionspartner«, befand Spiegel Online. Die beiden Altparteien hinterließen ein Machtvakuum. Die rot-schwarzen Wählerpotenziale waren zurückgewichen wie das Meer bei Ebbe. Einen Moment lag der politische Strand verlassen da. Während in der Natur bei Flut immer dasselbe Meer zurückströmt, war das in der politischen Landschaft Österreichs anders. Hier stiegen nun die orange-blauen (BZÖ/FPÖ) Pegel. Das einzige, was die Überschwemmung des Strandes durch diese »Fluten« noch verhindern konnte, war, dass – aufgrund der geschilderten Vergangenheit – die Chemie zwischen FPÖ und BZÖ nicht stimmte. Noch nicht. Denn wie lange würden sie angesichts dieses Machtvakuums und der Chancen, in Wien eine führende Rolle zu spielen, die eigenen Querelen noch pflegen wollen? Sprich: »Was geschieht, wenn sich die Lager zusammenschließen?«, stellte Spiegel Online die bange Frage: »Zwar sind die beiden einstigen Weggefährten, Haider und Strache [FPÖ-Vorsitzender], heillos zerstritten«, so Spiegel Online. »Strache wirft dem einstigen Ziehvater Verrat an den Freiheitlichen vor. Nach einem Streit hatte der Kärntner das [sic!] FPÖ 2005 verlassen und trotzig das BZÖ gegründet. Schon fragen sich allerdings Beobachter im politischen Wien, was geschieht, wenn die beiden Kontrahenten die trennenden Gräben zuschütten und sich zu einem Bündnis, etwa nach Vorbild von CDU und CSU, zusammenschließen? Sie könnten das Machtgefüge im Alpenstaat gehörig durcheinanderwürfeln.«

Und nicht nur dort. Auch den globalen und europäischen Eliten konnte der neue Erfolg der nationalen Rechten in Österreich kaum ins Konzept passen. Aus ihrer Sicht drohte hier der kleine Schweif namens Österreich mit dem großen Hund Europa zu wedeln. Ein rechts (mit-) regiertes Österreich könnte weitere Unruhe in die Europäische Union bringen und – schlimmer noch – andere EU-Staaten mit seinen Ideen anstecken.

Für alle FPÖ-, Haider- und BZÖ-Feinde bahnte sich ein nackter Albtraum an. Aber der Schritt, angesichts des Wiener Machtvakuums die Gräben zwischen BZÖ und FPÖ zuzuschütten, war nicht nur logisch, sondern geradezu zwingend. Das Rechenexempel war ja ganz einfach: Das rechte Lager war die zweitstärkste politische Kraft im Lande geworden; der frühere SPÖ-Koalitionspartner ÖVP lag bereits deutlich abgeschlagen dahinter. Also lautete die Marschrichtung: Regierungsbeteiligung. Und tatsächlich begannen BZÖ und FPÖ schon bald nach der Wahl heftig miteinander zu reagieren. Am 8. Oktober 2008, nur drei Tage vor Jörg Haiders seltsamem Unfall, schlug die Bombe ein. An diesem Tag trafen sich die beiden Streithähne Jörg Haider (BZÖ) und Heinz-Christian Strache (FPÖ) zur Aussprache. »Das BZÖ umwirbt die FPÖ – um gemeinsam in eine Regierung zu gehen. Die Koalitions-Spekulationen sind in vollem Gange«, berichtete die Website der Tageszeitung »Die Presse« am 8. Oktober 2008 und zeigte einen lächelnden Haider und Strache beim Händedruck:

»Er lacht beim Hereinkommen der Journalistencrew zu, er lächelt bei den Einführungsworten seines Generalsekretärs, ehe er über das ›konstruktive Gespräch‹ und die ›positive, gute Atmosphäre‹ zwischen ihm und FPÖ-Obmann Heinz-Christian Strache spricht. Und als er dann an diesem Mittwoch ankündigt, ›für die Menschen in unserem Land das Bestmögliche zu tun‹, erscheint eine Sorgenfalte auf der Stirn.«

Aber vermutlich nicht nur auf Haiders Stirn. Denn diese neue Entwicklung bedeutete Großalarm bei allen politisch korrekten Kräften – und zwar weltweit.

»Jörg Haider ist wieder da«, schreibt »Die Presse«: »Für die Freiheitlichen findet der BZÖ-Obmann versöhnliche Worte. Dafür will er eine weitere SPÖ-ÖVP-Koalition verhindern, was dem Bedürfnis der Mehrheit der Österreicher entsprechen dürfte. Er baut auf Zusammenarbeit, er grenzt niemanden aus. Auch das sind Phrasen, aber solche, die im Repertoire der Politiker aller Couleurs zu finden sind.« Gefährliche Phrasen. Der BZÖ-Chef, der sich durch kompromisslose Spaltung und Konflikte häufig genug selbst im Wege stand, fing nun an, sich staatsmännisch zu zeigen, und begann zu integrieren – die entscheidende Zutat, um sich als Verantwortungsträger auf Bundesebene zu präsentieren.

»BZÖ und FPÖ bereit für Regierung«, heißt es in dem Presse-Artikel vom 8. Oktober 2008. »Wir sind keine feindlichen Brüder mehr«, sagt Haider laut Presse nach dem Treffen mit FPÖ-Chef Strache. »Was dann, um in der Familiendiktion zu bleiben?«, fragt »Die Presse«:

»Wir sind selbstbewusste Verwandte«, so Haider. Also kein Vater-Sohn-Verhältnis wie früher? »Nein, sonst müsste ich noch Alimente zahlen.« Scherzchen kann sich Haider weiterhin nicht versagen. Sie kommen auch stets gut an. Aber es wäre nicht Haider, würde nicht eine beinharte Strategie dahinter stecken: Er hat nun Strache umstimmen können, mit dem BZÖ gemeinsame Politik zu machen. Zwei Parteien, aber ›eine verbesserte Gemeinsamkeit im Parlament‹ ... Beide Parteien wollen sich an-

schauen, wie die Regierungsverhandlungen laufen, beide sind zu einem Regierungseintritt bereit. »*Wir schauen uns jetzt an, wohin sich die ÖVP bewegt*«*, sagt Haider.*

Plötzlich waren es die Rechten, die Bedingungen stellten. Dem SPÖ-Chef Faymann signalisierten sie, keine Minderheitsregierung unterstützen zu wollen. »Bevor die SPÖ überhaupt konkrete Anliegen an sie richtet, muss sie die Ausgrenzung beenden«, referierte »Die Presse« den Standpunkt von Haider und Strache.

Österreich im Spannungsfeld von EU und Globalisierung

Eine rasante Erosion der Macht

Was bedeutete das für Österreich, für Europa und vielleicht sogar für die Welt? Für Österreich bedeuteten diese Ereignisse die Verstärkung eines Trends, der der fortschreitenden Europäisierung und Globalisierung genau zuwiderläuft. Fast 40 Jahre lang, von 1945 bis 1983, waren die Rechten (also Nationalen) überhaupt nicht an der Bundesregierung beteiligt. In diesen fast vier Jahrzehnten teilten die EU-freundlichen Parteien ÖVP und SPÖ die Macht und den Staat unter sich auf. Dann, vom 24. Mai 1983 bis 20. Januar 1987, gab es den ersten Einbruch der Rechten in die Regierungsmacht. Vier Jahre lang regierten die ersten SPÖ-FPÖ-Koalitionen in den Regierungen Sinowatz und Vranitzky I. Anschließend gelang es der alten Konstellation, sich wieder zu installieren, allerdings dauerte es diesmal nur 13 Jahre, bis die Rechten an die Macht im Bund (zurück-) kamen. Am 3. Oktober 1999 erzielte die FPÖ einen beachtlichen Wahlerfolg, am 4. Februar 2000 wurde in Wien die ÖVP-FPÖ-Regierung vereidigt. Betrachtet man allein die verschiedenen Koalitionen im Bund auf der Zeitachse, bedeutet das, dass die Macht der Altparteien zu Ende ging. 38 Jahren Alleinherrschaft folgten vier Jahre Unterbrechung durch eine erste

SPÖ-FPÖ-Koalition. Diesen vier Jahren folgten nur noch 13 Jahre Alleinherrschaft von SPÖ und ÖVP im Bund, bevor 1999 die Rechten wieder an die Macht im Bund zurückkehrten – diesmal für sieben Jahre. Die neuerliche Große Koalition aus SPÖ und ÖVP vom Januar 2007 hielt nur eineinhalb Jahre – dann war die Allianz zerrüttet, diesmal endgültig, wie es schien. Die ununterbrochenen Regierungszeiten der Altparteien dauerten also 38, 13 und 1,5 Jahre (bis zum Sommer 2008). Eine galoppierende Erosion der Macht. Die Rechten dagegen verlängerten die Phasen ihrer Regierungsbeteiligung von vier auf sieben Jahre. Der Wahlerfolg von FPÖ und BZÖ am 28. September 2008 fiel daher nicht vom Himmel, sondern er war ein Schritt in einer langfristigen historischen Entwicklung. Ja, es wäre sogar falsch, diesen Prozess nur an Parteien wie der FPÖ oder dem BZÖ oder an Personen wie Haider festzumachen. Vielmehr handelte es sich auch um einen Transformationsprozess in der Bevölkerung, die diese Parteien und Politiker schließlich wählte. Der Prozess schien das Schicksal dieser »Zweiten Republik« nach dem Zweiten Weltkrieg zu besiegeln und die von Haider immer wieder beschworene »Dritte Republik« einzuläuten. An einer weiteren und diesmal wahrscheinlich längeren Regierungsperiode mit den Rechten führte eigentlich kein regulärer Weg mehr vorbei.

Dieser Entwicklung kann man gar nicht genug Bedeutung beimessen, denn Österreich war ja nicht die einzige »Baustelle« der Globalisten und Euro-Politiker. Vielmehr befand sich die Globalisierung (das heißt das Verschmelzen aller Nationen zu einem globalen Riesenstaat) in Gestalt der Europäischen Union spätestens seit dem Scheitern der ersten und zweiten EU-Verfassung (»EU-Reformvertrag«) in einer massiven Krise. Das Referendum in Irland gegen den EU-Reformvertrag vom 12. Juni 2008 und darauf folgende EU-»feindliche« Entwicklungen brachten den Europäisierungs- und damit auch den Globalisierungsprozess ins Stocken. Die EU war angezählt, ihre österreichische Vasallenregierung bereits k. o. Was der wankende Riese EU nun am allerwenigsten brauchen konnte, war eine Wiederauflage jener Rechtsregierung in Österreich, die er bereits im Jahr 2000 mit außergewöhnlichen Mitteln bekämpft hatte.

Der Kampf gegen die »EU-Chaoten«

Und nun auch noch der Wahlerfolg von FPÖ und BZÖ, die – beide Projekte des Rechtspolitikers Haider – beide als europafeindlich einzustufen sind. Nach einer früheren, vorübergehenden Zustimmung zur EU-Verfassung blies BZÖ-Obmann Jörg Haider wenige Monate vor seinem Tod im Sommer 2008 plötzlich wieder zum »Kampf der Patrioten gegen die EU-Chaoten.« (ots, 26.6.2008) Die Website der Frankfurter Allgemeinen Zeitung attestierte Haider »harsche Kritik an der Europäischen Union.« (11.10.2008)

In einer äußerst kritischen Situation der Europäischen Union betätigte sich Haider als Spaltpilz. Originalton Haider: »SPÖ und ÖVP sind die größten Unterstützer der EU-Chaoten in Brüssel und haben den Reformvertrag gegen den Willen der Österreicherinnen und Österreicher durchgepeitscht, indem sie dem Volk das Mitbestimmungsrecht geraubt, die Demokratie ausgeschaltet und unsere Bundesverfassung gebrochen haben.« (ots, 26.6.2008) Das BZÖ sei als einzige Partei gegen das Brüsseler Vertragsdiktat aufgestanden und habe über 15.000 Unterschriften für eine Volksbefragung gesammelt, wird Haider in einer BZÖ-Pressemitteilung (ots, ebenda) zitiert:

»Die SPÖ hat diese Volksbefragung verhindert«, erinnerte der Landeshauptmann und machte darauf aufmerksam, dass Kanzler Gusenbauer erst unlängst nach dem irischen Nein vorgeschlagen habe, Irland solle einfach noch einmal abstimmen. »Dieser Mann und diese Partei sind mit der Demokratie auf Kriegsfuß und liegen längst mit den EU-Chaoten im selben Bett«, sagte Haider.

Unter dem mühsam niedergehaltenen Deckel der Europäischen Union krachte es also gewaltig. 2005 hatte die Bevölkerung der Niederlande und Frankreichs die EU-Verfassung abgelehnt. Und hätte man weitere Länder abstimmen lassen, hätte die erste EU-Verfassung weitere empfindliche Niederlagen erlitten. Das aber tat man nicht, sondern zauberte 2008 stattdessen einen nach Meinung der EU-Strategen nicht mehr zustimmungspflichtigen EU-»Reformvertrag« aus dem Hut – ein Verfahren wie aus der Trickkiste windigster Haustürverkäufer. Durch die Umwidmung der Verfassung zum bloßen Vertrag hoffte man die Bevölkerung auszumanövrieren – bis auf die irische. Denn sie muss auch bei einfachen EU-Verträgen gefragt werden. Und das ging prompt schief. Am 12. Juni 2008 fiel die getarnte EU-Verfassung in Irland mit Pauken und Trompeten durch. Nach dieser Niederlage wäre ein rechts (also national) mitregiertes Österreich ein weiterer Albtraum für die Globalisierungs- und EU-Strategen gewesen. Denn darüber hinaus standen auch noch weitere Probleme an – abgesehen vom Widerstand der schweigenden bzw. zum Schweigen verdammten Mehrheit der europäischen Bürger:

- In Deutschland gab es zwar keine Volksabstimmung, aber mehrere Verfassungsklagen gegen den EU-Reformvertrag.
- In Tschechien war ebenfalls eine Prüfung durch das Verfassungsgericht anhängig; außerdem wetterte dort ein EU-kritischer Staatspräsident (Václav Klaus) gegen den Reformvertrag.
- In Polen weigerte sich der Präsident Lech Kaczynski, die Ratifizierungsurkunde zu unterzeichnen, mit der Begründung, nach dem irischen Referendum sei der Vertrag gegenstandslos.
- Auch in Österreich sollte am 23. Oktober 2008 eine Klage gegen den EU-Reformvertrag eingereicht werden – eine Klage, die von Haider mit Sicherheit jede Menge politischen Flankenschutz erhalten hätte.

Der Wahlerfolg der FPÖ und des nun wieder einen harten Anti-EU-Kurs steuernden Haider war da ein Desaster und vor allem keine rein österreichische Angelegenheit.

Die Finanzkrise

Zudem gab es in der gegebenen historischen Situation noch eine andere Entwicklung, bei der Haider ganz gewaltig störte, nämlich die internationale Finanzkrise. Was für die einen eine Krise war und ist, ist für andere nur das größte organisierte Verbrechen aller Zeiten, nämlich die weltweite Finanzierung einer korrupten und kriminellen Branche mit Billiarden von Steuergeldern. Nehmen wir einmal an, Sie würden mit Krediten auf nationaler Ebene einen riesigen Konzern mit einer Million Arbeitsplätzen aufbauen. Nach zehn Jahren würde sich herausstellen, dass Ihr ganzes Geschäftsmodell auf Illusion, Betrug und Korruption basiert und Sie mit sofortiger Wirkung rettungslos bankrott sind. Sie aber würden sich Nägel feilend in Ihrem Chefsessel zurücklehnen und dem Gerichtsvollzieher sagen:

»Wollen Sie wirklich, dass morgen eine Million Leute arbeitslos sind und damit alles zusammenbricht, weil so viele Arbeitslose aufgrund fehlender Kaufkraft immer mehr Arbeitslose nach sich ziehen? Oder wollen Sie mir nicht lieber – da mir die Banken keine mehr geben – weitere Kredite geben? Oder mal ganz unter uns: Wollen Sie diese Krise nicht lieber als etwas allgemein Verbreitetes hinstellen und mir das Geld der kleinen Leute zu meiner ›Rettung‹ nachwerfen, um damit deren eigene Arbeitsplätze zu finanzieren?«

»Ja, aber damit nehmen Sie doch Millionen Menschen als Geiseln!«, *wird ein heller Gerichtsvollzieher vielleicht noch antworten. »Ihr Kreditverlangen ist nichts weiter als eine Lösegeldforderung – eine Schutzgelderpressung!«*

Hat man bei einer Geiselnahme in dieser Größenordnung vielleicht eine Wahl? Natürlich nicht. Mit anderen Worten: Die Bankenkrise ist ein Verbrechen wie aus einen James-Bond-Film mit Dr. No – nur ohne James Bond. Beziehungsweise: fast ohne James Bond. Denn diesen Part hätte nur allzu gern Jörg Haider gespielt.

Haider und der Bankenkrach

»Was wir brauchen, ist der Schutz vor ruinösen Produkten«, sagte Haider in der ORF-TV-»Elefantenrunde« am 25. September 2008, wenige Tage vor der Nationalratswahl, »denn in Wirklichkeit sind die Banken eine riesige Mafia, die die ganze Welt vergiftet haben mit diesen Produkten«:

»... Indem man von Amerika weg alles transportiert hat, und heute will keiner mehr verantwortlich sein. Ausgetragen wird's ja wieder auf dem kleinen Mann, weil der wird Arbeitsplätze verlieren, der wird also sein Einkommen verlieren, die großen Herrn sind sicherlich nicht gestraft. Und das ist der Punkt. Deshalb hab ich auch gesagt: Alle sind dabei – die Deutsche Bank, die Landesbanken in Deutschland, alle sonder Zahl. In Österreich ist es die große Raiffeisenbank, die dabei ist, also das ist schon einmal ein ziemlich großer Bereich. Dann ist es die Bank Austria ...«

Am 8. Oktober 2008, drei Tage vor seinem Tod, erklärte Haider bei einer Pressekonferenz: »Nicht die Wirtschaft ist unser Problem, es sind die Banken mit ihren Fehlentscheidungen und unfähigen Managern. Die wollten schnelles Geld machen, was jetzt auf den Rücken aller ausgetragen wird.« (ots, 8.10.2008)

Der Mann wusste, wovon er sprach. Lange, bevor 2007 die massiven Landesbankprobleme in Deutschland offenbar wurden, hatte der Kärntner Landeshauptmann bereits seinen eigenen Landesbankskandal. Berichten zufolge war die Kärntner »Bank im Bundesland« mit dem Namen Hypo-Alpe-Adria-Bank (HAAB) 2004 in riskante »Swap«-Geschäfte eingestiegen und hatte dabei mindestens 328 Millionen Euro verheizt (OÖNachrichten, 12.11.2008). Allerdings war das nur der halbe Skandal. Die andere Hälfte bestand darin, dass danach die Verschleierung des Verlustes begann. Heimlich, still und leise habe die Hypo-Alpe-Adria begonnen, die Verluste aufzuteilen, um sie über Jahre hinweg in den Bilanzen zu verstecken, berichtete im Juli 2006 die Wirtschaftswoche (Website, 17.7.2006). Doch der »Schwindel« sei nur anderthalb Jahre gut gegangen. Im März 2006 seien Wirtschaftsprüfer über Unregelmäßigkeiten gestolpert. Entweder habe Haider nichts gewusst, dann habe er seine Kontrollfunktion bei der Bank nicht ordentlich wahrgenommen, oder er habe etwas verschwiegen – dann müsse er zurücktreten, zitierte die Wirtschaftswoche den Chef der Grünen im Kärntner Landtag, Rolf Holub.

Stattdessen geriet aber Hypo-Chef Wolfgang Kulterer in Bedrängnis, der bald darauf seinen Posten als Vorstandsvorsitzender der Hypo-Alpe-Adria räumen musste. Statt ihn hart fallen zu lassen, spannte Haider dem Bilanzkünstler Kulterer jedoch ein weiches Netz auf und entdeckte ausgerechnet dessen Eignung für den Aufsichtsrat des Unternehmens. Weil der Unternehmenskodex für einen Wechsel zwischen Vorstand und Aufsichtsrat eine Wartezeit von drei Jahren vorsah, wurde der Codex sogar kurzerhand geändert (ORF.at, ohne Datum). In den kommenden Monaten stellte sich heraus: Die Hypo-Alpe-Adria war eine finanzielle Blackbox, in der Geldströme weitgehend unbeaufsichtigt hin- und herfließen konnten. Weder habe sie über ein adäquates automatisiertes Prüfverfahren zur Aufdeckung von Geldwäsche verfügt, noch habe sie gewusst, wer hinter zahlreichen Aktiengesellschaften und Stiftungen steckte, mit denen sie Geschäfte machte, so »Die Presse.com« am 17. Juni 2007. Mit anderen Worten eignete sich die Hypo-Alpe-Adria als Drehscheibe für dunkle Geschäfte und Kapital aus aller Herren Länder.

Kurz und gut bzw. schlecht: »Haider-Bank steckt im Sumpf«, titelte die Wirtschaftswoche (Website, 17.7.2006) – und damit natürlich auch der Landeshauptmann. Wie der es schaffte, sich selbst in kürzester Zeit aus diesem politischen und finanziellen Treibsand herauszuziehen und die HAAB-Affäre in politisches Kapital für sich selbst umzumünzen, ist eine Geschichte für sich.

2008 konnte Haider nur deshalb so unbeschwert gegen die »Banken-Mafia« vom Leder ziehen, weil er das anrüchige Institut 2007 an einen dankbaren Abnehmer aller möglicher Finanz-Restposten ver-

scherbelt hatte – die Bayerische Landesbank. Haider hatte es furcht-
bar eilig, die Bank in ganz bestimmte Hände zu bringen. Weil die Bayern LB für das österreichische Probleminstitut laut Haider bereit gewesen sei, »über Wert« zu bezahlen, sei eine EU-weite Ausschreibung des
Verkaufs nicht notwendig (Handelsblatt, 21.5.2007). Ein Geschäft, das
Fragen aufwirft, beispielsweise

- wie eigentlich die Bayern LB dazu kam, eine bereits bekannte
  Skandalbank wie die Hypo-Alpe-Adria »über Wert« einzukaufen
  – jedenfalls gemäß oben genannter Quelle.
- auf welchen Kanälen Haider der Bayern LB seine finanzielle
  Blackbox unterjubelte.

Nicht doch: Genau wie bei dem Erwerb der Deutschen Pfandkredit-
bank (Depfa) durch die Hypo Real Estate im Herbst 2007 waren die
deutschen Bankmanager mal wieder begeistert. Der Coup war nicht
etwa problematisch, sondern die Voraussetzung »für eine einmalige
Win-win-Situation für alle Beteiligten«, tönte Werner Schmidt, Vorstandsvorsitzender der Bayern LB. Naja, wenn man das Wort »alle«
durch »einen« ersetzt, stimmt das sogar: Richtig war das hauptsächlich für den Kärntner Landeshauptmann. Was anrüchig klingt, kann
nur dazu beigetragen haben, Haiders Ruf bei »seinen Kärntnern« zu
festigen. Während deutsche Banken mitten in der Krise sehenden Au-
ges noch eifrig Probleminstitute einkauften, war Haider einer der wenigen, die das einzig Richtige taten: den Schrott abzustoßen. Am 22.
Mai 2007 gab die Bayern LB ihren Einstieg bei der Hypo-Alpe-Adria
bekannt: 50 Prozent plus eine Aktie habe man erworben. 2009, als sich
die HAAB längst zu einem Problemkind der Bayern LB entwickelt hatte, betrug der Anteil laut Süddeutsche Zeitung gar 67 Prozent (Website, 10.3.2009).

Im Oktober 2008 warnte der neue Chef der Hypo-Alpe-Adria-
Group, Tilo Berlin, »ein Kreditportfolio von 500 Millionen Euro be-
dürfe ›einer intensiven Bearbeitung‹, tatsächlich soll die Bank (einem
nicht dementierten Bericht der Presse gemäß) für 2008 einen Verlust

von rund 500 Millionen Euro einfahren.« (Der Standard, Website, 13.2.2009) Die Kärntner Bank leide »unter Liquiditätsbedarf und Wertberichtigungsdruck«. Bei einem Deal mit dem deutschen Pleitier Lars Windhorst (legte 2003 einen Offenbarungseid ab) sei die Bank auf einem Aktienportfolio in Höhe von 42 Millionen Euro sitzengeblieben. Aus Haiders Win-win- war für die Bayern LB eine echte Lose-lose-Situation geworden.

Der Kärntner Landeshauptmann aber schlug zwei Fliegen mit einer Klappe:

1. Er befreite das Land Kärnten von einem Skandalinstitut und bekam auch noch Geld dafür.
2. Er investierte dieses Geld sofort in die eigene Popularität.

Die Mittel des Hypo-Verkaufs sollten in den sogenannten »Zukunftsfonds« des Landes Kärnten fließen, aus dessen Gewinnen Projekte des Landes oder Sozialleistungen wie der »Jugend-Tausender« finanziert werden sollten. Nach diesen Plänen will das Land Kärnten 16-bis 18-Jährigen für Wohnen, Bildung oder den Führerschein zweckgebunden einen »Tausender« zustecken.

Bundeskanzler Haider – Wording oder Wahrheit?

Es gibt noch einen Faktor, von dem merkwürdigerweise kaum jemand spricht. In der Diskussion nach Haiders Tod spielte dieser Faktor erstaunlicherweise überhaupt keine Rolle mehr. Der Mann, der da in der Nacht zum 11. Oktober 2008 in Lambichl unter so dubiosen Umständen verunglückte, war nicht nur der bekannte politische Draufgänger Haider, der Outlaw, der Paria, die persona non grata der österreichischen und europäischen Politik. Nein, der Mann, der da starb, war möglicherweise der nächste (oder übernächste) österreichische Bundeskanzler. Der »Unfall« bekäme dadurch eine ganz neue Dimension.

Genau genommen konnte über den Zielpunkt von Haiders jahrzehntelangem politischem Engagement nie auch nur der geringste Zweifel bestehen. Er wollte nicht nur die Umgestaltung des österreichischen Staates und den Umsturz der herrschenden ÖVP-SPÖ-Ordnung. Konsequent zu Ende gedacht, wollte ein Mann mit dem Machtanspruch und dem politischen Zuschnitt Haiders natürlich irgendwann auch Bundeskanzler werden. Freund und Feind war das schon immer klar: »Früher oder auch später«, so Haider-Biografin Zöchling noch zu Haiders FPÖ-Zeiten, »will Haider jedoch selbst die Führung der Republik übernehmen. Falls seine Partei so überwältigend stark geworden ist, dass er anschaffen kann.« (Zöchling, S. 7) Haiders Projekt der Entmachtung des »SPÖVP«-Regimes und der Umgestaltung des österreichischen Systems würde erst durch seine Kanzlerschaft seinen krönenden Abschluss finden. An der Spitze der österreichischen Bundesregierung zu stehen, sei Haiders »ganz großes Ziel« gewesen, schreiben die Autoren Lux, Wiedergut und Sommersguter in ihrem nach Haiders Tod veröffentlichten Buch auf Seite 10.

War es nun, im Herbst 2008, etwa schon so weit?

Haider selbst schien die Katze ganz offen aus dem Sack zu lassen:

»BZÖ-Spitzenkandidat LH [Landeshauptmann] Jörg Haider würde nach der Wahl nur als Bundeskanzler nach Wien wechseln, bekräftigte er am Sonntag in der ORF-›Pressestunde‹«, berichtete »Die Presse.com« am 24. August 2008:

> »*Auch ein Ministerposten würde ihn nicht reizen. Eine Zusammenarbeit mit der FPÖ und auch ein Vizekanzler Heinz-Christian Strache wäre Haider vorstellbar, denn ihm sei ›jede Lösung lieber als eine Fortsetzung der Großen Koalition‹. Sein Wahlziel ist, so stark zu werden, dass das BZÖ in die nächste Regierung kommt, seine Prognose: ›Mehr‹ als die derzeit vorhergesagten sechs bis sieben Prozent.*«

Blenden wir zurück zu der bereits erwähnten ORF-»Elefantenrunde« am 25. September 2008, drei Tage vor der Nationalratswahl. In der Säulenhalle des Parlaments diskutieren die fünf Spitzenkandidaten vor den Kameras des ORF. Eine einschläfernd langweilige »Debatte«. Wilhelm Molterer (ÖVP), Werner Faymann (SPÖ) und vor allem Alexander Van der Bellen von den Grünen: Konturlose Kandidaten mit dem Esprit von Buchhaltern kurz vor der Pensionierung leiern ebenso emotions- wie lustlos ihre politischen Standpunkte herunter wie einen tausendmal gebeteten Rosenkranz.

Leidenschaft? Fehlanzeige. Warum diese Leute regieren oder mitregieren wollen? Keine Ahnung. Warum diese Leute etwas für andere Menschen tun wollen? Wenn man das wüsste! Gekämpft wird also nicht im Studio, sondern daheim vor den Bildschirmen – mit dem Schlaf. Ein Kampf auf verlorenem Posten: »Hilfe, wir schlafen ein, lauter Schlafmützen!«, tippen Zuschauer mit letzter Kraft in die Online-Foren ein. Oder: »Hat der ORF Faymann Valium ins Wasser getan?« Tatsächlich weigern sich die Ohren regelrecht, das graumelierte Geschwätz aufzunehmen. Tatsächlich wirkt nur Haider, als einziger der dunkel gekleideten Runde in einem helleren Jackett, etwas wacher und engagierter. Nach etwa einer halben Stunde quälender Phrasendrescherei platzt dann die erste Bombe. Eigentlich war es ja nur eine Routinefrage: Was der jeweilige Kandidat denn tun würde, wenn er

Bundeskanzler werden würde, hatte die Moderatorin gefragt. Und während das bei allen anderen ein eher lustloses Was-wäre-wenn-Spiel blieb, formulierte Jörg Haider den Anspruch auf dieses Amt mit Nachdruck und ganz konkret. Folgender Kurzdialog entspann sich zwischen der Moderatorin und Jörg Haider:

Moderatorin: *»Herr Haider, wenn Sie Bundeskanzler werden – Sie haben ja gesagt, Bundeskanzler würden Sie dann schon werden wollen ...«*

Haider: *»Net ›schon‹. Sondern das würde ich werden wollen, natürlich!«*

Nur keine falsche Bescheidenheit. Der dabeisitzende FPÖ-Chef Heinz-Christian Strache widersprach nicht.

Größenwahn? Wie wäre ein Bundeskanzler Haider – rein theoretisch – überhaupt vorstellbar gewesen? Nun, zumindest hätte man sich die Situation aus Sicht Haiders und des BZÖ schön rechnen können. Aus den von Haider angestrebten sechs bis sieben Prozent für das BZÖ waren schließlich 10,7 Prozent geworden. Und aus den 10,7 Prozent wurden zusammen mit Haiders alter Partei FPÖ fast 30 Prozent; beide zusammen repräsentierten die zweitstärkste politische Kraft im Lande. Zwar war das BZÖ in diesem »Lager« der kleinere Partner; auf der anderen Seite musste Haider als »Vater« beider Parteien gelten, da sie beide ohne ihn so nicht existieren würden beziehungsweise es ohne ihn nie so weit gebracht hätten. Verfolgt man das Gedankenspiel weiter, wäre es vorstellbar gewesen, dass der FPÖ-Vorsitzende Heinz-Christian Strache Haider den Vortritt hätte lassen müssen. Zwar wäre das rechte Lager in einer möglichen Koalition mit der SPÖ nicht die stärkste Kraft gewesen; diese Rolle behauptete noch immer die SPÖ. Allerdings so knapp, dass man sich fragen darf, ob sich daraus wirklich ein Anspruch auf das Bundeskanzleramt hätte ableiten lassen – vor allem vor dem Hintergrund des vorausgegangenen Vertrauensverlustes in der Bevölkerung. Die Arithmetik hätte so aussehen können:

1. Zu einer Großen Koalition führte kein Weg zurück; diese Konstellation hatte eindeutig abgedankt – jedenfalls vor Haiders Tod. Die Große Koalition aus SPÖ und ÖVP war die klare Verliererin dieser Wahl.

2. Damit saßen die Rechten an einem langen Hebel: Eine Regierung würde es nur mit ihnen geben. Und wer am längeren Hebel sitzt, stellt normalerweise die Bedingungen.

3. Im rechten Lager selbst repräsentierte Haider zwar die kleinere Partei. In Wirklichkeit war aber nicht Haider, sondern der FPÖ-Vorsitzende Strache Juniorpartner in diesem möglichen Bündnis. Ursprünglich hatte Haider ja schließlich auch die FPÖ aufgebaut. Nach der internen Rangordnung des rechten Lagers kam Haider eindeutig vor Strache.

Auf der anderen Seite versicherte mir ein hoher BZÖ-Funktionär und Haider-Kenner, bei dem Haider-Anspruch auf das Kanzleramt habe es sich nur um ein »Wording« gehandelt, also um eine Sprachregelung. Den Kärntner Wählern habe man so zu verstehen geben wollen, dass sie keine Angst haben müssten, Haider als Landeshauptmann zu verlieren – denn Kanzler hätte er natürlich ohnehin nicht werden können.

Oder war etwa das auch schon wieder ein »Wording« – und zwar das nun gültige BZÖ-Wording nach dem Ableben seines Gründers und Parteichefs? Auf der anderen Seite könnte das Wording nämlich auch den Sinn gehabt haben, die Kärntner erst in Sicherheit zu wiegen, um dann doch als Kanzler nach Wien zu gehen. Überhaupt scheint in der Politik die Wahrheit immer mehr durch Wordings ersetzt zu werden.

Wording hin oder her: Der Wahlerfolg vom September 2008 eröffnete kurz- und langfristige Perspektiven. Kurzfristig konnte und musste die Rechte einen Fuß in die Tür der Regierungsmacht bekommen. Langfristig war der Weg für eine Neupositionierung Haiders und des rechten Lagers geebnet. Angesichts der Erosion der SPÖVP-Macht hätte das Thema »Bundeskanzler Haider« zumindest in naher Zukunft auf der Tagesordnung stehen können.

In der erwähnten TV-Diskussion verpasste das rechte Lager auch nicht die Gelegenheit, der EU den Kampf anzusagen:

>*Erst in der dritten Runde, ab 21 Uhr, wurde es endlich spannend. [Moderatorin] Thurnher wollte über die weltweite Finanzkrise diskutieren – daraus entwickelt sich ein heftiger Schlagabtausch über die EU.*

Molterer positioniert sich als glühender EU-Anhänger, der die Finanzkrise europaweit regeln will. Faymann sprach sich für mehr Kontrolle in Österreich aus.

Dann wurde es heftig. Strache und Haider starteten zu harten Anti-EU-Attacken. Haider lief fast Amok: ›Alle Banken sind eine riesige Mafia, die die ganze Welt vergiftet haben!‹ Erstmals punkteten Strache und vor allem Haider in der Diskussion klar mit ihrer EU-Kritik.« (oe24.at, 25.9.2008)

Politisches Ping-Pong

Damit wären wir am Ende des ersten Teils. Fasst man zum Abschluss Haiders politische Karriere zusammen, erscheint im Nachhinein alles wie ein einziges großes politisches Ping-Pong-Spiel:

Ping

Zum ersten Mal streckte Haider die Hand nach der Bundesmacht am 13. September 1986 aus. Damals errang er mit Hilfe des deutschnationalen Flügels den Bundesvorsitz des SPÖ-Regierungspartners FPÖ.

Pong

Wie die Piraten im Angesicht von Asterix und Obelix griff Kapitän und Bundeskanzler Franz Vranitzky (Sozialdemokratische Partei Österreichs, SPÖ) sofort zur Axt, versenkte gleich das ganze Schiff – nämlich die Regierungskoalition mit der FPÖ – und beraumte Neuwahlen an.

Ping

Bei den anschließenden Nationalratswahlen konnte die FPÖ ihr Ergebnis verdoppeln. Haider kehrte als Abgeordneter und Fraktionsvorsitzender (»Klubobmann«) der FPÖ in den Nationalrat (österr. Bundesparlament) zurück.

Pong

Aber statt mit Haider, der sich zu so etwas wie dem Gottseibeiuns der österreichischen Politik entwickelt hatte, regierte die SPÖ für die nächsten 13 Jahre lieber in einer Großen Koalition mit der Österreichischen Volkspartei (ÖVP). Das bedeutet: Der Einfluss des sogenannten »Rechtspopulisten« war so groß, dass sich die politische Landschaft Österreichs so oder so nach ihm richtete – ob er nun an der Regierung war oder nicht. Entweder wurde eine Regierung mit ihm gebildet – oder gegen ihn. Aber nie ohne ihn als wesentliches konstituierendes Element.

Ping

Wegen des SPÖ-ÖVP-Bollwerks in der Regierung wanderte Haider nach Kärnten ab und wurde dort 1989 Landeshauptmann (Deutschland: »Ministerpräsident«).

Pong

Aufgrund einer umstrittenen Äußerung Haiders zur Beschäftigungspolitik der Nazis stellten ÖVP und SPÖ 1991 einen Misstrauensantrag im Kärntner Landtag und brachten Haider zu Fall.

Ping

1999 gewann die FPÖ mit ihrem Spitzenkandidaten Haider mit 42 Prozent der Stimmen die Wahlen zum Kärntner Landtag. Haider wurde nicht nur zum zweiten Mal Landeshauptmann; im selben Jahr wurde seine FPÖ bei den Nationalratswahlen auf Bundesebene auch zweitstärkste Partei. Damit brach das SPÖ-ÖVP-Bollwerk gegen Haider zusammen. Haider und die FPÖ waren von einer Regierungsbeteiligung nicht mehr abzuhalten. An der anschließenden Bildung einer Regierungskoalition der FPÖ mit der ÖVP unter Bundeskanzler Wolfgang Schüssel war Haider maßgeblich beteiligt (Amtsantritt: 4.2.2000).

Pong
Ein internationaler Aufstand aus Protesten und Sanktionen zielte auf die Entfernung des rechten und EU-kritischen Politikers und seiner FPÖ aus der Regierung ab. EU-Staaten ergriffen politische Maßnahmen gegen das EU-Mitgliedsland Österreich. Im Februar 2000 trat Haider von seinem Amt als FPÖ-Bundesvorsitzender zurück.

Ping
Auch als »einfaches Parteimitglied« hatte Haider jedoch noch erheblichen Einfluss auf die Bundespolitik. Zwei Jahre später, 2002, nahm Haider einen Anlauf, den FPÖ-Parteivorsitz wieder zurückzuerobern.

Pong
Das schaffte er auch; allerdings führten angebliche Morddrohungen gleich wieder zu seinem Rücktritt. Für die anberaumten Neuwahlen zum Nationalrat am 24. November 2002 stand Haider nicht als Spitzenkandidat der FPÖ zur Verfügung.

Ping
Zwei Jahre später, 2004, errang die FPÖ bei den Kärtner Landtagswahlen die relative Mehrheit. Haider wurde sogar mit Unterstützung von SPÖ und ÖVP zum Landeshauptmann wiedergewählt – möglicherweise, um Haider auf Kärntner Landesebene zu binden. Nach einer Niederlage der FPÖ bei den niederösterreichischen Gemeinderatswahlen 2005 wollte Haider seine »rechtspopulistische« Bewegung erneuern. Er gründete die Partei »Bündnis Zukunft Österreich (BZÖ)«.

Pong
Wegen der Gründung der Konkurrenzpartei schloss die FPÖ Haider aus der Partei aus.

Ping

Nun drehte Haider erst richtig auf und präsentierte sich als Anwalt der »Kleinen Leute«. Das BZÖ übernahm Teile des FPÖ-Programms, griff den globalen »Raubtier-Kapitalismus« an und engagierte sich für den »Klein- und Mittelstand« sowie den »Kleinen Mann«. 2006 zog das BZÖ mit 4,1 Prozent in den Nationalrat ein. 2008 erklärte Haider, als Spitzenkandidat für das BZÖ bei den Neuwahlen für den Nationalrat am 28. September 2008 antreten zu wollen. Das BZÖ konnte seinen Stimmenanteil von 4,1 auf 10,7 Prozent fast verdreifachen. Mit einem Schlag wurde Haider wieder zur bundespolitischen Größe. Das BZÖ stellte einen Anspruch auf Regierungsbeteiligung, während SPÖ und ÖVP ihr altes Anti-Haider-Bollwerk (eine Große Koalition) wieder errichten wollten. Eine solche Koalition sei jedoch gerade abgewählt worden, erklärte Haider; das BZÖ sei bereit für eine Regierungsbeteiligung.

Pong

11. Oktober 2008: Die zweieinhalb Tonnen schwere Luxusklasse-Limousine steht weitgehend zerstört auf der Fahrbahn – wie eine Fliege, deren vorderer Teil von einem riesigen Stiefel zertreten wurde. Der Bug des Fahrzeugs wirkt wie an den Boden gequetscht, die Vorderreifen sind geplatzt. Der linke Pneu wurde gar zerrissen und seitwärts von der Felge gedrückt, aus der ein großes Teil herausgebrochen wurde. Das Heck blieb dagegen weitgehend unbeschädigt und formstabil. Die Hinterreifen haben noch Luft. Das rechte Hinterrad scheint sogar fast über dem Boden zu schweben. Das hintere Dach ist unbeschädigt, aber genau über dem Fahrersitz klafft ein rundes Loch. Daneben, weiter zur Fahrertür hin, wurde das Dach nach unten durchbrochen und tief heruntergerissen. Die A-Säule ist abgerissen, die B-Säule nach außen gedrückt.

2. Teil: Der Unfall

Wie wahrscheinlich ist es, dass der BZÖ-Chef nur 13 Tage nach der erfolgreichen Nationalratswahl und nur drei Tage nach seinem Treffen mit dem FPÖ-Chef Strache am 8. Oktober 2008 bei einem Verkehrsunfall tödlich verletzt wird? Rechnen wir mal nach: Von den etwa 8,5 Millionen Österreichern erleidet jährlich etwa ein halbes Prozent (2007: 41.096) einen Verkehrsunfall. Von diesen 41.096 Betroffenen überleben selbstverständlich die allermeisten, nämlich 40.405, also 98,31 Prozent. Aber von allen Österreichern sterben jährlich also »nur« 0,008 Prozent bei einem Verkehrsunfall, das sind acht Hunderttausendstel – eine extrem kleine Gruppe. Dabei ist auch das natürlich nur ein Durchschnittswert, der schlechte Autos ebenso beinhaltet wie schlechte Fahrer. Die Wahrscheinlichkeit, dass ausgerechnet der eher alkoholabstinente Kärntner Landeshauptmann bei einem Verkehrsunfall in einem der besten Automobile auf dem Markt tödlich verletzt wird, und zwar für bestimmte Kreise genau zum »richtigen« Zeitpunkt, darf als gleich Null bezeichnet werden. Dass hier einige Leute die berühmte »smoking gun« förmlich riechen konnten, ist da wirklich kein Wunder.

Das Kaleidoskop der Interessen

Aber können wir der Wahrheit überhaupt auf die Spur kommen? Das Hauptproblem dabei: Mit wem man auch immer in diesem Fall spricht – jeder Betroffene, mittelbar Betroffene oder Zeuge verfolgt ganz eigene Interessen:

- Die Staatsanwaltschaft hat das Interesse, sich einerseits als seriöse Ermittlungsbehörde darstellen. Andererseits zeigt sie eine erstaunliche Zielstrebigkeit, sich sofort auf einen Unfall festzulegen und die ganze Schuld dem Opfer zu geben. Wenige Tage nach dem Crash erklärt sie den Medien zufolge apodiktisch, dass jedes Fremdverschulden auszuschließen sei. Einmal festgelegt, verfolgt sie auch das Interesse, im Nachhinein nicht Lügen gestraft zu werden.

- Der Auto-Hersteller hat möglicherweise ein Interesse daran, die öffentliche Aufmerksamkeit vom Fahrzeug weg auf den Fahrer zu lenken. Nach dem Motto: lieber menschliches statt technisches Versagen – oder statt technischer Verwundbarkeit des Fahrzeuges gegenüber Attentätern.
- Die Medien haben das Interesse, ihre alte Fehde mit Haider endlich zu ihren Gunsten zu entscheiden. Der »Alkoholunfall« Haiders scheint ihnen im Nachhinein recht zu geben: Haider war eben doch der Hasardeur und Draufgänger, als den sie ihn schon immer beschrieben haben.
- Die Familie hat ein Interesse, Jörg Haider vom Image des »schwulen« und verantwortungslosen Säufers zu befreien.
- Der Inhaber des »Schwulenlokals« Stadtkrämer, in dem Haider zuletzt gezecht haben soll, hat ein Interesse, nicht in das Visier der Behörden zu geraten, sei es, weil in seinem Lokal möglicherweise (!) bereits mehrere Personen mit K.-o.-Tropfen betäubt wurden, sei es, weil er ein Strafverfahren zu befürchten haben könnte, wenn er als Wirt einen schwer Betrunkenen aus der Tür zu seinem Auto gehen lässt.
- Die »einzige Zeugin«, die angeblich von Haider kurz vor seinem »Unfall« überholt worden war, verfolgt ebenfalls eigene Interessen. Ihr panisches Schweigen ist nicht allein mit einem Schock oder mit Diskretion zu erklären.
- Solange ein Ermittlungsverfahren wegen Fremdverschuldens läuft, verfolgen alle Beteiligten das Interesse, eine Version zu erzählen, die sie nicht in den Fokus der Strafverfolgung geraten lässt – ob diese Version nun wahr ist oder nicht. Das schließt alle ein: die »Zeugin«, die Notärztin, VW, das Lokal Stadtkrämer, Haider-Pressesprecher Stefan Petzner, wen auch immer.

Die Optik verzerrt sich umso mehr, je mehr man sich dem Zentrum des Geschehens nähert. Anders als eher ferne Zeugen scheint kaum ein unmittelbarer Zeuge der letzten Stunde objektiv zu sein. Fast jeder scheint ein starkes persönliches Interesse an einer ganz bestimmten Version zu haben. Und zwar dummerweise nicht an der richtigen Version – zumindest nicht an der vollen Wahrheit.

Die wichtigste Optik ist freilich die Optik möglicher Täter. Sollte es Täter gegeben haben, könnte es sein, dass sie versuchen, alle oder einige der oben genannten Stellen oder Personen zu steuern, ja, Staatsanwaltschaft, Medien und vielleicht auch Zeugen zu einem Konzert zu orchestrieren, das immer nur das eine Lied spielt: Raserei, Alkohol und Schwulsein. Tatsächlich ist diese Melodie überlaut und aufdringlich. Ob sie die Sichtweise von Tätern oder aber die Realität wiedergibt, ist dabei die große Frage.

Leben und Sterben im Phaeton – das Auto

Schon früher am Tag hatte es Anschlagsversuche gegeben. Die Route, die der Phaeton nehmen sollte, war deshalb kurzfristig geändert worden. Als der Fahrer trotzdem auf dem ursprünglich vorgesehenen Weg landete, hielt er an, um zurückzustoßen – ein verhängnisvoller Fehler. Der Attentäter stand schon bereit und betrachtete den plötzlichen Stop als Einladung. Kaum stand der Phaeton, knallten Schüsse. Der prominente Fahrgast wurde tödlich getroffen.

Die Rede ist freilich nicht von der Nacht auf den 11. Oktober 2008. Die Rede ist auch nicht von einem VW Phaeton V6 TDI mit dem Klagenfurter Kennzeichen K 390 BI. Und die Rede ist natürlich auch nicht von dem Kärntner Landeshauptmann Jörg Haider. Vielmehr geht es um einen sechssitzigen Phaeton der Marke Gräf & Stift mit dem Wiener Kennzeichen A-III-118. In dem wurde am 28. Juni 1914 in Sarajewo ein Attentat auf den österreichischen Thronfolger Franz Ferdinand von Österreich-Este und seine Frau verübt.

Den abgestürzten Helios-Sohn Phaeton als Namensgeber und ein tödliches Attentat (das auch noch einen Weltkrieg auslöste) sind nicht gerade ein gutes Omen für ein Luxusauto. Doch in Phaetons lebte und starb die High Society schon immer. »Phaeton« war seit der Kutschen-Zeit eine Bezeichnung für einen offenen Touren-Wagen. Schon Ende des 19. Jahrhunderts nannte Gottlieb Daimler seinen ersten Vierzylin-der-Motorwagen »Phaeton«. Auch Hersteller, die heute zum VW-Konzernverbund gehören wie Horch (Audi) und Porsche, produzierten schon vor 100 Jahren Phaetons. Ob Daimler, Benz, Opel, Ford, Peugeot oder Cadillac, alle produzierten einen »Phaeton«. Das Attentat von Sarajewo tat dem keinen Abbruch. Ob Ford A Phaeton (1929), Mercury Park Lane Phaeton Sedan (1958) oder Excalibur Phaeton (1969) – die Autohersteller ließen sich von der düsteren Vergangenheit nicht abschrecken. Auch nicht davon, dass in dem »Sarajewo-Phaeton« der Marke Gräf & Stift bei sechs Unfällen später noch 13 Personen gestorben sein sollen. Ganz einfach, weil es sich um eine Bauartbezeichnung handelte wie etwa »Cabriolet«. Erst Skoda (1930) und VW machten daraus Modellnamen. VW stellte seinen Phaeton erstmals 1999 als Studie bei der Internationalen Automobilausstellung IAA vor. Produziert wurde der Phaeton dann ab 2002.

Wie gesagt: Ob es eine gute Idee war, ein Oberklassen-Automobil »Phaeton« zu nennen, mag dahingestellt bleiben. Dass Haider in einem Phaeton starb, ist jedenfalls eine interessante Randnotiz der Geschichte, die ein Internetnutzer wie folgt kommentierte: »Wussten Sie, dass auch die andere große Hoffnung Österreichs, Erzherzog Franz Ferdinand, in einem Phaeton (von Gräf & Stift) ermordet wurde?« Nicht, dass ich mich dem anschließen würde. Aber der Automobilname »Phaeton« könnte einer der Gründe gewesen sein, warum hier von Anfang an der Gedanke an ein Attentat mitschwang. Unbewusst natürlich – denn gegenwärtig war dieser Zusammenhang wohl den wenigsten.

Glaubt man den Medien, ist VW heutzutage rührend um das Überleben ihrer Phaeton-Insassen besorgt: »Der VW Phaeton, die Luxuskarosse des deutschen Autoherstellers«, gelte »als sehr sicheres Fahrzeug«, schrieb der österreichische »Standard«: »Das Portal ›Auto Motor und Sport‹ bescheinigte der Limousine nach einem Crashtest ›besten Insassenschutz‹.« In einem Phaeton sitzt man so sicher wie in Abrahams Schoß, jedenfalls, wenn man der VW-Werbung vertraut:

> *Der Einsatz von 16 unterschiedlichen Metallen und Spezialkunststoffen sowie eine computeroptimierte Rahmenkonstruktion sorgen für ein Höchstmaß an Stabilität und Crash-Sicherheit sowie für eine konkurrenzlos hohe Torsionssteifigkeit. Und auch beim Flankenschutz setzt der Phaeton zum Schutz der Passagiere beim Seitencrash Maßstäbe. Dieses hohe Niveau setzt sich im Innern des Phaeton fort: Passagiere werden von zwei Frontairbags, vier Seitenairbags sowie zwei innovativen Kopfairbags auf die Tausendstelsekunde präzise geschützt. Kontrolliert werden die Airbags von Early-Crash-Sensoren, die sich an verschiedenen Punkten der Karosserie befinden und im Falle eines Unfalls in Millisekunden exakte Informationen über Unfallschwere, -winkel und -gegner übermitteln. Jeder einzelne Airbag reagiert dann selbstständig und punktgenau. Und in perfektem Zusammenspiel mit den Anschnallgurten, die in Verbindung mit den 18-Wege-Sitzen über zwei Gurtretraktoren verfügen. Dieses neuartige System erlaubt nicht nur erheblich mehr Bewegungsfreiheit und damit mehr Komfort, es bietet auch einen höheren Schutz: Der Gurt liegt in jeder Situation straff am Körper an und wirkt Fliehkräften schneller entgegen. Ebenfalls einzigartig sind die aktiven Kopfstützen mit AKS-Funktion: Sie verringern bei einer Heckkollision in Bruchteilen von Sekunden automatisch den Abstand zwischen Kopf und Kopfstütze und reduzieren so das Risiko eines Schleudertraumas erheblich.«* (Phaeton-Prospekt)

Dass sowohl das Bild des Wracks als auch seines Insassen überhaupt nicht zu dieser angeblichen Sicherheit passen wollten, war ein weiterer Grund, warum viele sofort von einem Attentat ausgingen. Erstaunlicherweise erschien nicht nur das Auto wie von einem großen Stiefel zertreten, sondern – pietätlos formuliert – auch der Insasse. Trotz Kopf-, Seiten- und Front-Airbags, Gurtstraffern und Flankenschutz erlitt er schwerste Kopf-, Brust- und Wirbelverletzungen, den fast abgerissenen Arm nicht zu vergessen. Ja, genau wie das Auto muss die Leiche ein grauenvolles Bild der Zerstörung geboten haben, jedenfalls innerlich. Jede der festgestellten Verletzungen wäre für sich tödlich gewesen, stellten die Gerichtsmediziner fest (siehe unten). Erstaunlich: Wie kann es zu einem so totalen Versagen der zahlreichen Sicherheitseinrichtungen des Luxus-Fahrzeugs kommen?

Verletzungen dieser Art sind bei den Insassen eines solchen Fahrzeugs normalerweise eher bei Unfällen der »Lady-Di-Klasse« zu erwarten: Mit hoher Geschwindigkeit fuhr ihr Fahrzeug gegen einen Betonpfeiler. Fahrzeuge wie der Phaeton sind für hohe Geschwindigkeiten (Höchstgeschwindigkeit des Haider-Phaeton: 239 km/h) und raue Umgebungen wie Autobahnleitplanken oder gar Brückenpfeiler gebaut. Selbst da sollen sie dem Fahrer noch eine gewisse Überlebenschance bieten. Die Umgebung, in der der Haider-Phaeton zermatscht wurde, wirkt dagegen harmlos. Weit und breit nur »weiche Ziele«: Büsche, Gartenzäune, Vorgärten – zu den Wänden der Einfamilienhäuser ist der Phaeton gar nicht durchgedrungen, und von »Betonpfeilern« gibt es ohnehin nirgends die geringste Spur.

Der 10. Oktober

Zur Verzweiflung, aber auch zu den vielen Fragen nach den Hintergründen von Haiders Ableben, trug ebenfalls bei, dass sein letzter Lebenstag, der 10. Oktober, ein ganz besonderer Tag in der Geschichte Kärntens ist. Kein anderer Tag steht so für die Kärntner Identität; an keinem anderen Tag hätte man die Kärntner Identität mit dem Tod des Landeshauptmannes so treffen können wie am 10. Oktober. Zwar starb Haider etwa eine Stunde und 15 Minuten nach dem Ende dieses Tages, aber gefühlsmäßig wird sein Ableben mit dem 10. Oktober in Verbindung gebracht – auch aufgrund der Überlegung, dass sein Tod ursprünglich für den 10. Oktober »geplant« gewesen sein könnte und nur aufgrund von Zufällen erst am 11. Oktober eintrat. Anders gesagt, »versteht« man den 10. Oktober als das eigentliche Todesdatum Jörg Haiders. Etwa so, als wäre der deutsche Bundespräsident einenviertel

Stunden nach dem Ende des 3. Oktober, des Tages der deutschen Einheit, tödlich verunglückt – da würde man sich wahrscheinlich auch so seine Gedanken machen. Und genau darum handelt es sich: »Der 10. Oktober in Kärnten ist nicht einfach irgendein Tag wie jeder andere auch«, bringt es der offizielle österreichische Studentenverband ÖH auf den Punkt: »Vor mittlerweile 88 Jahren, am 10.10.1920, wurde im Gebiet östlich und südöstlich von Klagenfurt eine Volksabstimmung über die nationale Zugehörigkeit dieses Gebiets durchgeführt: die Mehrheit entschied sich für Österreich und gegen das SHS-Königreich (später Jugoslawien). Der 10. Oktober ist seitdem der Tag der Einheit Kärntens.«

Und während der Tag der Deutschen Einheit aufgrund der seither zwiespältigen Entwicklung viel von seiner Faszination verloren hat und immer mehr zum leeren staatlichen Ritual verkommt, ist der »Tag der Kärntner Einheit« in der Bevölkerung lebendig, emotionsgeladen und vergleichsweise positiv besetzt. Während – wie überall auf der Welt – die Jüngeren kein großes Interesse für die schon lange zurückliegende Geschichte aufbringen, ist der 10. Oktober vor allem für die Älteren ein Grund zur Freude und ein feierlicher Anlass zugleich. Der Grund ist ganz einfach: Anders als die deutsche Einheit hat die Kärntner Einheit der Bevölkerung fast nur Vorteile gebracht – angefangen bei nunmehr fast 100-jähriger Stabilität bis hin zu wirtschaftlicher Prosperität und Wohlstand. Um die Kärntner Einheit zu verstehen, muss man deshalb zunächst einmal den schalen deutschen Einheitsgeschmack von der Zunge bekommen.

Nach neun Uhr hat sich am 10. Oktober 2008 im Klagenfurter Zentralfriedhof Annabichl bei bestem Oktoberwetter bereits eine stattliche Menschenmenge versammelt. Es ist der größte Friedhof Kärntens; auf 200 Hektar wurden hier mehr als 50.000 Tote bestattet. Wer durch die Reihen der Menschen schreitet, die sich hier bereits eingefunden haben, begreift: Es ist ein echter Staatsfeiertag. Neben dem Bundesheer und Traditionsverbänden ist auch die Polizei mit Abordnungen vertreten. Überall Blumensträuße, Kränze, stolze und selbstbewusste Gesichter. Festliche Trachten stehen für Identität, Uniformen und Waffen für Wehrhaftigkeit. Um 9.30 Uhr wird Landeshauptmann Jörg Haider von seinem Chauffeur Friedl Schager in seinem Phaeton vorgefahren. Nun kann man beobachten, wie sich zwei kritische Massen vereinen. Denn bei aller Lebendigkeit der Erinnerung ist dies kein gewöhnlicher 10. Oktober. Nach dem Wahlsieg Haiders und seines BZÖ bei der Nationalratswahl vor zwölf Tagen (am 28. September 2008) befindet sich Kärnten wieder auf einem Höhepunkt seines Einflusses und seiner Macht. In Kärnten hat fast jeder Zweite Haiders Partei gewählt. Zusammen mit Haiders »Altpartei« FPÖ brachte es das »rechte Lager« auf nahezu 50 Prozent. Ja, der 28. September 2008 war schon wieder ein Sieg Kärntens, ähnlich wie damals der 10. Oktober 1920. Und der Landeshauptmann ist der Kärntner Gladiator für die bevorstehenden Kämpfe um die Regierungsbildung in Wien.

»Er war hochmotiviert«, erinnert sich später der stellvertretende Militärkommandant Walter Gitschtaler in der ORF-2-Sendung »Report« an die Stimmung des Landeshauptmannes an diesem Morgen. Gitschtaler hatte die »Gelegenheit, beim hierher Marschieren mit ihm zu sprechen, Smalltalk, wie man so schön sagt. Er war hochmotiviert, er war voller Energien, und er war auf Wolke 7 geschwommen, so habe ich ihn erlebt, aufgrund seines Wahlerfolges.« (Report, 14.10.2008)

Auf Wolke 7 schweben sie an diesem Morgen alle. Von den hier Versammelten dürften wohl 80 bis 90 Prozent Jörg Haider und sein BZÖ gewählt haben – oder aber die FPÖ. Und nun wollen sie beide Siege feiern: den Abstimmungssieg vom 10. Oktober 1920 genauso wie den Wahlsieg vom 28. September. Nur dass kurz nach dem Ende des Tages ihr stolzer Sieger zerschmettert in seinem Auto liegen wird. So wird der 10. Oktober diesmal auch als der letzte Lebenstag eines Kärntner Landeshauptmannes in die Geschichte eingehen. Wer oder was auch immer ihren »Oberhäuptling«, der jetzt im Trachten-Janker durch die Reihen geht, auf dem Gewissen haben wird, diese Menschen werden es ihm nie vergessen. Wer oder was auch immer Haider zerstört hat, er hat an diesem Tag auch Kärnten zerstört – oder dem Land zumindest einen schweren Schlag beigebracht.

Selbst Jörg Haiders letzte Autofahrt ist geschichtsbeladen. Als Haider mitten in der Nacht Klagenfurt verlässt, fährt er in nur 100 Metern Entfernung an der Lemischgasse vorbei. Die Straße, in der das Ehepaar Haider seinen Stadtwohnsitz hat, erinnert an den Kärntner Landesverweser Arthur Lemisch, der am 5. Dezember 1918 den Kampf gegen die Truppen des SHS-Staates, also des späteren Jugoslawien, aufnahm. Die hatten sich schon seit einem Monat in Südostkärnten, dem Gailtal, Ferlach, Völkermarkt und dem Rosental breitgemacht. Die Kärntner begannen den Kampf ohne die Unterstützung der Wiener Regierung und sogar gegen deren Willen – ein Graben, der noch heute nicht zugeschüttet ist. Die Rosentaler Straße, auf der Haider nachts um viertel nach eins dem Tod entgegenfährt, führt in das damals von den Jugoslawen besetzte Rosental, zu dessen Befreiung die Kärntner ebenfalls zu den Waffen griffen. Dieser berühmte »Kärntner Abwehrkampf« brachte den Willen der Kärntner auf Zugehörigkeit zu Österreich zum Ausdruck und führte zu einer weitgehenden »Befreiung« der durch die »Jugoslawen« besetzten Gebiete. Nach diversen Waffenstillständen und erneuten Angriffen durch »Jugoslawien« kam es am 10. Oktober 1920 zu einer Volksabstimmung in Südostkärnten, bei der sich knapp 60 Prozent der Wahlberechtigten für eine Zugehörigkeit der umkämpften Kärntner Gebiete zu Österreich aussprachen. Auch ein großer Teil der Kärntner Slowenen hatte also für Österreich gestimmt. Die Erfahrungen des Kärntner Abwehrkampfes waren:

- das Gefühl, durch Wien verraten und allein gelassen zu sein, und
- die Behauptung des eigenen Willens in einem großen und nach dem Ersten Weltkrieg dynamischen Europa.

Beides trug zu der speziellen, stolzen und eigenwilligen Kärntner Mentalität und zu der nach wie vor kritischen Haltung gegenüber »den Wienern« bei. Kärnten und seine Führung traten schon vor fast 100 Jahren selbstbewusst auf, nahmen ihr Schicksal in die eigenen Hände und haben ihren Willen durchgesetzt – warum sollte dies im heutigen Europa anders sein? Fast erinnern die Vergangenheit und Gegenwart Kärntens an »das kleine gallische Dorf« im Asterix-Comic –

nur dass die Besatzungsmacht heute nicht Rom, sondern Brüssel heißt. Mit dem Tod Haiders wurde diesem Kärnten eine Stunde und 15 Minuten nach dem Ende des 10. Oktober der Kopf abgeschlagen, und zwar ausgerechnet auf der Verlängerung der Rosentaler Straße.

Aber noch war es nicht so weit. Nach dem Besuch auf dem Friedhof steht als Nächstes eine Brauchtumsfeier zum Abstimmungstag im Landhaushof im Zentrum von Klagenfurt auf dem Programm. Wieder Blasmusik, Chorgesang, Fahnenschwenken – diesmal auch viele Schulkinder mit Papierfähnchen. Am 10. Oktober ist in Kärnten schulfrei. Jörg Haider sitzt neben seiner Mutter, die am nächsten Tag, dem 11. Oktober, ihren 90. Geburtstag feiern wird. Es wird zugleich der Todestag ihres Sohnes.

Nächster Termin: Um die Mittagszeit herum zeichnet Haider im Innungshaus Bau und Technik in Klagenfurt den Sieger des Kärntner Jungmaurerwettbewerbs aus. Preisträger ist ein Maurerlehrling namens Adrian Pecnik. Er sei eigentlich immer auf der Seite von Jörg Haider gewesen, wird der junge Kärntner Slowene später in eine Kamera des ORF sagen:»Es war kein anderer da, den man wählen hat können.« (Report, ebenda)

Am frühen Nachmittag haut Haider, der Kärntner Robin Hood, bei einem Interview auf den Putz. In dem noblen Kaffeehaus Moser-Verdino in der Klagenfurter Domgasse schenkt Haider den Redakteuren der »Kleinen Zeitung« reinen Wein ein. Dass dies sein letztes großes Interview sein wird, kann er zu diesem Zeitpunkt nicht ahnen.

Wie schon zuvor findet er auch hier deutliche Worte zur Finanzkrise. Auf die Frage nach der Verantwortung hoch bezahlter Manager für das Desaster antwortet Haider:

»Wer mit anvertrautem Geld leichtfertig umgeht, muss die Folgen spüren.« Man brauche »eine strengere Managementhaftung« und »eine Änderung des Strafrechts«. Ja, Haider fordert sogar »einen Sondergerichtshof für Wirtschaftsdelikte«: »Manager, die über Grenzen gehen, müssen mit ihrem Vermögen haften. Die sind ja nicht arm, die haben gigantisch verdient. Auch ist die strafrechtliche Verantwortung klarzustellen, dann müssen sie eingesperrt werden.«

Auf die Frage nach einer »Krisenregierung« sagt er:

> »Man könnte die Koalitionsverhandlungen aussetzen und für zwei Jahre eine Regierung der Stärke bilden. Die Opposition soll mit eingebunden sein, je nachdem, wie weit sie das will. Jede Partei wäre verpflichtet, geeignete Persönlichkeiten zu nominieren und ein Programm gegen die Krise mitzutragen. Es soll ohne Streit gearbeitet werden, danach kann man neue Koalitionsüberlegungen anstellen.« (Kleine Zeitung, Website, 10.10.2008)

Ob eine Regierung aus ÖVP, FPÖ und BZÖ aufgrund der Gegensätze beim Thema EU überhaupt möglich wäre, wollen die Journalisten anschließend wissen. Haider: »Ja. Wenn die ÖVP ihre Basis ernst nimmt. Ich glaube, dass dort 60 Prozent meinen, dass die ÖVP zu EU-freundlich agiert.«

»Wen, außer sich selbst, halten Sie für fähig, einen Bundeskanzler abzugeben?«, fragen die Zeitungsleute. Der ÖVP-Obmann Josef Pröll wäre »geeigneter als Werner Faymann«, antwortet Haider. Genau der wurde es dann aber nach Haiders Tod.

Um etwa 17 Uhr geht der Sitzungsmarathon im Moser-Verdino weiter. Auf der Tagesordnung stehen die Finanzprobleme der angesehenen Kärntner Investmentgesellschaft Auer von Welsbach. Nach Darstellung des Vorstandes gingen dem Unternehmen und seinen Anlegern durch nicht genehmigte Geschäfte eines Mitarbeiters 50 Millionen Euro verloren. Betroffen sind rund 12.000 Kleinanleger – also Wähler. Ein Fall für den Landeshauptmann. »Die Vorstände Wolfgang und Maria Auer-Welsbach sowie Reinhold Oblak schilderten dem Landeshauptmann die prekäre Krisenlage«, berichtete die »Kleine Zeitung« vom 3. November 2008 über das Gespräch. AvW-Vorstand Wolfgang Auer von Welsbach soll erklärt haben, dass der Landeshauptmann von Kärnten bereit sei, der AvW »durch eine Haftung für die AvW-Gruppe oder einen Kapitaleinschuss des Landes Kärnten oder einer nahestehenden Gesellschaft« zu helfen. (wirtschaftsblatt.at, 19.2.2009)

Weitere Gespräche sollten über das folgende Wochenende stattfinden, so das österreichische Wirtschaftsblatt am 19. Februar 2009. »Doch Jörg Haider starb bekanntlich in der Nacht zum 11. Oktober bei einem Autounfall.« »Herr Dr. Auer von Welsbach teilte uns in der Besprechung am Montag mit, ›dass diese Lösung nicht weiter verfolgt werden kann‹«, referierte ein Banken-Anwalt das Ende dieses Rettungsversuches.

Spätestens um 19 Uhr ist die Besprechung zu Ende. Haider schickt seinen Fahrer Friedl Schager nach Hause: »Wir waren den ganzen Tag zusammen unterwegs«, wurde Schager in einem Interview von krone.at zitiert: »Am Abend hat er dann gemeint, dass der Termin in Velden abgesagt ist und er ins Bärental zur Familie fährt. Ich habe noch vorgeschlagen, dass ich ihn chauffiere und vor allem den Wagen wasche, aber er hat abgewunken: Lass nur! Um 19 Uhr habe ich ins Fahrtenbuch eingetragen, dass der Chef den Wagen nun selbst übernimmt. Dass er doch zu der Veranstaltung gefahren ist – er wird sich wohl haben überreden lassen. So war er einfach.« (krone.at, 15.10.2008)

Der letzte Abend

Der genaue Verlauf von Haiders letztem Abend ist deshalb von Bedeutung, weil Staatsanwaltschaft und Medien behaupteten, Haider habe bei seinem Unfall um 1.15 Uhr am 11. Oktober 2008 einen Blutalkoholgehalt von 1,8 Promille gehabt. Da erhob sich natürlich die Frage: Wo soll Haider soviel Alkohol getrunken haben? Kaum war dies veröffentlicht worden, entbrannte daher ein erbitterter Kampf um Zeiten und Orte: Wann war Haider wo? Was hat er dort getrunken? Wann fuhr er dort ab, und wohin? Die Versionen der Medien änderten sich mehrfach. Im Wesentlichen gab es zwei Varianten:

- »**Von der Party in den Tod**«: Haider kommt um circa 21 Uhr zur Vorstellung der Zeitschrift »Blitzlicht Revue« in das »Le Cabaret« in Velden am Wörthersee. Gegen 0.30 Uhr verabschiedet sich Haider und fährt über die Loiblpass-Bundesstraße Richtung Bärental, wo seine Mutter am nächsten Tag ihren 90. Geburtstag feiert. Um 1.15 Uhr überholt er »bei dichtem Nebel« einen anderen Wagen und gerät dabei ins Schleudern. »Laut Polizeibericht prallt der Phaeton gegen Verkehrsschilder, eine Hecke, einen Hydranten und einen Betonsockel, ehe er nach 35 Metern in der Straßenmitte auf den Rädern zum Stehen kommt.« (bild.de, Datum unklar)
- »**Eine Flasche Wodka, dann startete er den Phaeton**«: Danach taucht Haider um 21.45 Uhr im »Le Cabaret« auf, bleibt aber nur bis 22.30 Uhr. Um 23.15 Uhr ist er stattdessen plötzlich in dem Klagenfurter »Szenelokal« Stadtkrämer, wo er mit einem unbekannten jungen Mann eine Flasche Wodka leert. Um 1.05 Uhr sei er nach Angaben eines anonymen Zeugen schwankend zu seinem Auto gegangen und weggefahren, um dann zu verunglücken. (oe24.at, 17.10.2008)

Diese zweite Version wirkte wie nachgeschoben, nachdem Unmengen von Zeugen bestätigten, dass Haider im »Le Cabaret« praktisch keinen Alkohol zu sich genommen hat.

Welche Version stimmt nun? Versuch einer Spurensicherung:

Das »Bem Vindo«

Um etwa 19.30 Uhr ist Haider in Klagenfurt bei der Eröffnung des Speiselokals »Bem Vindo« am Kardinalplatz 7 zu Gast. »Bem Vindo« ist portugiesisch und bedeutet soviel wie »Herzlich willkommen«. Mit dem Lokal will der junge Wirt Hans-Peter Gasser offenbar aus der Schmuddelecke raus. Um die Ecke, in einer kleinen Seitengasse, liegt sein leicht anrüchiges, angebliches Schwulenlokal »Zum Stadtkrämer«, in das Haider spät in der Nacht noch eingekehrt sein soll. Berichten zufolge kennt Haider den Lokalgründer Gasser zwar persönlich; allerdings sagte das bei Haider nicht viel. Denn der Landeshauptmann kannte Tausende von Kärntnern »persönlich«. Begegnet war Haider dem Lokalgründer Gasser denn auch nicht unbedingt in finsteren Schwulenlokalen oder Darkrooms, sondern in seinem Auto. Und auch das hat nichts Anrüchiges an sich; vielmehr soll sich der junge Mann vor einigen Jahren bei ihm als Fahrer beworben und den Landeshauptmann probeweise zwei Wochen durch die Gegend chauffiert haben. Warum aus dem Job nichts wurde, ist nicht überliefert. Vermutlich ist die Ursache in dem zu suchen, was Haider-Fahrer Friedl Schager krone.at in dem erwähnten Interview über seine Arbeit mit dem Landeshauptmann erzählte: »Wir haben ja oft 15 bis 17 Stunden am Tag miteinander verbracht. Und das sieben Tage die Woche! Beim Landeshauptmann ging es ja Vollgas durch. Andere Chauffeure haben das keine 14 Tage ausgehalten.« (krone.at, 15.10.2008)

Der Besuch im Bem Vindo und im Stadtkrämer ist die Grundlage für spätere Schlagzeilen wie »Haider im Schwulenlokal« – so, als wäre er ganz gezielt in Schwulenlokalen zu Gast, um sich dort »am anderen Ufer« zu vergnügen und einem geheimnisvollen »Doppelleben« zu frönen. Das Bem Vindo sollte jedoch ersichtlich kein Schwulenlokal sein, sondern der Versuch, in einer bürgerlichen Klagenfurter Lage ein ganz normales Speiselokal zu etablieren. Den Sprung aus der

Rotlicht-Gasse auf den gut bürgerlichen Platz hat der Wirt Hans-Peter Gasser vielleicht auch wegen der dort seit einiger Zeit abwandernden Geschäfte geschafft.

Der Klagenfurter Kardinalplatz ist ein Sorgenkind der Politik, und das könnte ein weiterer Grund für Haiders Starthilfe gewesen sein. »Ein Geschäft nach dem anderen wanderte in den letzten Monaten vom Klagenfurter Kardinalplatz ab«, berichtete der ORF am 6. September 2006. Unter dem Motto »Kultur ist Begegnung und Bewegung« versuchen Haiders BZÖ-Parteifreunde in der Stadtspitze von Klagenfurt deshalb, den Platz mit Kultur wiederzubeleben. »Unser Ziel ist es, verwaisten Plätzen neues Leben einzuhauchen!«, zitiert die ORF-Website Klagenfurts Kulturreferenten Albert Gunzer von Haiders Partei BZÖ. Neue Gewerbeansiedlungen sind in einer solchen Situation natürlich hocherwünscht, und die BZÖ-Leute dürften für das »Start-up« am Kardinalplatz 7 durchaus dankbar gewesen sein. Bisher hatten sich die Lokale an der Adresse des Bem Vindo nicht gehalten. Nach dem »Gustogenese« und dem »Shandiz« ist das Bem Vindo in den letzten Jahren mindestens der dritte Lokalversuch an diesem Standort.

Laut seinen Kellnern habe Haider »nichts bestellt und nur Mineralwasser getrunken«, wird Gasser später von der Neuen Kärntner Tageszeitung zitiert (tz, 17.10.2008). »Er wollte uns helfen, das Bem Vindo bekannt zu machen«, sagte Gasser laut dem »Kärnten Reisetagebuch« vom 2. Januar 2009 (blog.kaernten.at).

Das kann man erstens gerne glauben. Und zweitens: In dem kleinen Kärnten mit seinen 550.000 Einwohnern kam Haider einfach immer und überall vorbei – ein wichtiger Grund für seine Popularität. Ein Volksfest, eine Lokaleröffnung, eine Goldene Hochzeit – für den Landeshauptmann war alles ein willkommener Anlass, mal vorbeizuschauen und ein paar Hände zu schütteln. Haider entkam keiner: In Kärnten gibt es fast niemanden, dem Haider nicht schon mal die Hand gegeben hat, und fast niemanden, mit dem er nicht per Du war. Seine überproportionalen Wahlergebnisse in Kärnten waren ein deutlicher Ausdruck dieses Politikstils. Und das war denn auch der dritte Grund für sein Auftauchen in den beiden Lokalen.

In einem Leserbrief schrieb Hans-Peter Gasser:

»Tatsache ist, dass Dr. Jörg Haider auf meine Bitte hin bei der Lokaleröffnung im ›Bem Vindo‹ anwesend war. Ebenso ist es richtig, dass dieser kurz im Stadtkrämer anwesend war. Dr. Haider hat sich aber nur kurz mit Gästen unterhalten und dann das Lokal verlassen. Inwieweit er alkoholisiert war, kann ich nicht beantworten, da er kein Getränk selbst bezahlen musste. Die im Internet aufgetauchten Vorwürfe sind für mich unfassbar. Unser Landeshauptmann hat meine Lokale lediglich anlässlich der Eröffnung meines Restaurants ›Bem Vindo‹ besucht. Ich fühlte mich geehrt, dass er die Einladung angenommen hat und damit einmal mehr seine Nähe zum Kärntner Volk bewiesen hat.« (Kronen Zeitung, 19.10. 2008)

Das *»Le Cabaret«*

Insofern war der Besuch im neuen Lokal am Kardinalplatz nichts Geheimnisvolles. Dasselbe gilt auch für seinen anschließenden Besuch bei der Eröffnungsparty des neuen Society-Magazins »Blitzlicht Revue« in der Veldener Diskothek »Le Cabaret«. Zwar hatte er seine Teilnahme zunächst abgesagt. Schließlich wollte er eigentlich nicht so spät ins Bärental fahren, wo sich die Familie am Vorabend des 90. Geburtstages seiner Mutter versammelt hatte. Aber dann war er gegen 21.45 Uhr doch noch aufgetaucht. Auch hier Routine: Gespräche, Lachen, Fotos, Händeschütteln.

»Von der Party in den Tod« (Bild), lautete unmittelbar nach Haiders Unfall die Medienlogik im Zusammenhang mit dem Besuch im Le Cabaret. Klar: Party = Alkohol = Rasen = Tod. Schließlich kennt man das ja von den vielen Wochenend-Unfällen Jugendlicher. Ein Foto des vergnügten Haider an der Seite einer attraktiven Blondine rundete das

Bild ab. In diesem frühen (nicht mehr genau datierbaren) Artikel wird das »Szenelokal« Stadtkrämer noch nicht einmal erwähnt. Vielmehr fuhr Haider laut diesem Artikel um 0.30 Uhr aus dem Le Cabaret weg, um eine Dreiviertelstunde später in Lambichl zu verunglücken.

Ich sprach mit drei Personen, die sich an diesem Abend im Le Cabaret ausführlich mit Jörg Haider unterhalten haben:

Hannes Berger, langjähriger Freund

»Er ist am Abend gekommen, er hat einen fröhlichen Eindruck gemacht. Ich bin ja einer, der ihn am längsten in Kärnten kennt, schon aus der Studienzeit, ich war Kochlehrling im 3. Lehrjahr in Bad Gastein, und er hat schon studiert. Ich hab mit den Freiheitlichen nix am Hut, bin eher aus der Sozialdemokratie, und da haben wir immer politisch gestritten, die ganzen 40 Jahre ... aber als Freunde.

Wir haben ein bissel Smalltalk gemacht. War eine ganz nette Veranstaltung. Ich hab mich um dreiviertel elf von ihm verabschiedet, wir haben noch ausgemacht, dass wir uns im Februar treffen, wenn wir unser 40-jähriges Jubiläum haben, dass wir uns kennen. Er hat mir einen wirklich nüchternen Eindruck gemacht, und das ist die Frage, die sich für mich stellt. Er hat auch nix getrunken, es haben auch alle meine Freunde bestätigt, dass das so war, also aus meiner Sicht war er stocknüchtern.

Ich hab mich natürlich auch gefragt, wie das gehen kann, in der kurzen Zeit [nach Verlassen des Le Cabaret bis zum Unfall um 1.15 Uhr; G. W.] voll besoffen zu sein. Ich glaube, dass der Zeitablauf nicht stimmen kann. Als ich heimgegangen bin, und das war etwa um dreiviertel zwölf, stand ein schwarzer VW noch vor der Tür, vor der Tür des [benachbarten; G. W.] Kasinos, und da stimmt das für mich alles nicht, was da später erzählt wurde. Es kann natürlich sein, dass es ein anderes Auto war, weil ich das Kennzeichen nicht gesehen hab. Ich bin vorbeigegangen und hab noch gedacht, ich geh nochmal rein, der ist noch da, trink ich noch etwas mit ihm und red noch ein paar Sachen. Dann war ich aber schon zu müde, und hab mir gesagt, ach, fahr ich heim. Das war halb, dreiviertel zwölf. Ich glaube, dass es der Phaeton war, weil es war eine schwarze Limousine, es war ein VW, ich war vielleicht 20 Meter weg, und dort wo diese Weltkugel [in Wirklichkeit Roulettekugel aus Granit von Manfred Welte; G. W.] ist, hat das Auto gestanden.

Ich kann diese Versionen, die da aufgetischt werden, nicht nachvollziehen: einmal, weil er nüchtern war, und zum anderen, weil das Auto für mich noch später da stand, als es offiziell in den Zeitungen nachzulesen war. Und die Tatsache, dass man weiß, dass er kein Alkoholiker war, sondern eher ein Sportler, passt schon mal nicht zusammen.

Was mich auch wundert ist, dass angeblich derjenige, der da angeblich mit ihm unterwegs war [der »junge Mann« im Stadtkrämer; G. W.], nie auftaucht, von dem hört man nichts. Die Frau, die ihn angeblich überholt hat, von der weiß auch keiner, wer es ist. Wenn es ein Unfall ist, was hat dann jemand für einen Grund, so geheim zu bleiben, dass er nicht auftaucht – und die tauchen beide nicht auf.

Ich hab ihn einmal in den 40 Jahren mit einem Schwips gesehen – bei einem Speckfest, wo er ein bissel was getrunken hat, das war ein einziges Mal in den 40 Jahren. Wir haben uns im Jahr sicher 20-, 30-mal gesehen. Der hat nichts getrunken, Alkohol war nicht seine Sache.

Ich hab insofern Zweifel, als die Sachen einfach nicht zusammenpassen, ich hab auch Zweifel deshalb, weil kaum ein paar Stunden danach gibt es wieder eine Große Koalition in Österreich – das hat nicht lang gedauert, das war vorher eh schon ausgemacht. Die Bankenkrise, die Finanzkrise, die weltweit stattfindet, hätte in Österreich einige Nadelstreifenbanker den Kopf gekostet. Vielleicht ist alles ein Zufall, aber wenn ich das zusammenzähle, dann muss man sagen, das war dann ein Zufall, der sehr vielen Leuten genutzt hat.«

Susanne Königs-Astner, ÖVP-Gemeinderätin in Villach

»Ich kenn ihn aus der politischen Tätigkeit sehr intensiv. Es war vielleicht 21.45 Uhr, und ich bin vom Cabaret rausgegangen, weil es war ja vorher draußen beheizt, und hab mich an die Theke zu einem Bekannten gestellt. Der Herr Landeshauptmann ist in meine Richtung gekommen und hat sich zwischen den Bekannten und mich gestellt und hat dann gesagt, es wäre ihm zu laut da drinnen, und er wäre halt schon durch die vielen Besuche in den letzten Wochen in den Diskotheken einfach müde, ob er sich daher stellen kann. Da haben wir gesagt: natürlich.

Da hab ich ihn gefragt, was er trinken will, weil es war draußen keine Bedienung, da hat er gesagt, er hätte gern einen weißen Spritzer [Weißweinschorle; G. W.], dann bin ich für ihn eine Kellnerin suchen gegangen, und die hat dann das Getränk gebracht, aber das hat er nur zur Hälfte ausgetrunken. Er hat in keinster Weise auf mich und meinen Bekannten betrunken gewirkt, nicht einmal angeheitert, das merkt man ja bei einem Menschen ... ich kann nicht sagen, dass ich irgendeine Alkoholisierung feststellen konnte.

Wir haben uns dann nett unterhalten über Berufliches, Familiäres, über Politisches. Er war sehr relaxed, eher gut drauf, so, dass er gewusst hat, jetzt ist er auf einem sehr guten Weg. Die kommende Landtagswahl [am 1. März 2009; G. W.] wird für ihn sensationell ausgehen. Er war in Hochstimmung. Es ist dann noch eine Bekannte dazu gekommen, die hat sich dann zu uns gesellt, und wir haben eine Dreiviertelstunde mit ihm gesprochen, eher privat.

Grundsätzlich muss ich sagen – ich hab ihm das an dem Abend auch gesagt: Es war angenehm zum Reden. Ich hab ihn zwar nie gewählt und werde ihn auch nie wählen, aber ich schätze ihn sehr für das, was er geleistet hat und was er für Kärnten gebracht hat. Es gibt halt politisch andersdenkende Menschen, das war für ihn überhaupt kein Problem. Ich glaub, das war ihm sogar sympathisch, deswegen ist er vielleicht auch länger stehen geblieben, damit nicht irgendeiner bloß von ihm absaugen konnte.

Dann haben wir gemerkt, dass der Herr Petzner ihn schon ein bisschen drängt zum Gehen, weil er sich doch sehr lang mit uns unterhalten hat. Der Herr Petzner ist schon zehn Minuten in seinem Rücken gestanden, und dann hat er irgendwann gesagt, ich wünsch euch noch was, ich fahr jetzt nach Hause, weil meine Mutter wird 90. Es war viertel, halb 11.«

Wisnewski: *»Wann ist er weggefahren?«*

»Ich sag: viertel, halb elf – so was.«

Wisnewski: *»Ist er weggefahren?«*

»Dass er weggefahren ist, hab ich nicht gesehen. Er ist nur Richtung Ausgang gegangen, wir haben ihm ja nicht nachgeschaut. Er könnte links abgebogen sein, er könnte rechts abgebogen sein, das hab ich nicht beobachtet.«

Wisnewski: *»Also Sie können nicht definitiv sagen, dass er die Örtlichkeit verlassen hat?«*

»Nein, ich hab ihn nicht ins Auto einsteigen sehen.«

Wisnewski: *»Und sein Tod?«*

»Mich hat das sehr getroffen, muss ich sagen, weil ich hatte ein relativ intensives Gespräch mit ihm, und am nächsten Tag ist das einfach vorbei. Es hat mich geschockt.«

Marlies Jost, Pressefotografin

»Wir waren, weil wir für die Blitzlicht-Revue fotografieren, eingeladen zu dieser Präsentation. Es war ein netter Abend mit viel Prominenz aus Kärnten.

Dr. Haider ist gegen 22 Uhr gekommen, wo schon niemand mehr damit gerechnet hat. Er hatte eigentlich abgesagt und war deshalb fast ein Überraschungsgast. Ich war zufällig im Eingangsbereich, als er gekommen ist, und die ganzen eineinhalb Stunden ist er an meiner Seite gestanden. Mein Mann hat fotografiert. Er hat sich dort unterhalten mit dem Hannes Markowitz, das ist ein männliches Model, der für verschiedene größere Agenturen arbeitet, weltweit, und die beiden haben sich gekannt. Markowitz [der mit seiner Freundin da war; G. W.] wollte mich dem Haider vorstellen, aber der hat gesagt: Brauchst net, ich kenn die Marlies eh schon länger als du ...

Den Dr. Haider kenn ich schon schon seit mindestens zehn Jahren. Ständig, wenn wir unterwegs sind für unsere Medien – die Kärntner Regionalmedien –, bei allen Events, bei allen Veranstaltungen ist er dabei, und ich hab ihn öfter gesprochen, hab mit ihm was getrunken, hab ein gutes Auskommen gehabt mit ihm ...

Ja, und dann war er den ganzen Abend eigentlich neben mir, hat sich mit allen Möglichen unterhalten, ich hab nicht den Eindruck gehabt, dass da irgendwo eine Spur von Alkohol im Spiel war – null. Er hat gelöst gewirkt, locker wie immer; er hat einen Champagner in der Hand gehabt, aber an dem hat er wirklich nur genippt. Ich hab ihn nie betrunken gesehen – nie, die ganzen zehn Jahre nicht. Der Stefan Petzner war da, der war schon am Anfang der Veranstaltung da, die zwei haben sich dann begrüßt. Ich hab erst drei Wochen vorher von seiner [Haiders; G. W.] angeblichen Neigung gehört und bin durch das dann ein bisschen aufmerksamer geworden und hab dann geschaut, wie die zwei sich begrüßt haben, mit einem Kuss links und rechts, und der Stefan ist dann wieder gegangen. Haider ist dann da gestanden, er ist dann auch von allen Seiten fo-

tografiert worden, mein Mann hat ihn auch fotografiert, und wir sind et-
wa um elf oder halb zwölf gegangen, da war Haider noch drinnen.

Wir haben das Auto in der Tiefgarage gehabt, und sein Auto ist vor
dem Le Cabaret gestanden, in so einer Bucht neben einer Weltkugel [in
Wirklichkeit»Roulettekugel«, siehe oben; G. W.]. Wir sind dann heimge-
fahren, und in der Früh um fünf geht bei uns der Radiowecker los, da kam
die Meldung: Haider ist tot. Ich hab im Bett gelegen wie gelähmt. Ich hat-
te nicht unbedingt ein nahes Verhältnis zu ihm gehabt, aber ich habe ihn
geehrt, ich habe ihn geschätzt, für mich war Haider was Besonderes. Ich
hab gedacht, das kann nicht wahr sein, ich hab das einfach nicht hin-
nehmen können. Ich hab das Argument nicht akzeptieren können, Hai-
der wäre betrunken gewesen.«

Die Stunden im Le Cabaret verstreichen, ohne dass Haider in
nennenswerter Menge Alkohol zu sich nimmt, darin sind sich alle
einig. Nicht so leicht unter einen Hut zu bringen sind die angegebe-
nen Zeiten.

Ankunft im Le Cabaret

Marlies Jost sagt, Haider sei gegen 22 Uhr gekommen »und die ganze Zeit an meiner Seite gestanden«, »die ganzen eineinhalb Stunden«
– also bis halb zwölf. Praktisch gleichzeitig (um 21.45 Uhr) soll sich
Haider im Außenbereich zu Susanne Königs-Astner gesellt haben.
Marlies Jost beschreibt aber eindeutig die Ankunft im Lokal Le Cabaret, während Susanne Königs-Astner nur die Ankunft im Außenbereich beschreibt. Da sei Haider bereits von drinnen gekommen, weil
es ihm dort zu laut gewesen sei. Bei ihr habe er sich eine Dreiviertelstunde aufgehalten.

Nun weiß jeder, dass auf einer Party das Zeitgefühl stark beeinträchtigt sein kann. Besonders bei aufregenden Anlässen mit hochkaräti-
gen Gästen vergeht die Zeit wie im Fluge. Mit einem Ereignis (bei-

spielsweise der von Frau Königs-Astner registrierten Ankunft Haiders im Außenbereich) verbunden wird die zuletzt gesehene Uhrzeit, auch wenn sie schon länger zurückliegt. Hier kann es also zu erheblichen Verzerrungen der Wahrnehmung kommen, ohne zu unterstellen, dass dies in diesem konkreten Fall so gewesen ist.

Abfahrt aus dem Le Cabaret

Dieser Zeitpunkt ist weitaus entscheidender als der der Ankunft. Denn ab jetzt tickt die Uhr für den Konsum von Unmengen Alkohol und der Countdown bis zum Unfall um 1.15 Uhr. Mal soll es »viertel, halb elf« (Susanne Königs-Astner), also zwischen 22.15 und 22.30 Uhr, gewesen sein, mal soll Haider im Le Cabaret dem Lokalsender »Antenne Kärnten« noch um 23.15 Uhr ein Interview gegeben haben, mal soll Haiders Wagen noch um 23.45 Uhr vor dem Lokal gesichtet worden sein (Hannes Berger/Marlies Jost). Haiders Sprecher Stefan Petzner wird unmittelbar nach dem »Unfall« zitiert, sein Chef habe Velden »vor Mitternacht« verlassen. Laut ORF »Report« hat sich Haider »kurz nach Mitternacht« auf den Heimweg gemacht. Und diese Zeitangaben standen ja nicht alleine da. Ferner kursierte ein Zitat von dem Mitveranstalter und »Blitzlicht«-Redakteur Egon Rutter, Haider sei erst um 0.15 Uhr gefahren.

Viele Medien, viele Menschen, viele Uhrzeiten. Auch hier ist es sehr schwierig, eine objektive Zeit festzustellen. Ein anderer Party-Effekt ist bekanntermaßen der, dass sich Partygäste mehrmals zu verabschieden pflegen, um dann doch noch irgendwo anders »hängenzubleiben«. Insbesondere Prominente haben es oft schwer, sich »loszueisen«. Gut möglich, dass sich Haider bei manch einem mit dem Hinweis verabschiedet hat, dass er jetzt nach Hause müsse – um gleich darauf von jemand anderem in ein Gespräch verwickelt zu werden.

Festzustehen scheint, dass Haiders Wagen noch um 23.45 Uhr vor dem Le Cabaret stand. Hannes Berger sah dort eine schwarze VW-Limousine, und Marlies Jost identifizierte den Wagen als Haiders Auto.

Er war es aber nicht. Ob Sie es glauben oder nicht: Tatsächlich waren am Abend des 10. Oktober 2008 zwei schwarze Phaetons am Le Cabaret unterwegs. Der schwarze Phaeton, der an diesem Abend in der Haltebucht neben dem Le Cabaret stand, war nicht Haiders, sondern der des Limousinenservice »The Shuttle« vom Klagenfurter Flughafen. »Das ist unser Fahrzeug gewesen«, sagte mir »Shuttle«-Mitarbeiter Jürgen Regitnig am 25. Februar 2008. Der Phaeton habe bis etwa 0.50 Uhr vor dem Casino gestanden, dann sei er nach Klagenfurt zurückgefahren. Ein unwahrscheinlicher Zufall? Eher nicht, meint Regitnig. Bei offiziellen Anlässen habe der »Shuttle«-Phaeton häufiger mit den Phaetons des Landeshauptmanns und des Klagenfurter Bürgermeisters beieinander gestanden. Manchmal sei sogar Haider in dem »Shuttle«-Phaeton unterwegs gewesen – nämlich wenn sein Phaeton in der Werkstatt gewesen sei. So kompliziert kann die Wirklichkeit sein, so schwer zu rekonstruieren der letzte Abend des Landeshauptmanns. Die Wahrheit ist: Die Daten und Zeitangaben sind den Umständen entsprechend von schlechter Qualität.

Granit-Kugel vor dem Casino in Velden, davor befindet sich eine Parkbucht

Noch ein Beispiel: das überall in den Medien verbreitete Zitat des Veranstalters Egon Rutter, wonach Haider die Fete um 0.15 Uhr verlassen habe. Am 16. Februar 2009 sagte Rutter in der ATV-Fernsehdokumentation über den Fall Haider etwas ganz anderes: Wann Haider abgefahren sei, wisse man »ziemlich genau« – nämlich »zwischen halb und dreiviertel elf«, weil es »ja das Ausfahrtsticket von der Garage« gebe. Für viele war das der Beweis, dass Haider früher abfuhr als anfangs angenommen, und genügend Zeit für das angebliche Besäufnis im Stadtkrämer blieb. Auf meine telefonische Nachfrage bei Herrn Rutter am 25. Februar 2009 um 18.42 Uhr erklärte er, das erste ihm zugeschriebene Zitat (0.15 Uhr) überhaupt nicht zu kennen. Das ist merkwürdig. Denn das Zitat stammt nicht etwa aus irgendeinem Internet-Forum. Vielmehr wurde Rutter von der österreichischen Zeitung »Heute« so zitiert (20min.ch): »Egon Rutter, Veranstalter der Feier, die Haider zuletzt besucht hatte, zu ›Heute‹: ›Ich bleibe dabei, Haider war nüchtern, als er gegen 0.15 Uhr unser Fest verließ.‹« Hatte »Heute« also mit Rutter gesprochen? In der Zwischenzeit will er diese Uhrzeit jedenfalls nicht mehr genannt haben.

Stimmt denn dann die zweite, von ihm in ATV erwähnte Uhrzeit »zwischen halb und dreiviertel elf«? Immerhin klang das mit dem Parkticket ja sehr überzeugend, so als kenne Herr Rutter ein schriftliches Dokument über das Verlassen der Tiefgarage um 22.30 Uhr. Auf meine telefonische Anfrage erklärte er mir aber: »Mir haben Informanten gesagt, dass das Auto in der Garage geparkt ist, und wenn das in der Garage geparkt war, muss es auch so ein Ticket geben.« Hörensagen und bloße Vermutungen also. Wo das Parkticket ist, weiß Herr Rutter nicht. Eine Autonummer steht ohnehin nicht drauf. Eine begrenzte Aussagekraft hätte es nur, wenn es im Wagen selbst gefunden worden wäre – eine sehr begrenzte. Denn dass der Wagen aus der Tiefgarage fährt, heißt ja noch nicht, dass Haider auch wirklich abfährt. Überdies wäre ein solches die offizielle Version stützendes Dokument von Staatsanwaltschaft und Polizei sicher erwähnt worden. Die anscheinend so sichere Tatsachenbehauptung von Herrn Rutter bei ATV über Haiders Abfahrtszeit von 22.30 Uhr ist also in Wirklichkeit nichts wert. Haben wir hier etwa ein Beispiel für einen Zeugen, der seine Version gemäß einer später erwünschten Linie abgeändert hat? Sagen wir lieber: Man kann sich im Nachhinein wahrscheinlich nicht mehr so genau erinnern ...

Natürlich ist es auch eher unwahrscheinlich, dass der Stargast des Abends bei so einem Anlass um 22 Uhr erscheint und bereits um 22.30 Uhr wieder abfährt. Allein die oben beschriebenen ausführlichen Kontakte (Jost: eineinhalb Stunden; Königs-Astner: eine Dreiviertelstunde) und Unterhaltungen sprechen – bei aller Vorsicht mit den Zeitangaben – dagegen.

Der letzte, der Haider am Le Cabaret von Angesicht zu Angesicht gesprochen hat, ist freilich Haiders Pressesprecher Stefan Petzner. Ja, er soll sogar noch einige Meter mit ihm mitgefahren und erst dann ausgestiegen sein. Wie gesagt, wurde Haiders Sprecher Petzner unmittelbar nach dem »Unfall« zitiert, sein Chef habe Velden »vor Mitternacht« verlassen. Das kann man so interpretieren, dass die Abfahrt zwischen 23.15 Uhr und Mitternacht erfolgt ist. Denn um 23.15 Uhr fand ja noch das Interview mit »Antenne Kärnten« statt. Wäre Haider sogar vor elf gefahren (und die Interview-Uhrzeit damit falsch), wie später behauptet wurde, hätte Petzner in diesem Fall nicht »vor elf« und nicht »vor Mitternacht« gesagt?

Ich wollte es genau wissen und fragte den Mann, der Haider in Velden an diesem Abend zuletzt am Le Cabaret gesehen hat, daher selbst. Am 3. März 2009 beantwortete er mir am Telefon einige Fragen:

Wisnewski: Es gibt ja über Sie Hunderte von Berichten, und ich wollte jetzt mal von Ihnen selber hören, um wieviel Uhr ist denn der Herr Haider weggefahren vom Le Cabaret an dem Abend?

Petzner: Ich äußere mich zu dem ganzen Thema nicht mehr.

Wisnewski: Aber die Uhrzeit können Sie mir doch sagen, wann er da weggefahren ist, das ist doch eigentlich ganz einfach ...

Petzner: Es gilt das, was ich immer den Medien gesagt habe, der Landeshauptmann hat Velden kurz vor 22.30 Uhr verlassen.

Wisnewski: Kurz vor ... ?

Petzner: Um circa 22.30 Uhr, kurz vor 22.30 Uhr.

Wisnewski: Früher wurden Sie ja zitiert, »vor Mitternacht«.

Petzner: Ist halb elf nicht vor Mitternacht?

Wisnewski: Rein logisch gesehen: ja.

Petzner: Ich habe meine Aussagen immer bewusst so gewählt ... er hat mich ja danach auch angerufen, daher kann ich das mit 22.30 Uhr auch so genau sagen, weil ich kurz nach 22.30 Uhr einen Anruf von ihm hatte, da saß er schon im Auto.

Und dann hab ich überlegt: Wenn der Unfall um 1.15 Uhr oder 1.17 Uhr ist und er mich vorher gegen halb elf anruft und im Auto ist, dann ist das ein bissel eigenartig, dass er drei Stunden nach Hause braucht. Vor diesem Wissen hab ich bei dieser ersten Pressekonferenz bei den Zeitangaben bewusst vorsichtig agiert.

Wisnewski: Ich verstehe. Kennen Sie zufällig auch das Interview mit Antenne Kärnten ...

Petzner: Ja, der Landeshauptmann war eindeutig nicht alkoholisiert, das bestätigen auch alle, die dort waren.

Wisnewski: Genau. Aber die haben ja eine andere Uhrzeit genannt, 23.15 Uhr ...

Petzner: Ja, das hab ich auch mitgekriegt, das ist ein Blödsinn. Das bestätigen auch alle, die dort waren – die Elisabeth Scheucher, die dort war, und mit ihm geredet hat –, dass er so um halb elf das Le Cabaret verlassen hat.

Auch bei anderer Gelegenheit sagte Petzner, er habe nach Haiders Abfahrt noch mit ihm telefoniert. Später legte er sogar die Handy-Verbindungsdaten offen: Wie angekündigt »hat der langjährige Pressesprecher Jörg Haiders, Stefan Petzner, nun die Handy-Daten seiner beiden Mobiltelefone offengelegt«, hieß es am 30. November 2008 auf kurier.at:

> *Damit könne er beweisen, dass sämtliche Gerüchte, wonach er während Haiders Fahrt in den Tod am 11. Oktober mit ihm telefoniert hätte, jeglicher Grundlage entbehrten, so Petzner.*
>
> *Laut Auszug gab es das letzte Gespräch zwischen den beiden am 10. Oktober um 22.21 Uhr und 57 Sekunden. Danach gab es weder ein Gespräch noch SMS-Nachrichten.* (kurier.at, 30.11.2008)

22.21 ist aber nicht »kurz nach 22.30 Uhr«, wie oben von ihm behauptet. Das Problem ist außerdem, dass heutzutage manche Zeitgenossen mehrere Handys in der Tasche haben. Also erhebt sich die Frage: Wie ist das mit der Uhrzeit 23.15 Uhr des Antenne-Kärnten-Interviews? Ist diese wirklich »ein Blödsinn«, wie Petzner meint? Noch ein paar Tage nach Haiders Tod konnte man das Gespräch auf der Website von Antenne Kärnten hören, bevor es von dort verschwand. Da es sich um ein Dokument von hohem öffentlichen Interesse handelt, habe ich es mitgeschnitten und den Mitschnitt auf die Website info.kopp-verlag.de gestellt (suchen Sie nach dem Artikel »Cherchez le camion!« vom 18.10.2008).

In der Anmoderation des Interviews heißt es: »Antenne-Kärnten-Reporter Arne Willrich hat um etwa 23.15 Uhr, also gut zwei Stunden vor Jörg Haiders Tod, das letzte Radiointerview mit dem Landeshauptmann geführt.« Die Uhrzeit wird also nicht nur genannt, sondern auch mit der Ergänzung bekräftigt: »Zwei Stunden vor Jörg Haiders Tod«. Natürlich können sich auch Reporter irren. Deshalb gab es auch schriftliche Anfragen nach der Uhrzeit des Interviews bei Antenne Kärnten. Am 20. Oktober 2008, also neun Tage nach Haiders »Unfall«, bestätigte Antenne-Kärnten-Moderator Timm Bodner die Uhrzeit in einer E-Mail: »Jörg Haider hat meinem Kollegen ein Interview gegeben um diese Uhrzeit. So, wie wir das berichtet haben.«

Der »Stadtkrämer«

Die Konsultation eines Routenplaners ergibt, dass man über die Südautobahn A2 für die 22 Kilometer vom Le Cabaret in Velden bis zum »Stadtkrämer« in der Klagenfurter Spitalgasse 21 Minuten benötigt. Fährt man über Pörtschach die Bundesstraße 83 am Wörther See entlang, braucht man sogar 29 Minuten.

Ein kleines, putziges gelbes Haus in einer engen Klagenfurter Seitengasse – das ist das berühmte »Szenelokal Stadtkrämer«. Einen Moment bleiben mein Freund Arndt Burgstaller und ich vor der niedrigen Eingangstür stehen. Wir blicken noch einmal links und rechts die Spitalgasse hinunter – eine jener kleinen, engen Gassen, in denen ein einsames Gasthausschild nicht einladend, sondern eher bedrohlich wirkt. Wir zögern einen Augenblick, denn durch die Scheiben sieht man nichts. Im ersten Stock sind die Fenster mit bunten Paneelen abgedeckt. Auch im Erdgeschoss kann man nicht hineinsehen. Schon das zweite Haus, das wir in diesen Tagen so antreffen. Das erste war das Haus der »einzigen Zeugin«, die bei unserer Ankunft sämtliche Jalousien herunterließ (siehe »Lizenz zum Lügen: die ›einzige Zeugin‹«). Die letzten Menschen, die Haider lebend gesehen haben, sind undurchsichtig. Sie wollen sich nicht in die Karten schauen lassen. Von Laufkundschaft und spontanen Besuchern lebt das Lokal in der dunklen Seitengasse offenbar nicht. Statt Transparenz zu erzeugen, baut das Äußere des Stadtkrämer Schwellenangst auf. Durch die Tür sieht man nur einen schwachen Rotlichtschimmer – nicht vertrauenerweckend.

Das Innere wirkt überraschend klein. Von der Tür aus sind es nur ein paar Schritte durch einen gedämpft beleuchteten Raum mit Stehtischen zu der winzigen Bar. Um diese Zeit, fünf Uhr nachmittags, ist noch nichts los. An der langen Seite der Bar, auf die man von der Tür

aus zugeht, sitzen ein oder zwei Stammgäste. Hinter der Bar bedient
ein feminin wirkender Jüngling mit einem breiten Gürtel um die
schmalen Hüften – das ist der Barmann Martin. Hin und wieder wühlt
er in einer riesigen Frauen-Handtasche auf dem Tresen. Auf den beiden Hockern an der linken Seite, da wo Haider angeblich saß, sitzen
ein Mann und eine Frau.

Am 17. Oktober 2008 wurde die bisherige »Von-der-Party-in-den-
Tod«-Logik runderneuert. Der Knüller vom Besuch des Landeshauptmanns im »Schwulenlokal« wurde von der Zeitung »Österreich« ausgegraben: »Eine Flasche Wodka, dann startete er den
Phaeton«, lautete die Schlagzeile nun. Klingt auch gut: Wodka +
Phaeton = Rasen = Tod. Das Problem ist nur, dass es mit den Knül-
lern der Zeitung »Österreich« so eine Sache ist. Später werden die
Journalisten auch den Eindruck erwecken, ein Exklusiv-Gespräch
mit der »einzigen Zeugin« des Haider-»Unfalls« geführt zu haben,
das jedoch gar keines war (siehe »Lizenz zum Lügen: die ›einzige
Zeugin‹«). Doch der Reihe nach: In dem Bericht vom 17. Oktober
2008 über Haiders Stadtkrämer-Besuch und vor allem über dessen
»Flirt« mit einem unbekannten jungen Mann wird sowohl das Getränk als auch das »Todeswerkzeug« – der Phaeton – genannt. Nur –
man ahnt es schon –, so klar, wie es diese Schlagzeile suggeriert, ist
das Geschehen keineswegs. Auf der Karte des Stadtkrämer findet
sich das Wort »Wodka« nicht. Das einzige hier genannte Wodka-Getränk ist Limskaya. Eristoff Limskaya ist ein Wodka-Getränk mit Li-
monengeschmack – so etwas kann man sich bei dem gesundheits-
bewussten Haider beim besten Willen nicht vorstellen. Wie so vieles
an dem Bericht der Website von »Österreich«, oe24.at:

1. Die Chronologie

Um 22.30 Uhr sei Haiders Phaeton bereits aus der Tiefgarage des Ca-
sinos in Velden gerollt. Um 23.15 Uhr sei er im Stadtkrämer aufgetaucht und bis kurz nach eins geblieben, schreiben die »Österreich«-
Journalisten. Na bitte – also fast zwei Stunden, genug Zeit, um sich 1,8

Promille anzutrinken. Kleiner Schönheitsfehler: Antenne Kärnten bleibt bei der Aussage, der Landeshauptmann habe dem Sender um 23.15 Uhr im Le Cabaret in Velden ein Interview gegeben.

2. Der Verlauf des Abends

Haider soll sich im Stadtkrämer »in Gesellschaft eines jungen Mannes in kurzer Zeit betrunken« haben. »Haider kam mit dem Unbekannten ins Lokal, setzte sich an die Theke, wie die Fotos beweisen, die ›Österreich‹ nun vorliegen.« Fotos? Nun ja: Es gibt bessere Bilder von Jörg Haider. Ganz im Hintergrund sieht man ein unscharfes Halbprofil eines Mannes. Das könnte Haider sein, muss es aber nicht. Handelte es sich bei dem Bild um ein Blitzfoto bei einer Geschwindigkeitsübertretung, wäre die Anerkennung als Beweis wohl fraglich. Die Website fallhaider.at.tf hat die angebliche Stadtkrämer-Aufnahme einer anderen Halbprofil-Aufnahme Haiders gegenüber gestellt. Der Vergleich fällt nicht überzeugend aus.

Der verschwommene Haider im Stadtkrämer wirkt viel glatter und jünger als der 58-jährige Haider. Die linke Augenbraue fällt nach außen ab, während sie beim »Original-Haider« aufsteigt.

Der Mann scheint sich mit einem anderen Mann zu unterhalten: Haider »unterhält sich mit dem jungen Mann (Identität der Polizei bekannt)«, heißt es bei oe24.at. »Beide trinken Unmengen (Augenzeugen berichten von einer ganzen Flasche Wodka). Der Landeshauptmann schwankt, als er draußen beim Auto mit dem Jüngling die Handynummern austauscht.«

Außerdem war da angeblich noch eine Uhr zu sehen: »Die Wanduhr zeigt 23.20 Uhr an, als Jörg Haider eher zufällig im ›Stadtkrämer‹ fotografiert wird«, hieß es in der »Österreich«. Problematisch an der Sache ist nur, dass die Uhr erstens schlecht zu erkennen und sich zweitens auf einem anderen Foto aus dem Stadtkrämer befindet. Beweiswert: null.

*Der angebliche Haider im
Stadtkrämer und der echte
Haider im Halbprofil*
Quelle: fallhaider.at.tf

Bei unserem Besuch im Stadtkrämer Mitte Januar 2009 reden Burgstaller und ich ein bisschen mit dem Barmann Martin. Ja, Haider sei
hier gewesen, aber nur eine dreiviertel Stunde. Wenn man die Unfall-
zeit von 1.15 Uhr als einzige halbwegs verlässliche Zeit betrachtet, also ab etwa 0.15 Uhr. Was wiederum zu den ersten Chronologien passt,
aber weniger zur später nachgeschobenen zweiten, wonach Haider
schon um 22.30 Uhr in Velden abgefahren sein soll. Sollte Haider, was
immer noch möglich ist, Velden kurz vor zwölf verlassen haben, hätte er gegen viertel nach zwölf im Stadtkrämer sein können. Um um
1.15 Uhr auf der Bundesstraße in Lambichl zu verunglücken, hätte er
laut Routenplaner um 1.06 Uhr in Klagenfurt abfahren müssen.

Ich bestelle einen Fruchtsaft mit einem kleinen Wodka und bekom-
me ihn. Es gibt also auch »normalen« Wodka. Aber, so versichert Martin, Wodka werde hier erstens nicht in Flaschen ausgeschenkt. Zweitens habe Haider überhaupt keinen Wodka getrunken, sondern nur
zwei bis drei »Gespritzte« (also Weißweinschorlen). Auch das passt
eher zu, dem was wir über Haider wissen. Auch im Le Cabaret hat er
unter anderem »Gespritzten« getrunken. Zwar habe er mit dem anonymen »jungen Mann« geredet; zum Trinken oder gar zu mehr habe
Haider ihn aber nicht eingeladen. Als dessen Geschichte, wie er von
Haider »angebaggert« worden sein soll, in den Medien auftauchte, ha-

be man sich im Stadtkrämer gewundert. Das sei völlig absurd, denn erstens sei es voll gewesen im Stadtkrämer, und viele Leute hätten Haider angesprochen. Für irgendein »Anbandeln« sei also weder die Zeit noch der Ort gewesen. Zweitens ordnete Martin den Jungen als eher dubiosen Zeitgenossen ein, mit dem Haider sich sowieso nie näher abgegeben hätte.

Während wir mit Martin reden, schauen wir uns ein wenig im Stadtkrämer um. Tatsächlich scheint sich das Publikum eher vom Rand der Gesellschaft zu rekrutieren. Ein älterer Mann trägt seine grauen Haare bis zu den Hüften hinunter. Die Frau auf »Haiders Platz« verhält sich auffällig und outet sich jedem gegenüber offen als psychisch krank. Haider schwul oder bi? Kann sein. Haider als Freier von verkrachten und unberechenbaren Existenzen im Zentrum von Klagenfurt? Kann nicht sein.

Demnach beweist das Foto von Haider mit dem Jungen also nichts. Aber wie kam es überhaupt zustande? Das »unabhängige österreichische Nachrichtenmagazin« profil (Website, 18.10.2008) weiß es: »Ein freier Fotograf«, dessen Name nicht genannt wird, habe für eine Zeitung, deren Name nicht genannt wird, eine Reportage über das Klagenfurter Nachtleben gemacht und dabei Haider mit einem Mann fotografiert, dessen Name ebenfalls nicht genannt wird:

»Etwas ziellos marschierte Kurt K. vorvergangenen Freitag spätabends mit seinem Fotoapparat durch das dunkle Klagenfurt. Der freiberufliche Fotograf hatte den Auftrag, das Nachtleben der Kärntner Landeshauptstadt zu dokumentieren, also die Lokal- und Beislszene abzulichten. Der ›Stadtkrämer‹ in der Spitalgasse war noch offen. Auf der hauseigenen Website deklariert sich die Bar: ›Das Schwulenlokal in Klagenfurt! Wir freuen uns auf Dich.‹ Im ›Stadtkrämer‹ ging es munter zu. Drei Gäste posierten übermütig für den Fotografen. Als K. abdrückte, erkannte er plötzlich im Hintergrund ein bekanntes Gesicht: jenes des Landeshauptmanns. Haider war im Gespräch mit einem anderen Mann und trank Wodka. Es war halb zwölf, wie die am Foto festgehaltene Uhr an der Wand zeigt.«

Eine nette Geschichte. Aber ist sie auch wahr? Das Problem: Die Uhr befindet sich nicht auf demselben Foto wie der angebliche Haider. Beide können also nicht wirklich in Zusammenhang gebracht werden. Zweitens: Der Stadtkrämer legt, wie gesagt, Wert auf Diskretion. Alle Fenster sind verblendet. Kann hier wirklich ein Pressefotograf hereinschneien und einfach alle Gäste knipsen? Die Geschichte wirft also jede Menge Fragen auf:

1. Wer war der Fotograf, und warum wird sein Name genau wie der der »letzten Zeugin« und des jungen »Trinkkumpans« nicht genannt? Wo ist das Problem?
2. Von wem kam der Auftrag für diese Fotoreportage? Warum wird der Auftraggeber nicht genannt?
3. Wie kommt es, dass in den sehr um Diskretion bemühten Stadtkrämer ein Fotograf hereinschneien und einfach Gäste fotografieren kann?
4. Wie kommt es, dass die Gäste dieses »Schwulenlokals« auch noch lustig für den Fotografen posieren?
5. Was hat es mit der Uhr auf sich, die die Uhrzeit 23.30 Uhr zeigt?

Über den letzten Punkt führte ich eine Unterhaltung mit einem Mitglied der Haider-Familie. Es hat den Stadtkrämer etwa vier Wochen nach Haiders Ableben besucht: »Es gibt dort eine Uhr, aufgrund dieser Uhr versucht die Zeitung eine Uhrzeit abzuleiten, die nicht stimmen kann. Als ich dann dort war, habe ich festgestellt, dass die Uhr steht, und zwar auf 22.30 Uhr oder 23.30 Uhr, also eins von beidem ... das heißt, sie haben definitiv vier Wochen nach dem Unfall eine stehende Uhr gehabt, die ziemlich genau die Zeit anzeigt wie auf dem Profil-Bild.«

Also 23.30 Uhr. Eine stehende Uhr ist als Beweis freilich nicht zu gebrauchen, schon gar nicht, wenn sie sich auf einem anderen Foto befindet als der angebliche Haider.

Aber immerhin ist Haider ja gezielt in das »Schwulenlokal« gegangen – was soll er dort gewollt haben, wenn nicht mit irgendeinem Mann »anzubandeln«? Erste Antwort: Er war noch nie hier, wie uns Stammgäste erzählten, die fast jeden Tag im Stadtkrämer sind. Auch Hans-Peter Gasser schrieb in seinem vorhin erwähnten Leserbrief: »Unser Landeshauptmann hat meine Lokale lediglich anlässlich der Eröffnung meines Restaurants ›Bem Vindo‹ besucht.« Das kann man auch gern glauben, denn der Stadtkrämer ist das, was man landläufig eine Spelunke nennt. Zweite Antwort: Er wollte eigentlich gar nicht hier sein. Stattdessen habe er sich mit den Worten an die Theke gesetzt: »Habt's drüben eh scho zua?« »Drüben«, nur etwa 150 Meter weiter um die Ecke, liegt das ganz normale und bürgerliche Bem Vindo, bei dessen Eröffnung Haider am selben Tag zu Gast war. Auf dem Heimweg wollte Haider in dem Lokal offenbar noch einmal vorbeischauen. Da es aber schon geschlossen hatte, muss er ums Eck in den Stadtkrämer gegangen sein. Dass der vom selben Wirt geführt wird, wusste er offenbar. So kann der Landeshauptmann in der etwas »schwülen« Spelunke »Zum Stadtkrämer« gelandet sein. Wie immer redete er mit allen, und wie immer trank er seinen »Gespritzten«.

Dann, nach einer Dreiviertelstunde, ging er. Beim Hinausgehen habe Haider geschwankt, berichtete der Staatsanwalt unter Berufung auf einen der Öffentlichkeit gegenüber anonymen Zeugen. Haider habe nicht geschwankt, sagt dagegen Barmann Martin.

Der Inhaber des Stadtkrämer, Hans-Peter Gasser, war bei unserem ersten Besuch nicht da. Deswegen schauten wir am nächsten Abend im Bem Vindo vorbei:

Gasser ist ein erstaunlich junger Mann mit einer modisch farbigen Brille und gefärbten Strähnen im Haar. Er steht allein hinter der Bar des Bem Vindo; im Speiseraum sind nur ganz wenige Tische besetzt. Ob es das Bem Vindo schaffen wird, sich hier zu etablieren, ist offensichtlich fraglich. Im Gegensatz zu seinem Barmann vom Stadtkrämer ist Gasser äußerst zugeknöpft. Als ich erzähle, dass ich über Haiders letzten Abend recherchiere, gerät er völlig aus dem Häuschen. Seine Hände beginnen zu zittern, er zündet sich eine Zigarette an. Verunsichert lehnt er jedes Gespräch über den Abend ab.

Schon wieder dieselbe Angst, fast Panik, die wir später bei der anonymen »Zeugin« antreffen werden. Aber warum werden die letzten Menschen, die Haider gesehen haben, von Panikattacken geschüttelt: Petzner, Gasser, »Zeugin«? Weil beispielsweise Gasser Haider nie hätte betrunken ins Auto steigen lassen dürfen? Angeblich wäre Gasser dann nach der Wirtehaftung fällig. Oder weil im Stadtkrämer etwa noch ganz andere Sachen liefen?

Just im September, Oktober und November 2008 häufen sich in Klagenfurt Angriffe mit K.-o.-Tropfen: »Der erste Fall wurde im September bekannt«, berichtete die Kleine Zeitung am 3. Dezember 2008: »Eine 24-Jährige ist damals nach einem Glas weißen Spritzer bewusstlos geworden« – exakt jenes Getränk, das auch Haider zuletzt zu sich genommen haben soll. Und nicht nur das – möglicherweise handelte es sich sogar um dasselbe Lokal, in dem sich auch Haider angeblich aufgehalten hat. Denn alle drei polizeibekannten Fälle, heißt es in den Medien, seien in demselben »Szenelokal« vorgekommen – handelte es sich dabei etwa um den Stadtkrämer? »Eine Betroffene hatte nach dem Besuch des Lokals ein Blackout. Als sie am nächsten Tag zu sich kam, fehlten ihr mehrere Stunden. Sie wusste nichts mehr, nicht einmal, wie sie nach Hause kam«, zitiert die »Kleine Zeitung« Karl Schnitzer, den Leiter der Suchtgiftgruppe im Stadtpolizeikommando. Wochen später meldete sich wieder ein Opfer bei der Polizei: »In den vergangenen Wochen haben drei Opfer angezeigt, durch Zusätze in ihren Getränken außer Gefecht gesetzt worden zu sein«, berichtete krone.at (ohne Datum). »Und die Polizei glaubt, dass die Dunkelziffer noch höher sein könnte.«

War etwa Jörg Haider ein Posten in dieser Dunkelziffer? Auf den ersten Blick würde alles passen – rein hypothetisch, wohlgemerkt:

- Haider trank weißen Spritzer mit K.-o.-Tropfen, beispielsweise Liquid Ecstasy,
- Haider stieg ins Auto,
- die K.-o.-Tropfen wirkten euphorisierend,
- Haider schnallte sich nicht an und trat aufs Gas,
- wenig später wurde er bewusstlos,
- der Wagen kam von der Straße ab und prallte gegen ein Hindernis,
- der nicht angeschnallte Haider wurde tödlich verletzt.

Ob Freund oder politischer Gegner – niemand hatte jedenfalls ein Problem, mit mir über Haiders letzten Abend zu reden und seine letzte Begegnung mit Jörg Haider zu schildern. Angst und Anonymität beginnen erst da, wo man es mit den letzten Menschen zu tun bekommt, die Haider lebend gesehen haben (wollen): Sie wollen entweder um jeden Preis anonym bleiben und/oder werden äußerst nervös, wenn man sie auf Haider anspricht. Es sollte einem zu denken geben, dass nicht nur der eine oder andere, sondern praktisch alle, die Haider zuletzt gesehen haben, im Dunkeln bleiben wollen oder sollen:

- die »letzte Zeugin«,
- der »junge Mann« im Stadtkrämer,
- der »Fotograf«,
- ein unbekannter »Helfer«, der in einer E-Mail an den Staatsanwalt behauptete, den betrunkenen Haider von seiner Fahrt habe abhalten zu wollen.

Dazu kommen noch zwei Personen, die nach meinem Eindruck gerne anonym geblieben wären, wenn das nur möglich gewesen wäre, und bei denen – genau wie bei der »letzten Zeugin« – sichtlich die Nerven blank lagen:

- Stefan Petzner
- Hans-Peter Gasser

Eine merkwürdige Sache. Fast scheinen diese Menschen einer Art Orden anzugehören, der sich zu strikter Geheimhaltung und/oder Anonymität verpflichtet hat. Ein Orden, dem sie nicht unbedingt freiwillig beigetreten sind, sondern in dem sie durch die Ereignisse Mitglied wurden. An die Öffentlichkeit gingen nur die, die Haider nüchtern und zurückhaltend trinken sahen. Alle, die Haider angeblich trinken und betrunken sahen, wollen sich der Öffentlichkeit nicht zeigen.

Stimmt denn dann überhaupt die Geschichte von Barmann Martin, der Haiders Anwesenheit (ebenso wie sein Chef Gasser in einem Leserbrief) im Stadtkrämer bestätigt? Wer weiß. Die Ereignisse um den Stadtkrämer sind ebenso dubios wie das ganze Lokal. Ob Haider wirklich im Stadtkrämer war oder ob diese Geschichte mit Hilfe von dubiosen Figuren nur nachträglich konstruiert und in den Abend eingeschoben wurde (nachdem zahlreiche Zeugen aus dem Le Cabaret einen hohen Alkoholkonsum Haiders in Abrede gestellt hatten), ist aus meiner Sicht nicht mit letzter Sicherheit geklärt.

118

Der Unfall

Etwas zu schnell: Medien und Behörden

Am 11. Oktober 2008 um etwa 6.05 Uhr hatten die um diese Zeit wenigen Zuschauer des ORF eine Begegnung der Dritten Art. »Jetzt ZIB Sondersendung«, verkündete eine Einblendung auf der Mattscheibe. Kurz darauf erschien nicht etwa das gewohnte Studio von Zeit im Bild (der österreichischen »Tagesthemen«). Vielmehr stand ein Sprecher inmitten eines chaotischen Ambiente aus Stellwänden, Kulissen und Büromöbeln und verlas folgende Meldung:

> *»Guten Morgen meine Damen und Herren, ich begrüße Sie zu einer Sonderausgabe der ›Zeit im Bild‹. Der Kärntner Landeshauptmann Jörg Haider ist tot. Er ist heute in den frühen Morgenstunden bei einem Verkehrsunfall ums Leben gekommen. Jörg Haider war alleine in seinem Dienstwagen auf dem Weg nach Hause ins Bärental. Er wollte zu einer großen Familienfeier aus Anlass des 90. Geburtstages seiner Mutter fahren. Jörg Haider hinterlässt seine Frau Claudia und zwei erwachsene Töchter. Der Unfall ereignete sich auf der Loiblpass-Bundesstraße in der Ortschaft Lambichl im Süden von Klagenfurt. Nach Angaben der Polizei hatte Haider kurz vor dem Crash ein anderes Auto überholt, dessen Lenkerin den Unfall meldete. Das Auto ist demnach rechts von der Straße abgekommen, schlitterte einen Thujenzaun entlang, überschlug sich und kam auf den Rädern zum Stillstand. Ob der Landeshauptmann noch an der Unfallstelle oder auf dem Weg ins Krankenhaus seinen schweren Kopf und Brustverletzungen erlegen ist, ist derzeit noch nicht bekannt. Mit Jörg Haider ist eine der schillerndsten, aber auch umstrittensten Persönlichkeiten der österreichischen Innenpolitik der vergangenen 30 Jahre ums Leben gekommen. Er war von 1986 bis 2000 Vorsitzender der FPÖ und gründete 2002 [in Wirklichkeit: 2005; G. W.] nach der Abspaltung von der FPÖ das BZÖ, das Bündnis Zukunft Österreich. In Kärnten war Haider Landeshauptmann von 1989 bis 1991, als er wegen seiner Äußerung über die Beschäftigungspolitik im Dritten Reich abgewählt wurde. 1999 wurde Haider zum zweiten Mal zum Landeshauptmann ge-*

wählt. *Haiders Pressesprecher und Stellvertreter als BZÖ-Obmann Stefan Petzner reagierte geschockt: ›Für uns ist das wie ein Weltuntergang‹, sagte Petzner. Der ORF wird in einer Sondersendung um 7 Uhr über das tragische Ableben von Jörg Haider berichten.«*

Und so war es dann auch. In »ZIB spezial«, ORF 2 live, schilderte bei einer Pressekonferenz Ernst Frießnegger, Polizeidirektor von Klagenfurt, den Unfall (wörtlich):

> »*Haider fuhr am 11.10. um 1.15 Uhr mit seinem Dienstfahrzeug in Klagenfurt auf der Rosentaler Straße stadtauswärts in Richtung Ferlach. Kurz vor der Unfallstelle hat er ein Fahrzeug überholt und ist dann wieder auf den äußersten rechten Fahrstreifen zurückgefahren. Kurz danach kam er nach rechts von der Fahrbahn ab, aus unbekannter Ursache, stieß mit dem Fahrzeug nach rechts gegen mehrere Plastikleitpflöcke und eine Standsäule mit einem Verkehrszeichen und einem Vorwegweiser. In weiterer Folge mit dem linken Vorderrad auf die Böschung, von der Böschung auf einen Gartenzaun, auf einen Betonsockel; von dort rutschte das Fahrzeug weiter gegen einen Wasserhydranten. Im Anschluß daran überschlug sich das Fahrzeug mehrmals und kam schließlich nach circa 35, genau 36 Metern mit den Rädern wieder auf der – quer zur Fahrbahn zum Stehen. Dr. Haider erlitt schwerste Verletzungen. Am Fahrzeug entstand Totalschaden ... die Unfallstelle wurde in weiterer Folge von den Polizeikräften großräumig abgesperrt. Sie ist derzeit noch für beide Richtungen gesperrt und es werden die Unfallsaufnahmen vor Ort durchgeführt.«*

Fünf beziehungsweise sechs Stunden nach dem Unfall gibt es noch kein Gutachten und keine weiteren Ermittlungen. Trotzdem legen sich die österreichischen Behörden bereits zu diesem frühen Zeitpunkt auf einen Unfallablauf fest. Schon um sechs bzw. um sieben Uhr morgens ist der genaue Unfallablauf für die Behörden geklärt. Auch dass sich der Wagen überschlagen habe, steht bereits fest. Dabei hat das niemand gesehen – nicht einmal die berühmte »einzige Zeugin«. Die verlegt alles, was mit dem Fahrzeug geschah, hinter eine »Staubwolke«, die ihr die Sicht genommen habe.

Was treibt die Behörden zu dieser Eile? Warum fehlen sonst übliche Sprachregelungen, wie dass man das Geschehen genau analysieren und untersuchen müsse und sich erst dann ein endgültiges Urteil über den Ablauf bilden könne? Wie kann es sein, dass sich Polizeibehörden ohne Chance zu seriösen Ermittlungen auf eine Unfallversion festlegen? Und welche Chancen haben abweichende Ermittlungsergebnisse angesichts der einmal vorgegebenen Marschrichtung noch?

Auch die Medien steigen sofort auf die Unfallversion ein. Die offizielle Version wird dem Publikum mit dem Holzhammer verabreicht. Nehmen wir beispielsweise die Sendung »Zeit im Bild« vom 12. Oktober 2008, also vom Tag nach dem Unfall, einem Sonntag:

»Jetzt steht fest, was die Ursache für den tödlichen Unfall von Jörg Haider gestern in den frühen Morgenstunden war«, verkündet ZIB-Sprecher Tarek Leitner: »Er war viel zu schnell in seinem Dienstwagen unterwegs und hatte keine Überlebenschance.«

Zwei apodiktische Behauptungen in einem Satz:

- zu schnell
- keine Überlebenschance

Den Dramaturgen der Sendung reicht das aber noch nicht. Zusätzlich zu diesen Worten wird ein Bild vom Unfallort mit dem Schriftzug »Viel zu schnell« eingeblendet.

Nach einem kurzen Hinweis, wer nun neuer BZÖ-Chef wird, wird wieder ZIB-Sprecher Leitner eingeblendet, diesmal mit einem Foto des Unfallautos im Hintergrund. Für all jene, die es noch nicht kapiert haben, steht darunter schon wieder ein großer Schriftzug, nämlich: »Zu schnell unterwegs«.

Sachverständige hätten Auto und Unfallstelle genau untersucht, sagt der Mann, wobei man sich fragt, wie solche umfangreichen Untersuchungen in der kurzen Zeit möglich gewesen sein sollen. Mehr als doppelt so schnell wie erlaubt (70 km/h) sei Haider gefahren, sagt Leitner, also mindestens 140 Stundenkilometer. Auch von der Obduktion gebe es erste Ergebnisse und somit sei weitgehend geklärt, wie es zu dem tödlichen Unfall am Tag zuvor gekommen sei.

Der anschließende Filmbeitrag in ZIB vom Unfallort beginnt mit einer weiteren vollmundigen Behauptung:»Fremdverschulden ist beim Unfall von Jörg Haider laut Staatsanwaltschaft auszuschließen.«Techniker und Sachverständige hätten das Unfallwrack untersucht. Das Fahrzeug sei technisch einwandfrei gewesen. Der leitende Staatsanwalt Gottfried Kranz aus Klagenfurt weiß zu berichten: Es gebe keinerlei Anhaltspunkte für einen Sabotageakt.

Kein Zweifel: Behörden und Medien sind nach dem Unfall des Landeshauptmannes noch schneller, als die Polizei erlaubt. Nur wenige Medien stutzen:»Die technischen Untersuchungen am Wrack des VW Phaeton, in dem Landeshauptmann Jörg Haider den Tod gefunden hat, waren am Sonntag überraschend schnell abgeschlossen.« (Die Presse.com, 12.10.2008)

Die österreichischen Medien und Behörden sind bei der »Aufklärung« des Haider-Unfalls auf der Überholspur, und zwar bei jeder Menge Gegenverkehr. Genau wie angeblich ihr Untersuchungsobjekt drohen sie aus der Kurve getragen zu werden oder frontal mit der Wahrheit zusammenzuprallen.

Doch der Staatsanwalt scheint nicht warten zu wollen. Stattdessen lehnt er sich ganz weit aus dem Fenster, ein Umstand, der die Bevölkerung von Anfang an misstrauisch stimmt. Denn wundersamerweise fügt sich jedes einzelne weitere Ermittlungsergebnis nahtlos in diese Version ein. Am 12. Oktober gibt die Staatsanwaltschaft die Geschwindigkeit von 142 Stundenkilometern bekannt, am 15. Oktober wird der angebliche Blutalkoholwert von 1,8 Promille bekannt, am 16. Oktober berichtet Vorarlberg Online:»Für die Staatsanwaltschaft ist der Fall nun so gut wie abgeschlossen.« Und – nicht zu vergessen: »Es gibt laut Kranz kein Fremdverschulden und keinen Drittbeteiligten.«

Diese Feststellungen sind zu diesem Zeitpunkt in dieser Bestimmtheit schon aus logischen Gründen unmöglich. Denn während der positive Nachweis eines Attentates unter Umständen sehr leicht fallen kann (etwa durch Einschusslöcher), ist der Ausschluss eines Attentates sehr viel schwieriger. Denn dafür müssen ja alle in Frage kommenden Möglichkeiten untersucht und ausgeschlossen werden. Was immer noch nicht heißt, dass man nicht irgendeine bisher unbekannte Variante übersehen haben könnte. Schließlich sind die Schliche von modernen Attentätern sinister, ihre Möglichkeiten zahlreich. Dass ein zertrümmertes Auto mit einem toten Fahrer alleine auf der Straße steht, heißt noch lange nicht, dass keine Dritten mitgewirkt haben. Beteiligte Fahrzeuge könnten sich von der Unfallstelle entfernt haben. Auf das Fahrzeug und den Fahrer könnte geschossen worden sein. Der Fahrer könnte betäubt, das Auto manipuliert worden sein. Bremsen könnten versagt, elektronische Systeme per Fernbedienung manipuliert worden sein – oder schlicht versagt haben, was den Hersteller als Beteiligten ins Spiel bringen würde. Kurz: Es gibt eine Fülle von Möglichkeiten, was Fahrer und Auto zugestoßen sein könnte. Und diese Möglichkeiten ließen sich nur in langwierigen und wochen-, wenn nicht monatelangen Untersuchungen weitgehend ausschließen.

Von Zurückhaltung findet sich bei Medien und Behörden jedoch keine Spur. Nach apodiktischen, durch Schlagzeilen und Slogans unterstützten Behauptungen wird nun ein weiteres Werkzeug der Multimedia-Welt bemüht. Jetzt sind die modernen Nachfahren von Walt Disney dran und präsentieren die moderne Version des Micky-Maus-Films – die Animation. Animationen wirken besonders überzeugend, denn der Mensch ist nun mal ein Augen-Tier: 80 Prozent seiner Sinneseindrücke bezieht er über die Augen. Und was er »sieht«, das glaubt er. Ja, zumindest unbewusst setzt sich der Eindruck fest, den Unfall doch »gesehen« zu haben. Trugbilder, wie sie das Fernsehen produziert, waren in der Evolution schließlich nicht vorgesehen. Daher wird, was man auf der Mattscheibe sieht, unbewusst durchaus für bare Münze genommen – wie albern es auch sein mag. Ein zweiter Grund für die Überzeugungskraft der Animationen besteht darin, dass sie gerne mit »Computer-Simulationen« verwechselt werden, die nur dann hergestellt werden können, wenn es eine Fülle von Daten gibt. Beispielsweise kann man heute anhand der Flugschreiberdaten eines verunglückten Flugzeuges eine realistische Animation des Flugverhaltens vor dem Absturz herstellen. Gibt es aber keine Daten, wie im Fall Haider, gibt es auch keine Simulation. In diesem Fall ist eine Animation wirklich nicht besser als ein Micky-Maus-Film.

Bei einer Animation von »Zeit im Bild« beispielsweise überschlägt sich das Trickfilmauto pirouettenartig in der Luft und kommt wieder auf den Rädern auf, ohne mit dem Dach einmal den Boden zu berühren. Zu dumm nur, dass die Phaeton-Haube zerdrückt, das Dach über dem Fahrer regelrecht demoliert wurde. Selbst wenn es einen Überschlag gegeben hätte: Das Fahrzeug kann also nicht ohne jeden Bodenkontakt der Oberseite durch die Luft geflogen sein.

Wenige Tage später präsentierte der deutsche Fernsehsender RTL eine weitere Animation. Wieder gibt man sich jede Mühe, das amtlich vorgegebene Drehbuch vom »mehrfachen Überschlag« umzusetzen. Diesmal wurde die Notwendigkeit irgendeiner Form von Kontakt der Oberseite mit etwas Hartem zwar erkannt. Mit der Realität hat die Animation trotzdem nichts zu tun. Um den angeblichen mehrfachen Überschlag plausibel zu machen, lassen die Grafiker das Fahrzeug eine etwa zwei Fahrzeuglängen (zehn Meter) hohe Böschung am Fahrbahnrand hochfahren. Diese Böschung liegt jedoch weit vor der Stelle, an der Haiders Fahrzeug die Straße verlassen hat. Dort gibt es nur eine unbedeutende, etwa eine Fahrzeugbreite aufsteigende Böschung, die von Buschwerk begrenzt wird. Die Grafiker lassen das Auto aber lieber die große, weit vor der Unfallstelle liegende Böschung hoch fahren, oben an eine Mauer prallen und anschließend übers Dach hinunter kullern (beide Animationen finden Sie auf info.kopp-verlag.de unter der Überschrift »Haider: Neue Animation von RTL«). Mit dem realen Unfallort hat die hier gezeigte Situation nichts zu tun.

Etwas zu redselig: die Staatsanwaltschaft

Donnerstag, 17. Januar 2009, halb zehn Uhr. Es ist ein trüber, nasskalter Vormittag in Klagenfurt. Eilig laufe ich durch die »City-Arkaden«, eine große Einkaufspassage im Zentrum. An ihrem Ende liegt der Heuplatz, und in der Nr. 3 befindet sich die Staatsanwaltschaft Klagenfurt. Heute will ich mal selbst das Weiße im Auge des Staatsanwaltes sehen. Nach einer umständlichen Sicherheitskontrolle klopfe ich im ersten Stock an eine Doppeltür. Nach einem gedämpften »Herein« trete ich ein. Hinter einem mit Papieren überladenen Schreibtisch sitzt ein unscheinbarer Mann, vielleicht Ende 30, Anfang 40: Staatsanwalt Christian Gutschi.

Während sein Chef Gottfried Kranz in den vergangenen Monaten die Schlagzeilen machte, erledigte Gutschi die Arbeit. Zumindest ist er der zuständige Sachbearbeiter im Ermittlungsfall Jörg Haider. Wir setzen uns an einen runden Besuchertisch. Gutschi holt noch einen Kollegen dazu, den er als den Pressesprecher der Staatsanwaltschaft vorstellt. Ein bizarres Gespräch: Die beiden Staatsanwälte machen mir klar, warum sie nichts sagen wollen, können und dürfen. Für die Öffentlichkeit gebe es in dem laufenden Verfahren keine Informationen aus den Akten. Ja, sie würden sich sogar strafbar machen, wenn sie aus den Akten plaudern würden. Schließlich, so raunt mir Gutschi taktvoll zu, gehe es ja auch um den Persönlichkeitsschutz der Betroffenen. Sprich: Es könne ja sein, dass bei den Ermittlungen auch für den verstorbenen Landeshauptmann unangenehme Tatsachen zu Tage gefördert werden. Das müsse ich schon verstehen.

So sind sie, unsere Staatsanwälte: Jederzeit objektiv, unvoreingenommen und verschwiegen, erledigen sie voller Taktgefühl und in stiller Professionalität ihren Job im Dienste der Allgemeinheit. Noch völlig benommen von soviel staatstragender Seriosität und Diskretion verlasse ich das Gebäude. Erst zwei Cappuccino in einem Café beleben mich langsam wieder. Diskretion? Rücksichtnahme? Schutz der Privatsphäre? Ich kann es immer noch nicht glauben. Denn in Wirklichkeit hatte es niemand eiliger, Informationen aus dem Ermittlungsverfahren in alle Welt zu blasen, als die Staatsanwaltschaft Klagenfurt. Und zwar vor allem negative Informationen über den verunglückten Landeshauptmann. Blicken wir zurück:

Jörg Haider kam in der Nacht auf den 11. Oktober 2008 zu Tode. Schon am nächsten Tag, Sonntag, den 12. Oktober, verkündet Staatsanwalt Kranz: »Wir müssen davon ausgehen, dass zu hohe Geschwindigkeit den tödlichen Unfall des Landeshauptmannes ausgelöst hat.« Denn, so gibt der Staatsanwalt laut »Kleine Zeitung« vom 13. Oktober 2008 (Website) das »erste Ergebnis der technischen Untersuchung des Unfallwracks« vom Sonntag wieder: »Der Tacho ist bei 142 Stundenkilometern stehen geblieben«. Damit begeht er genau eine solche Indiskretion, wie sie angeblich aus Gründen des Persönlichkeitsschutzes verboten ist. Denn diese Nachricht ist natürlich äußerst negativ für den Betroffenen. Die Botschaft lautet: Der Landeshauptmann war ein Raser. Das Medienecho war vorauszusehen: »Haider in den Tod gerast«, lautet der Tenor der Schlagzeilen. Die »diskrete« Aussage des Staatsanwaltes ist der erste Baustein eines ganz neuen Bildes des Kärntner Landeshauptmannes. Und weitere Bausteine werden umgehend nachgereicht, um dieses Bild zu festigen.

Schon zwei Tage später, am Dienstag, 14. Oktober, ist der ganze Persönlichkeitsschutz endgültig futsch. Da sickern erste Gerüchte über Alkohol im Blut Jörg Haiders durch. Gerüchte, die ihren ersten Ursprung eigentlich nur im Dunstkreis von Gerichtsmedizin, Staatsanwaltschaft und allenfalls Polizei haben können. Am darauffolgenden Mittwoch, 15. Oktober, meldete die Website des Nachrichtenmagazins News die Alkoholisierung Haiders. Haiders Pressesprecher Stefan Petzner erklärte: »Es ist richtig, dass Landeshauptmann Jörg Haider zum Unfallzeitpunkt alkoholisiert war. Ich kann und muss das bestätigen.«

Nach seinen Angaben fühlten sich die Familie und er durch die vielen Medienberichte gezwungen, die Alkoholisierung Haiders zu bestätigen (siehe unten).

Da Petzner also nicht die erste Quelle war, stellt sich die Frage: Wie konnten die Informationen nach draußen dringen? Die Staatsanwaltschaft gab schon mal die verfolgte Unschuld: »Wie Details aus dem Obduktionsbericht der Grazer Gerichtsmedizin nach außen drangen, obwohl die Ergebnisse ausschließlich an die Staatsanwaltschaft Klagenfurt gehen sollten, ist Staatsanwalt Helmut Jamnig ein Rätsel«, heißt es am 16. Oktober in einem Bericht auf derstandard.at. So kann man es natürlich auch sagen. Oder so:

1. Da die Ergebnisse von der Grazer Gerichtsmedizin »ausschließlich an die Staatsanwaltschaft Klagenfurt« gehen sollten, können sie nur von einer dieser beiden Stellen an die Presse weitergegeben worden sein.
2. Da der Klagenfurter Staatsanwalt mit den Worten »von uns kommt das jedenfalls nicht« zitiert wird, kann das nur heißen: Die undichte Stelle ist die Grazer Gerichtsmedizin.

Aber »auch die Chefin der Grazer Gerichtsmedizin, Kathrin Yen, die gemeinsam mit ihrem Stellvertreter Peter Grabuschnigg, dem Staatsanwalt Bernhard Kaplaner und zwei Polizisten bei der Obduktion anwesend war, schließt sicher aus, dass ›jemand von unserem Haus etwas weitergegeben hat‹«, heißt es auf derstandard.at.

Der (oder die) große Unbekannte also. Nicht amtlichen Verdächtigen wird so eine Geschichte in der Regel nicht so gern geglaubt. Aber auch im Fall der Staatsanwaltschaft Klagenfurt tut man sich schwer, denn am selben Tag, dem 16. Oktober, tauchen auch noch ganze Aktenteile in dem österreichischen »Nachrichtenmagazin« News auf, und zwar im Faksimile. Die Abdrucke enthalten die typischen amtlichen Abkürzungen und Großschreibungen von Nachnamen:

»Im Zuge der Obduktion«, heißt es in dem Faksimile, *»wurden dem Leichnam, über Auftrag des STAA Mag. KAPELLA, verschiedene Körperflüssigkeiten und Organteile entnommen, die einer separaten Untersuchung zugeführt werden, wobei das Ergebnis der STAA Klagenfurt in ca. 10 Tagen schriftlich mitgeteilt wird. Die Obduktion endete um 21.30 Uhr und wurde dabei [sic!] der Leichnam durch den STAA Mag. KAPELLA zur Beerdigung freigegeben.«*

Zehn Tage muss News allerdings nicht auf die Ergebnisse warten. Vielmehr meldet auch News bereits in demselben Artikel: »Blutprobe ergab Alkoholisierung«: »Die Auswertung der verschiedenen Körperflüssigkeiten ergab eine starke Alkoholisierung zum Unfallzeitpunkt.« Anders als am Vortag Petzner und die News-Website gibt das Magazin noch keinen Promillewert bekannt. Aber das mag daran liegen, dass dieser bei Redaktionsschluss noch nicht vorlag. Bleibt die Frage: Wie kamen ganze Aktenteile zu News? Wo sind da die Amtsverschwiegenheit und der Schutz der Persönlichkeitsrechte?

Bei Haider wurde nach der »Raserei« mit den Alkoholwerten so der zweite große Baustein in das neue Bild des Landeshauptmannes eingefügt: Suff. »Haider raste alkoholisiert in den Tod«, schlagzeilte denn auch folgerichtig die »Kleine Zeitung« am 15. Oktober 2008.

Um das Bild des verantwortungslosen und nun auch noch betrunkenen Rasers rund zu machen, fehlt aber noch ein Baustein. Nicht nur aller guten, auch aller schlechten Dinge sind schließlich drei. Erst mit der Zahl drei scheint der Mensch zufrieden zu sein. »Aller guten Dinge sind drei« heißt im Umkehrschluss: Gibt es von irgendetwas drei, muss etwas dran sein.

Und auch im Fall Haider lässt die Drei nicht lange auf sich warten. Der Landeshauptmann, so erfährt die geschockte Öffentlichkeit an demselben 16. Oktober, an dem auch das Nachrichtenmagazin News erscheint, war auch noch in einem »Szenelokal«. Der Überbringer der »frohen Botschaft« ist niemand anderer als der diskrete Staatsanwalt Kranz.

Eine bei der Staatsanwaltschaft eingegangene, möglicherweise sogar anonyme E-Mail reicht dem Ermittler offenbar, um am 16. Oktober öffentlich (im Mittagsjournal von Ö1) zu erklären,»dass Haider vor seinem Unfall in einem Klagenfurter Szenelokal gewesen sei. Aus der Nachricht gehe hervor, dass ihm angeboten worden sei, ihn nach Hause zu bringen, was Haider jedoch abgelehnt habe.« So berichten übereinstimmend die Salzburger Nachrichten und Vorarlberg Online am 16. Oktober.

Kaum zu glauben, nicht wahr? Der Leiter derselben Staatsanwaltschaft, die sich bei Gelegenheit auf Diskretion und Rücksichtnahme beruft, pustet im Rundfunk heraus, dass der Verstorbene kurz vor seinem Tod Gast in einem anrüchigen Lokal war. Das sogenannte »Szenelokal« ist schnell gefunden: Es handelt sich um ein angeblich stadtbekanntes »Schwulenlokal«, den »Stadtkrämer« in der Klagenfurter Spitalgasse 11. Die Schilderung klingt ganz so, als habe Haider das »Schwulenlokal« an diesem Abend ganz gezielt aufgesucht; dass dem nicht so war, wurde bereits in dem Kapitel über den Stadtkrämer beschrieben. Wenn Haider überhaupt dort war. Alles in allem ist das Bild des verunglückten Haider nun aber rund: Der war nicht nur betrunken und ist gerast, sondern war vorher auch noch in einem »Schwulenlokal«.

Zu dieser Entwicklung schrieb mir ein Kärntner (Name ist mir bekannt):

»Ab 11.10. war ja die Loiblpassbundesstraße praktisch gesperrt aufgrund des ›Pilgerstroms‹ zur Unfallstelle und vor dem Landhaus [in Klagenfurt; siehe ›10. Oktober‹] entstand das ›Kerzenmeer‹ für einen ›verkappten Nazi‹. Es folgt daher die erste Nachricht ›Autoraser‹. Den Kärntnern ist das aber wurscht, das Kerzenmeer wird größer und größer. Die Leiche wird im Wappensaal aufgebahrt und es entsteht eine Personenschlange bis auf den alten Platz hinaus, Menschen stellen sich mehrere Stunden an (ich selbst auch), der Landhausplatz ist übersät mit Kränzen für den ›Rechtsextremisten‹. Während am 12. noch ›kein Alko-

Der Autor am Wrack des Phaeton, 18.12.2008

Das »Pharaonengrab«

Die Tür zum »Pharaonengrab«

Wurde mit Holzbrettern eingehaust: Das Phaeton-Wrack

Kein Überschlag: Dach weitgehend und Heckscheibe vollkommen unbeschädigt

Das weitgehend unbeschädigte Heck

K-390-BI: Die »TÜV-Plakette« mit der Autonummer des Haider-Phaeton

00334: Die letzten fünf Ziffern der »Fahrgestellnummer« des Haider-Phaeton

Der Autor bei der Inspektion des Wracks

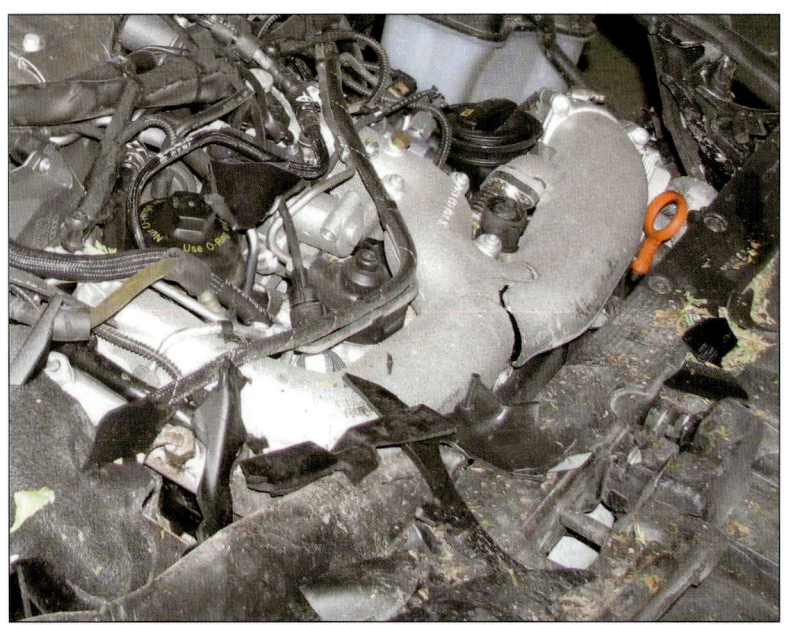

Durch eine schwere Last gebrochen: Der Ansaugkrümmer des Motors

Mysteriöses Loch in der Motorhaube

Schleifspuren ziehen sich von rechts vorne nach links zum Fahrerplatz über die Motorhaube des Phaeton.

Beide Frontairbags gingen auf – warum?

Zumindest jetzt steht der Tacho auf Null.

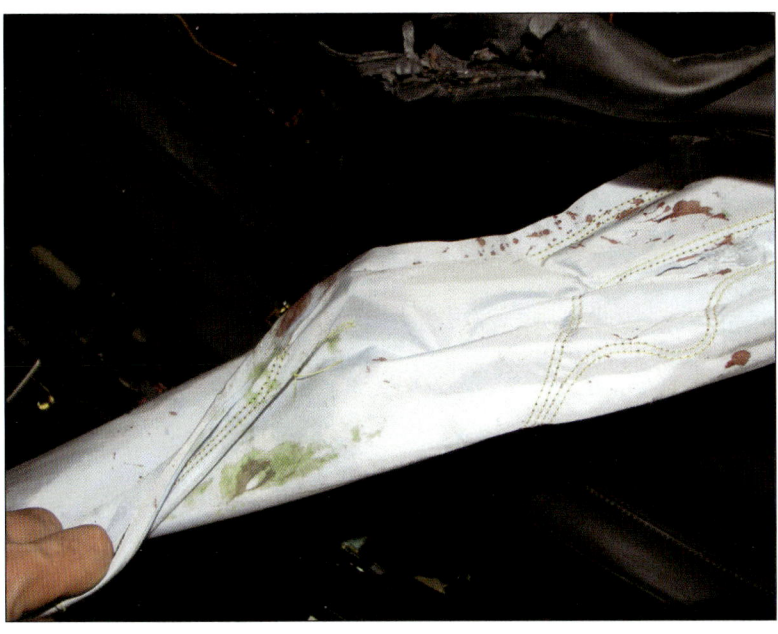

Die meisten der wenigen Blutflecken befinden sich auf dem linken Dachairbag.

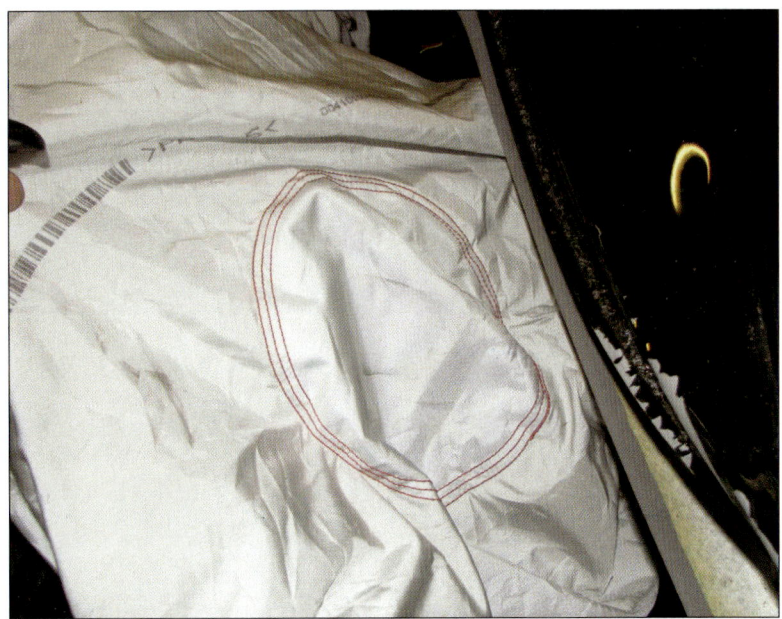

Blütenweißer Fahrerairbag

Kein Loch im Dach

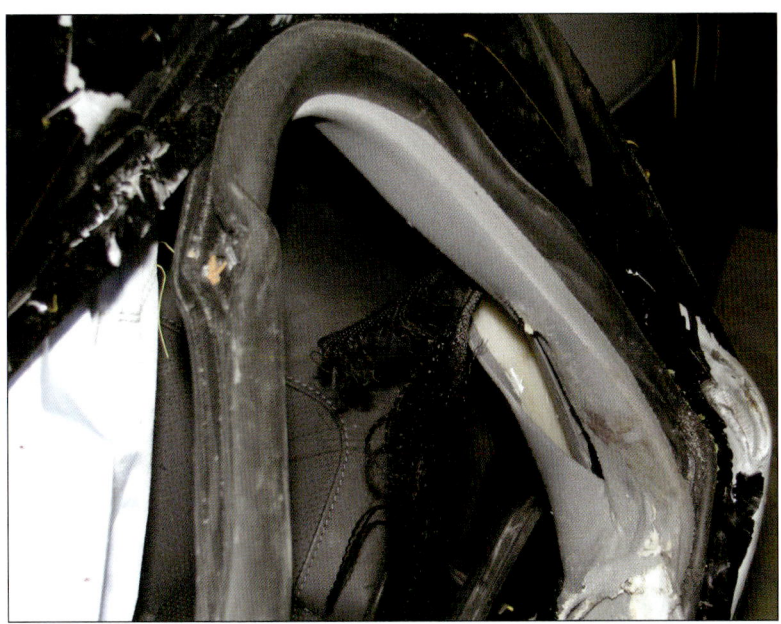

Durchgeknickte B-Säule

Durchgebogener und gerissener Bodenschweller

Hydrantendelle im Kofferraumdeckel

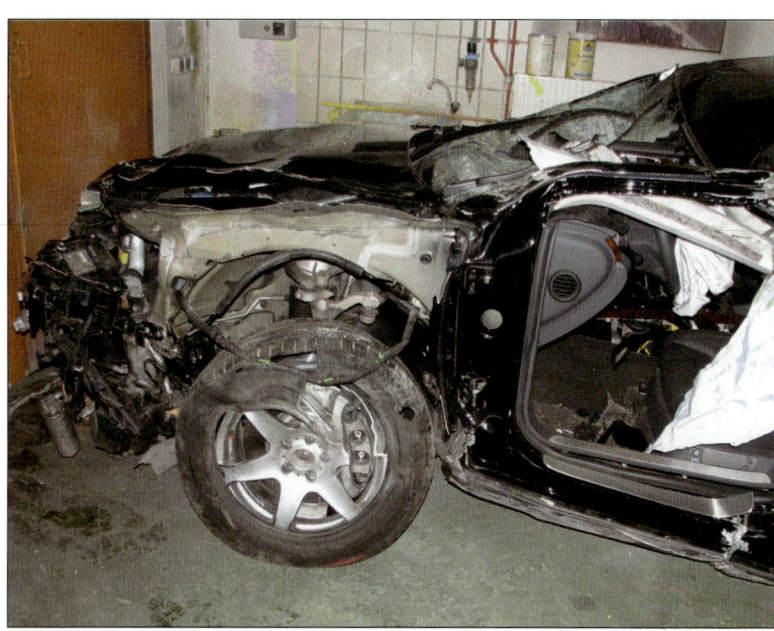

Kotflügel herausgerissen und Tür ausgebaut

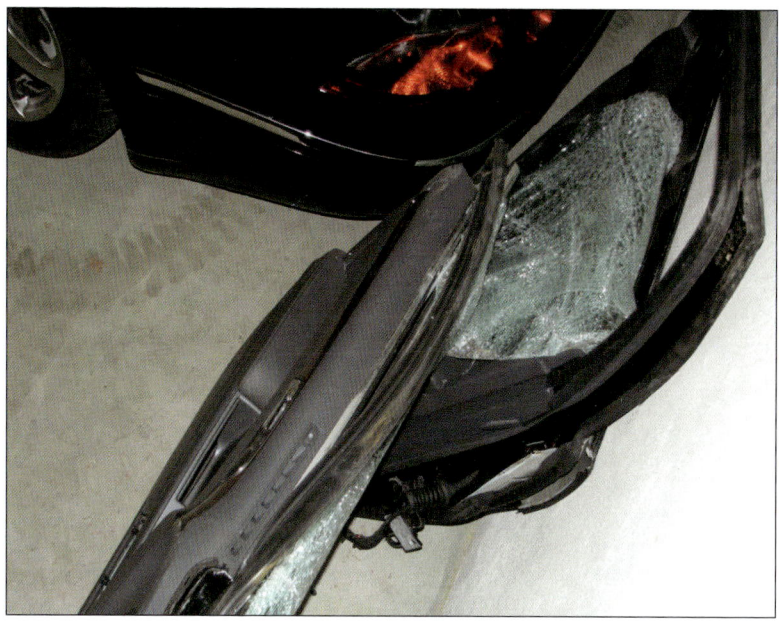

Nicht verformte Türen

Befestigungen der Fahrertür (siehe auch nächste Seite)

Vollkommen unbeschädigte Türbefestigungen beweisen: Die Fahrertür wurde nicht durch die Gewalt eines Unfalls herausgerissen, sondern fachgerecht ausgebaut.

Die Villa der »einzigen Zeugin« bei meiner Ankunft

Im Leben von Menschen umgeben, im Tod alleine:
das Grab Jörg Haiders im Bärental.

hol im Spiel‹ war, kommt nun die Nachricht ›1,8 Promille‹. Nutzt nix, denn für die Trauerfeier am Samstag werden 30.000 bis 50.000 Personen in Klagenfurt erwartet. Das hat gerade noch gefehlt – es kommt deshalb die ›Schwulenbar‹. Auch die hat aber nichts genutzt – bei der Trauerfeier begrüßt einer der Redner (weiß nicht mehr, wer) ›30.000 Trauergäste‹. Interessant war, dass beim Heimfahren im Radio nur noch von 25.000 die Rede war und in der ZIB aus Wien am Abend dann nur noch von ›fast 20.000‹ ... In der Millionenstadt Wien brachte es der äußerst beliebte Bgm. LH Zilk ›nur‹ auf 5.000 ... Für mich passten die medialen Ereignisse haargenau zum Anstieg der Trauer und der Mystifizierung Haiders bzw. zu deren dringend notwendiger Verhinderung schon im Anfangsstadium.« (E-Mail vom 10.4.2009)

Trotz aller politischen Korrektheit wird Homosexualität bei Bedarf immer noch gerne benutzt, um Menschen zu stigmatisieren. Die von der Staatsanwaltschaft veröffentlichten oder zumindest offenbar unzureichend geschützten Informationen verdichten sich zu einer Dreierkette, ach was – zu einem regelrechten Slogan, der sich leicht merken lässt, sich in die Gehirne der Menschen einbrennt und scheinbar alles erklärt: schwul, betrunken, gerast. Der Dreier-Slogan beinhaltet gleich drei stigmatisierende Begriffe oder Eigenschaften, die den Betroffenen außerhalb der Gesellschaft stellen. Schwule werden (insgeheim) immer noch genauso verachtet wie verantwortungslose Raser – zumal, wenn sie betrunken sind. So einer hat weder Mitleid noch Gerechtigkeit noch irgendwelche Fragen verdient. Post mortem wird Haider in eine ganz bestimmte Kiste gesteckt, deren Boden und Wände aus Raserei und Trunkenheit bestehen, der Deckel aber aus dem Besuch im »Schwulenlokal«. Das wars dann wohl: Klappe zu, Affe bzw. Landeshauptmann tot: »Für die Staatsanwaltschaft ist der Fall nun so gut wie abgeschlossen«, betet Vorarlberg Online am 16. Oktober, nur fünf Tage nach dem Horror-Unfall, die hinreichend bekannte Sprachregelung herunter. Eines scheint dem Mann so kurze Zeit nach dem rätselhaften Ableben des umstrittenen Politikers ganz wichtig zu sein: »Es gibt laut

Kranz kein Fremdverschulden und keinen Drittbeteiligten.« Ein großes Wort. Was veranlasst den Mann zu diesem frühen Zeitpunkt zu dieser Aussage?

Wie ich schon zu Beginn sagte, war das Bild der völlig zerstörten schwarzen Limousine von Jörg Haider der wichtigste Auslöser, um mich mit diesem Thema zu beschäftigen. Es gab aber noch einen weiteren, und das waren die schnellen Antworten von Staatsanwaltschaft und Medien. Am Morgen nach dem Unfall konnte schlicht niemand wissen, was genau passiert war. Zunächst mal stand da nur ein total zerstörtes Auto mit einem Toten an Bord auf der Fahrbahn. Sprich: Der Fall beziehungsweise die Antwort auf die Frage, was eigentlich genau vorgefallen war, war offen und hätte es auch noch längere Zeit bleiben müssen. Wenn ein hoher, im Brennpunkt von zahlreichen Motiven stehender Politiker plötzlich und unerwartet stirbt, zumal in einer ganz bestimmten politischen Situation, ist der Todesfall schon von Haus aus als dubios zu betrachten. Stirbt ein im Zentrum von starken Motiven (Lebensversicherungen, Erbe etc.) stehender Ehemann oder eine Ehefrau im besten Alter plötzlich und unerwartet, wäre ja auch ein solcher Todesfall zunächst einmal als zweifelhaft zu betrachten. Professionell arbeitende Ermittler würden sich hinsichtlich der Todesumstände bedeckt und den Fall offen halten – und in alle Richtungen ermitteln. Die Obduktionen und toxikologischen Gutachten dauern länger; dasselbe gilt für das Unfallgutachten, also die Antwort auf die Frage, wie der Unfall überhaupt passiert sein soll. Die Zeugenvernehmungen können ebenfalls Wochen in Anspruch nehmen. Schließlich folgen die Analyse und Zusammenschau des gesamten Materials, auf dieser Grundlage gegebenenfalls auch Nachermittlungen.

Ja, ein dubioser Todesfall wie der des Kärntner Landeshauptmannes müsste von vornherein durch eine Mord- oder Sonderkommission bearbeitet werden. Erst wenn diese sämtliche Umstände des Todesfalles beleuchtet und ein Attentat ausschließen könnte, könnte man von einem Unfall ausgehen. Das würde Wochen, wenn nicht Monate dauern. Erst wenn, nach vielen Wochen, keine vernünftigen Zweifel mehr bestehen, kann man sich vielleicht auf eine Version festlegen. Absolute Scharlatanerie wäre es dagegen, wenn man sich ohne Unfallgutachten und ohne komplette Durchermittlung des Sachverhalts und des Opfers öffentlich zur Unfallursache äußern würde. Ja, noch schlimmer: wenn man sich bereits wenige Tage nach dem Geschehen auf einen Hergang und eine Ursache festlegen würde. Zu einem Zeitpunkt also, zu dem die Untersuchungen gerade einmal begonnen haben, aber nicht abgeschlossen sein können. Man würde dann genau das tun, was ständig irgendwelchen »Verschwörungstheoretikern« vorgeworfen wird, nämlich aufgrund einer äußerst dünnen Faktenlage voreilige Urteile fällen. Nun ist man von den Medien zwar einiges gewöhnt, für eine Staatsanwaltschaft sollte sich so ein Vorgehen allerdings verbieten, verlöre sie dadurch doch jede Glaubwürdigkeit. Ja, mehr noch, damit gehört sie selbst zu den Verschwörungstheoretikern, die auf der Grundlage von Hypothesen und ungesicherten Vorstellungen irgendwelche Urteile fällen.

Normalerweise sollte es so sein: Erst kommen die Ermittlungen, dann die Antwort auf die Frage, was vorgefallen ist. Im Fall Jörg Haider war es fast genau andersherum: Erst kam die Antwort (Alkohol, Raserei, Schwulenlokal), **dann** erst ein großer Teil der Ermittlungen – wenn überhaupt. Denn inwieweit die Staatsanwaltschaft wirklich in Richtung Attentat ermittelt, ist gar nicht sicher und eher fraglich. Selbst jetzt, da diese Zeilen geschrieben werden, Ende März 2009, hat man noch immer nichts davon gehört, dass das Unfallgutachten vorliegen würde. Aber **warum** konnte man mit der Antwort auf die Frage, wie Jörg Haider starb, nicht bis zum Ende der Ermittlungen warten? Warum konnte man den Fall nicht ganz neutral offenhalten? Selbst wenn man Alkohol im Organismus festgestellt hätte, hätte eine seriöse Präsentation des Befundes – wenn überhaupt – so ausgesehen: »Wir haben zwar Alkohol bei Herrn Haider festgestellt, das ist aber nur ein Teilbefund, der für sich genommen noch nicht viel aussagt. Eine endgültige Aussage über Unfallursache und -hergang können wir erst nach dem Ende der Ermittlungen treffen, was, wie wir hoffen, in wenigen Monaten so weit sein wird.«

Durch ihre genau gegenteilige Verfahrensweise im Fall Haider macht sich die Staatsanwaltschaft Klagenfurt selbst verdächtig. Ihre Vorgehensweise ist ungewöhnlich, nicht sachgerecht und wirkt daher interessengesteuert. Die Reihenfolge von Ermittlungen und Bekanntgaben wurde auf den Kopf gestellt. Die frühzeitigen Verlautbarungen über überhöhte Geschwindigkeit, Alkoholgehalt im Organismus und den Besuch von »Szenelokalen« wirken überstürzt und bewusst gesetzt. Der Fall wirkt damit zu einem Zeitpunkt abgeschlossen, zu dem die Ermittlungen das gar nicht hergeben können.

Das Verhalten der Staatsanwaltschaft ist darüber hinaus widersprüchlich: Wenn alles so klar wäre, wie von Staatsanwaltschaft und Medien nahegelegt, warum führte die Staatsanwaltschaft dann ein halbes Jahr lang immer noch Ermittlungen wegen möglichen Fremdverschuldens? Denn wäre Fremdverschulden auszuschließen, wäre der Akt zu schließen. Das aber geschah erst sechs Monate nach dem »Unfall«, am 14. April 2009. Das heißt, dass die Erklärungen der Staatsanwaltschaft mit ihrem tatsächlichen Verhalten nicht zu vereinbaren waren. Was sollte das? Oder: Cui bono – wem nützt es?

Ein »demokratisch-rechtsstaatlicher Saustall«?

Die Zuständigkeit der Staatsanwaltschaft Klagenfurt für die Untersuchung des Haider-Unfalles ist eine Ironie der Geschichte. Genau genommen hätte diese Behörde, die mit dem Landeshauptmann seit vielen Jahren im Clinch lag, lieber nicht in Sachen Haider-Tod ermitteln sollen. Da der Unfall in Kärnten passierte und die Staatsanwaltschaft Klagenfurt die einzige Staatsanwaltschaft in diesem Bundesland ist, war die Zuständigkeit zwar gegeben. Dennoch hätten sich sowohl Staatsanwaltschaft als auch vorgesetzte Behörden bis hinauf zum Justizministerium überlegen können, ob es nicht gut gewesen wäre, hier zumindest den Anschein der Unabhängigkeit und Unvoreingenommenheit zu wahren. Welche rechtlichen Möglichkeiten bestanden hätten, eine andere Staatsanwaltschaft zu beauftragen oder eine Befangenheit dieser Staatsanwaltschaft zu vermeiden (etwa durch einen unabhängigen Beobachter), entzieht sich meiner Kenntnis. Es darf jedoch als äußerst unglücklich betrachtet werden, dass mit der Staatsanwaltschaft Klagenfurt ausgerechnet eine mit Haider quasi »verfeindete« Behörde die Ermittlungen über seinen Todesfall in die Hand bekam. Schon deshalb kann man von dieser Behörde keine neutrale Ermittlung erwarten. Die posthumen Fußtritte der Medien und die einseitige Untersuchung der Staatsanwaltschaft kann nur verstehen, wer weiß, dass der »Rechtspopulist« mit ihnen schon zu Lebzeiten einen Strauß ausfocht. Die staatlich alimentierten Medien waren Haider ebenso ein Dorn im Auge wie die in seinen Augen voreingenommene Justiz, wozu auch die Staatsanwaltschaft Klagenfurt gehörte, die später ausgerechnet für die Untersuchung seines Todes zuständig sein sollte.

Unmittelbar nach seiner Bemerkung über die »ordentliche Beschäftigungspolitik« vom 13. Juni 1991 beispielsweise war es die Staatsanwaltschaft Klagenfurt, die »unter dem erwartungsgemäßen Beifall der Medien und der Öffentlichkeit« angekündigt habe, »einen ›Vorhabensbericht‹ an die Oberstaatsanwaltschaft Graz zu richten, damit überprüft werde, ob die ›Beschäftigungspolitikäußerung‹ den Tatbestand der Wiederbetätigung erfülle«, beklagte sich Haider in dem Buch »Freiheit, die ich meine«. Nach dem Verbotsgesetz von 1947 ist jede Wiederbetätigung im nationalsozialistischen Sinne verboten.

Was war passiert? »Der Kärntner Landtag hatte an diesem Tag [13. Juni 1991] über die Ausländerfrage debattiert«, beschreibt Haider-Biografin Christa Zöchling den Vorfall:

»Man war sich weitgehend einig gewesen. Der Sozialdemokrat und Arbeiterkammerchef Erwin Paska hatte als erster zum ›Schutze der heimischen Arbeitnehmer‹ gesprochen und die viel zu hohe Ausländerquote kritisiert. Er verlangte, dass ›unsere mehr verdienen sollen‹. Landeshauptmann Haider argumentierte, warum dies am besten über verschärfte Bestimmungen für Arbeitslose verwirklicht werden könnte, als

plötzlich der sonst eher stille sozialdemokratische Abgeordnete Gerhard Hausenblas dazwischenrief, das habe es schon einmal gegeben, ›aber im Dritten Reich‹. – ›Nein, das hat es im Dritten Reich nicht gegeben, weil im Dritten Reich haben sie ordentliche Beschäftigungspolitik gemacht, was nicht einmal Ihre Regierung in Wien zusammenbringt‹, gab Haider zurück.« (Zöchling, S. 194)

»Ordentliche Beschäftigungspolitik« im Dritten Reich? Fertig war der Skandal. Am 21. Juni 1991 stellte die SPÖ im Kärntner Landtag einen erfolgreichen Misstrauensantrag gegen Haider; Haider wurde mit den Stimmen von SPÖ und ÖVP abgewählt.

»Jedem – vor allen anderen der Staatsanwaltschaft und dem Justizminister« sei klar gewesen, dass der Tatbestand der nationalsozialistischen Wiederbetätigung nicht erfüllt gewesen sei, so Haider. Tatsächlich richtet sich dieses Strafgesetz etwa gegen »braune Terroristen«, die die NSDAP mit (Waffen-) Gewalt wieder gründen wollen, und gegen jeden, der konkrete Anstrengungen unternimmt, um für die nationalsozialistische Sache zu werben. Eine beiläufige Bemerkung über die nationalsozialistische Beschäftigungspolitik kann für ein Verfahren nach diesem Gesetz wohl kaum ausreichen. »Trotzdem wurden angeblich ›Erhebungen‹ durchgeführt«, beklagte sich Haider:

»Der politische Hintergrund – die absichtliche Belastung meiner Person mit dem Schein eines angeblichen Verfahrens nach dem Verbotsgesetz – war erreicht, eine Gegenwehr nicht möglich. Es ist also offenkundig, dass die Staatsanwaltschaft demonstrativ vor den Augen der Öffentlichkeit in aussichtslosen Fällen gegen mich ermittelt und mich von meiner Schuldlosigkeit erst informiert, wenn ich die politisch erfolgte Belastung nicht mehr abwenden kann, während mir andererseits die Staatsanwaltschaft (repräsentiert durch die Generalprokuratur) und die Gerichte nicht die Möglichkeit geben, mich selbst gegen den Vorwurf der Mitverantwortung am Massenmord zur Wehr zu setzen. Sämtliche Beispiele zeigen, dass die einseitigen Verfolgungshandlungen gegen Angehörige der freiheitlichen Opposition kein Zufall mehr sein können. Die Ket-

te der Indizien für ein subtiles Zusammenspiel des von den Altparteien beherrschten Machtzentrums wird immer dichter. In Kreisen der Justiz wird es auch gar nicht mehr bestritten, dass es in Presseprozessen schon eine eigene ›Haider-Rechtsprechung‹ gibt.« (Haider, S. 140)

Sollte das stimmen – sind dann etwa auch die Ermittlungen über den Tod Jörg Haiders Ausdruck dieser angeblichen »Haider-Rechtsprechung«?

Nur ein Jahr vor seinem Tod, im Herbst 2007, kam es wegen der sogenannten »Ortstafelaffäre« zum offenen Krach zwischen Haider und der Staatsanwaltschaft Klagenfurt. Dabei geht es um die Aufstellung deutsch-slowenischer Ortsschilder in Kärnten. Im Süden, Richtung Slowenien, leben etwa 14.000 slowenischsprachige Kärntner. Seit Jahrzehnten tobt ein bizarrer Streit um die Zahl der (der slowenischsprachigen Minderheit im Staatsvertrag von 1955 zugesagten) aufzustellenden zweisprachigen Ortstafeln. Gerichtsentscheide zugunsten der deutsch-slowenischen Ortstafeln umging Haider, indem er Ortstafeln mal verrücken, mal durch deutschsprachige Tafeln mit kleinem slowenischem Zusatzschild ersetzen ließ. Durch das Verrücken der Ortstafel wurde diese zu einer »neuen« Ortstafel, und das Verfahren musste damit von neuem gestartet werden. Während die Staatsanwälte deshalb wegen des Verdachts des Amtsmissbrauchs gegen Haider ermittelten, bezeichnete der Landeshauptmann die Staatsanwaltschaft Klagenfurt als »demokratisch-rechtsstaatlichen Saustall« und bezichtigte sie der »Beugung des Rechtsstaates«.

So etwas sitzt. Kann man sich davon wirklich frei machen, wenn man ein Jahr später quasi die Leiche dieses Kontrahenten auf dem Schreibtisch hat? Im Frühjahr 2008 hatte die Staatsanwaltschaft Klagenfurt einen »Vorhabensbericht« fertig und an die Oberstaatsanwaltschaft Graz übermittelt – wegen des Verrückens von Ortstafeln im zweisprachigen Südkärnten durch Landeshauptmann Haider und seinen Stellvertreter Dörfler: »Die Staatsanwaltschaft hatte nach Anzeigen der Grünen gegen Haider und Verkehrsreferent Dörfler Vorerhe-

bungen eingeleitet«, berichtete die Website der Zeitung »Die Presse«
am 23. Februar 2008:

>»Es geht dabei um das Verrücken der Ortstafeln in Bleiburg und Ebers-
dorf im Februar 2006 sowie um das Anbringen von kleinen slowenischen
Zusatzschildchen im November desselben Jahres in Bleiburg/Pliberk,
Ebersdorf/Drvesa vas und Schwabegg/Zvabek im Bezirk Völkermarkt. So-
wohl das Tafel-Verrücken als auch die Zusatzschilder waren vom
Verfassungsgerichtshof (VfGH) für rechtswidrig befunden worden.*

Haider und Dörfler fühlen sich jedenfalls nicht schuldig. Der Landeshauptmann sprach vor seiner Einvernahme durch den Untersuchungs-
richter von einem ›politischen Prozess‹, um ihn loszuwerden.«*

Und auch im Fall des Hypo-Alpe-Adria-Skandals gab es Zoff zwischen Haider und der Staatsanwaltschaft Klagenfurt. Während die wegen der verspekulierten 328 Millionen ein Verfahren wegen Untreue
einleitete, schimpfte Haider auf diesen »Übereifer der Justiz«. Das
»übereifrige Vorgehen« der Staatsanwaltschaft sei »ein Teil der parteipolitisch motivierten Ablenkungsmanöver« von anderen Skandalen.

Dabei würde es zu kurz greifen, allein das Verhältnis zwischen Haider und der Staatsanwaltschaft Klagenfurt zu beschreiben. Denn »als
von den Gerichten getrennte Verwaltungsbehörden sind die Staatsanwaltschaften nicht unabhängig, sondern hierarchisch organisiert und
an die Weisungen der Oberstaatsanwaltschaft und damit letztlich des
Bundesministers für Justiz gebunden«, kann man auf der Website des
österreichischen Justizministeriums nachlesen. Die Wahrheit ist: Die
Familie Haider konnte schon deshalb nicht mit einer neutralen Untersuchung des Ablebens ihres »Oberhauptes« rechnen, weil dieses Ableben mitten in einem feindlichen politischen Gespinst stattfand. Die
Oberhoheit über die Untersuchung hatten ausgerechnet die – ob sie
wollen oder nicht – politischen Nutznießer dieses Todesfalles, nämlich die Parteigänger der ÖVP und SPÖ in der österreichischen Bundesregierung, genauer: im österreichischen Justizministerium. Zum

Zeitpunkt von Haiders »Unfall« bis zum 2. Dezember 2008 saß dort die SPÖ-Frau Maria Berger an der Spitze. Im Januar 2007 hatte Berger laut einem Bericht von sueddeutsche.de (18.1.2007) die Amtsenthebung des Kärntner Landeshauptmannes Haider im Sinn. Hintergrund war dessen hinhaltender Widerstand gegen die Aufstellung zweisprachiger Ortsschilder in Kärnten und seine angebliche Missachtung von Urteilen des Verwaltungsgerichtshofes in dieser Sache. Dessen Präsident, der laut »Die Presse« »der SPÖ zugerechnete« Clemens Jabloner, stellte fest:

> »Da der Bundesregierung die Verantwortung für die Exekution verfassungs- und menschenrechtlich gebotener Regelungen zufalle, stehe ihr auch zu, bei mutwilligem Ungehorsam ein Amtsenthebungsverfahren in Gang zu setzen. Er glaube allerdings nicht, dass es so weit komme, sagte Jabloner dem ORF. Denn es sei sein ›persönlicher Eindruck‹, dass die ›politische Zeit des Landeshauptmannes Haider zu Ende geht.‹« (sueddeutsche.de, 18.1.2007)

Da soll noch mal einer sagen, dass es der Justiz der Alpenrepublik an Weitsicht fehlt.

Im weiteren Fortgang der Untersuchung des Haider-Unfalls, vom 2. Dezember 2008 bis 14. Januar 2009, war ein maßgeblicher ÖVP-Mann Justizminister und damit oberster Chef aller Staatsanwaltschaften im Lande, nämlich der Wiener ÖVP-Chef Johannes Hahn. Am 15. Januar 2009 wurde die von der ÖVP unterstützte Kandidatin Claudia Bandion-Ortner als Justizministerin einer eigentlich totgesagten Großen Koalition vereidigt, die ihr Weiterbestehen möglicherweise Haiders Ableben verdankt.

Wes Brot ich ess, des Lied ich sing ...

Aber nicht nur die Justiz, auch die Medien sind vom österreichischen Staat und seinen regierenden Parteien abhängig – im We-

138

sentlichen also von ÖVP und SPÖ. Das heißt, dass auch das Haider-Bild im Ausland vorwiegend auf ein von politischen Haider-Gegnern im Inland gestaltetes Bild zurückgeht. Und das betrifft natürlich auch den »Unfall« des »schwulen und betrunkenen Rasers Haider«. Das österreichische Fernsehen ORF beipielsweise ist ein dem deutschen ähnliches öffentlich-rechtliches System, das auf Günstlingswirtschaft und Parteienproporz basiert. Im Grunde setzen sich hier die stärksten Parteien durch und sorgen für eine Verbreitung der eigenen Botschaft. Das heißt also, dass niemand anderer als Haiders politische Gegner die Deutungshoheit über sein Ableben hatten.

Was im Ausland wenige wissen ist auch, dass der österreichische Staat und damit seine herrschenden Parteien aber auch bei den Printmedien mit drin sitzen, und zwar über die sogenannte Presseförderung. 14 Millionen Euro schüttet der österreichische Staat jährlich über den Print-Medien aus, die damit zum Teil vom Staat bezahlt werden. Zwar klingt das für deutsche Verhältnisse nach nicht gerade viel, aber man darf nicht vergessen, dass Österreich auch nur ein kleines Land mit einem Zehntel der deutschen Bevölkerung ist. Auf deutsche Verhältnisse umgerechnet hätten diese staatlichen Zuschüsse sicher ein finanzielles Gewicht in der Größenordnung von 140 Millionen Euro.

Zusammengefasst heißt das nichts anderes, als dass der »Unfall« von Jörg Haider nicht die geringste Chance auf eine objektive Behandlung durch Ermittlungsbehörden und Medien hatte.

Etwas zu kaputt: das Auto

Die zweieinhalb Tonnen schwere Luxusklasse-Limousine steht etwa 100 Meter nach dem Ortsschild »Köttmannsdorf« (wovon Lambichl ein Ortsteil ist) völlig zermatscht auf der Fahrbahn – wie eine Fliege, deren vorderer Teil von einem riesigen Stiefel zertreten wurde. Der Bug des Fahrzeugs wirkt an den Boden gequetscht, die Vorderreifen sind geplatzt. Der linke Pneu wurde zerrissen und seitwärts von

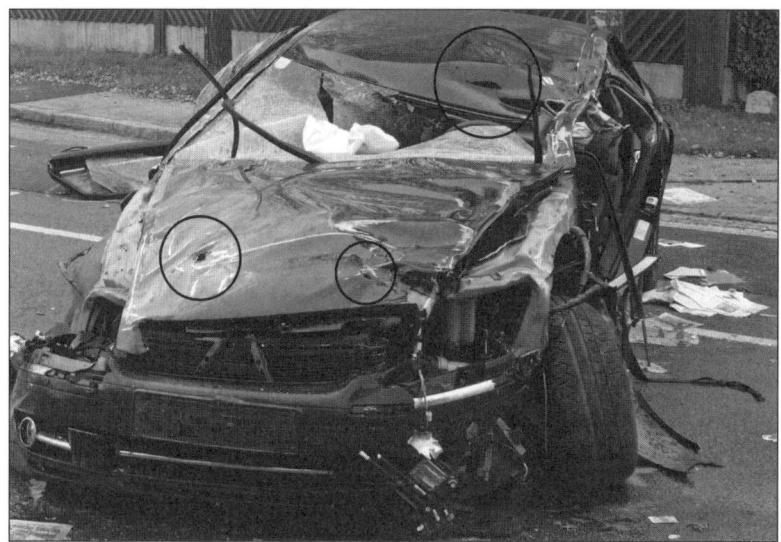

Löcher im Wrack der Haider-Limousine

der Felge gedrückt, als sei der Wagen bei dem Quetschvorgang seitlich verschoben worden. Aus der Felge wurde ein großes Teil herausgebrochen.

Von vorne aus gesehen, wurde die Front von links (Kotflügel) nach rechts zur Windschutzscheibe vor dem Fahrer hin zermalmt. Die Oberfläche der Kühlerhaube ist zerschrammt und zerknittert. Im vorderen Bereich befinden sich zwei Löcher. Von links vorne steigt die Haube schräg zur rechten Fahrerseite an, als habe sich von links etwas Schweres auf die Kühlerhaube geschoben. Deutliche Schleifspuren, die sich diagonal von links vorne nach rechts zur Windschutzscheibe über die Motorhaube ziehen, zeigen die Richtung dieser Einwirkung an.

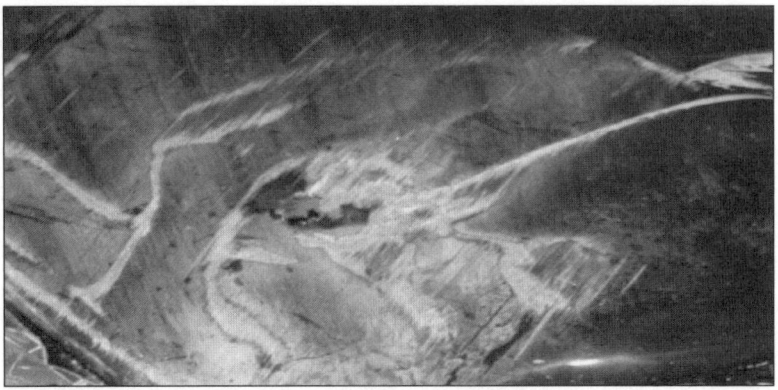

Schleifspuren von links vorne in Richtung Fahrerplatz

Das Dach bietet ein genau entgegengesetztes Bild: Es wurde von links nach rechts eingedellt. Während es vorne links, über dem Beifahrerplatz, fast noch die ursprüngliche Höhe hat, wurde es über dem Fahrersitz auf Lenkradhöhe niedergedrückt.

Ein besonders auffälliges Merkmal ist das viel diskutierte »Loch« über dem Fahrerplatz. Es scheint aus drei Strukturen zu bestehen:

1. einer runden, kraterförmigen Delle,
2. einem großen Loch im Zentrum der Delle,
3. einem kleinen Loch im Zentrum des größeren Loches.

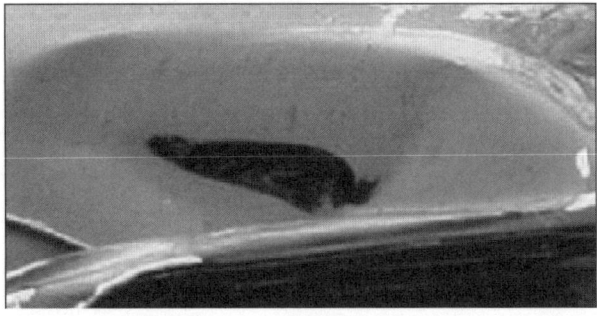

Das Loch im Dach über dem Fahrerplatz befindet sich inmitten einer runden, kraterförmigen Delle. Innerhalb des Loches sieht man in einer darunterliegenden Dachschicht ein weiteres Loch.

Auf anderen Fotos vom Unfallort ist das Loch nicht oder nicht so deutlich zu sehen.

Erstes Zwischenergebnis: Die Kräfte wirkten hauptsächlich von oben; in Längsrichtung zeigt das Wrack überhaupt keine Stauchung. Es gab nicht den geringsten frontalen Aufprall. Vorne oder an der Seite sieht man nicht einmal eine Delle von einem Verkehrsschild, ganz zu schweigen von einem Hydranten. Die kinetische Energie wirkte hauptsächlich von oben. Eine nennenswerte Längsgeschwindigkeit scheint es nicht gegeben zu haben.

Zweites Zwischenergebnis: Das Fahrzeug bietet nur auf den ersten Blick das Bild eines totalen Chaos. In Wirklichkeit gibt es so etwas wie eine sinnvolle Ordnung: Die Kräfte und Beschädigungen haben sich in auffälliger Weise auf den Fahrerplatz konzentriert. Es fällt auf, dass ausgerechnet sämtliche Strukturen rund um den Fahrer zerstört oder schwer beschädigt wurden:

- das Dach über dem Fahrer,
- die A-Säule vor dem Fahrer,
- die B-Säule hinter dem Fahrer,
- der Türschweller unter dem Fahrer,
- die Tür neben dem Fahrer,
- der Fahrersitz (nach hinten gedrückt).

Kurz: Die gesamte Zelle und Struktur rund um den Fahrer wurde durchlöchert, zerdrückt und verbogen. Sämtliche schützenden und stützenden Strukturen rund um den Fahrer wurden zerstört.

142

Die gesamte Zelle rund um den Fahrer wurde zerstört.

Das Phaeton-Heck blieb weitgehend unbeschädigt und formstabil.

Das Heck blieb weitgehend unbeschädigt und formstabil. Nur im Kofferraumdeckel befindet sich eine längliche runde Delle; das rechte Rücklicht ist herausgefallen. Die Hinterreifen haben noch Luft. Der Wagen wurde hinten aus der Federung gehoben. Das rechte Hinterrad scheint fast über dem Boden zu schweben.

Die beiden Türen liegen von vorne gesehen links hinter dem Fahrzeug, die Fahrertür mit der Innenseite nach oben, die Hintertür mit der Außenseite nach oben. Die Außenseite der Hintertür ist unbeschädigt. Das Dach ist – bis auf die massive Zerstörung über dem Fahrer – ebenfalls weitgehend unbeschädigt. Dasselbe gilt für die Heckscheibe und den Kofferraumdeckel.

Lage der Türen

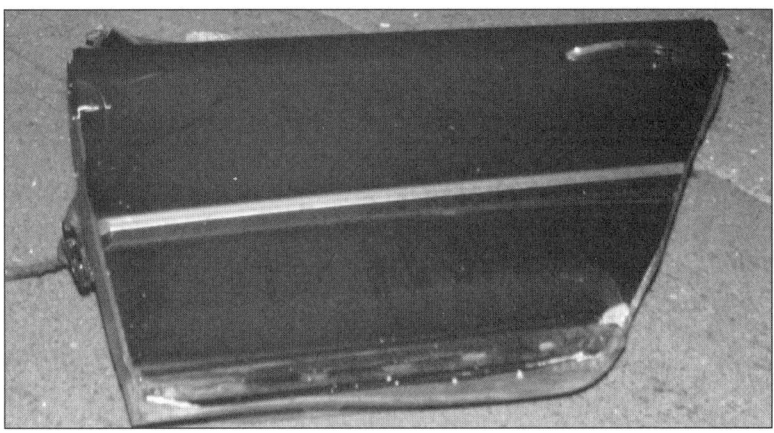

Unbeschädigte Hintertür

Die Gesetze der Ball- und Billardistik

Wie kann es zu diesen massiven Schäden und der verheerenden Zerstörung der Fahrerzelle gekommen sein? Genauso wie viele Tausend andere auch, habe ich die Unfallstelle besucht, und zwar mehrmals. Und genauso wie viele andere auch habe ich die Unfallstelle ratlos wieder verlassen. Die Fragen und die Rätsel haben sich dabei nicht aufgelöst. Schauen wir uns dazu gemeinsam den Unfallort an, insbesondere aber die mutmaßliche Ballistik am Unfallort. Ballistik ist die Lehre vom Verhalten unlenkbarer Geschosse, also genau dessen, als was das Haider-Auto von den Medien und Behörden dargestellt worden ist. Um die Logik der offiziellen Version zu untersuchen, lassen wir uns einen Moment auf sie ein.

Kurz vor der Unfallstelle ist die Loiblpass-Bundesstraße eine flach ansteigende breite Verkehrsader. Statt der erlaubten 70 Stundenkilometer 100 oder gar 140 zu fahren, wäre – zumal mit einem Phaeton – rein technisch kein Problem. Wenn da nicht – vor der Unfallstelle – der »Blitzkasten« auf dem Grünstreifen wäre, der die beiden Fahrtrichtungen trennt. War er in jener Nacht in Betrieb? Dann hätte er den mit 140 km/h daherrasenden Haider ablichten müssen – oder Haider ist nie 140 gefahren. War er nicht in Betrieb, so sah man dem Kasten das von außen jedenfalls nicht an. Der Landeshauptmann hätte also durchaus einen spektakulären Fotobeweis der eigenen Raserei befürchten müssen. Fakt scheint jedenfalls zu sein, dass dieser Beweis vom rasenden Haider nicht existiert – jedenfalls haben die Behörden davon nichts erwähnt. Um die eigene Version zu stützen, hätten sie das andererseits aber sehr wahrscheinlich getan. Oben am »Lehmhügel« (so die Bedeutung von Lambichl) macht die Schnellstraße eine leicht geschwungene Linkskurve, die man am Lenkrad kaum spürt. Um sie zu fahren, genügt ein Lenkradausschlag von wenigen Millimetern. Rechts befindet sich die bereits erwähnte hohe Böschung mit dem fast scheunentorgroßen hölzernen Ortsschild der Gemeinde Köttmannsdorf, zu der Lambichl gehört. Wäre der Wagen auf diese Böschung gefahren, hätte er das Ortsschild abrasiert. Nach dem Ortsschild geht die Straße in ein kurzes gerades Stück über, bevor sie sich in eine Rechtskurve legt.

Den Spuren nach zu urteilen, hat das Auto die Straße erst an dem oben beschriebenen geraden Stück in einem flachen Winkel nach rechts verlassen, also da, wo die Linkskurve bereits zu Ende war (1). Kurz nachdem die Reifenspuren die Straße verlassen haben, befindet sich ein großer, frischer flächiger Defekt, an dem die Erde hervortritt, in der Grasnarbe. Man könnte auch sagen: ein Loch.

(1) Reifenspuren und flache Böschung; (2) rechteckige Zauneinfassung aus Beton mit Thujensetzlingen; (3) Standort des Hydranten; (4) bepflanzte Lärmschutzwand; (5) Büsche und Bäume; (6) Standort des Wracks

Die merkwürdigerweise doppelten Reifenspuren (wie von einem LKW mit Doppelbereifung) verlaufen in einem flachen Winkel vollkommen gerade von der Straße weg, ohne jedes Zeichen einer Lenkbewegung. Das könnte darauf hindeuten, dass der Fahrer hier nicht mehr reaktionsfähig war. Dass er also von der Straße abkam, weil er tot war, und nicht: tot war, weil er von der Straße abkam. Die Spuren führen anschließend den nur noch sehr flachen, gerade mal eine Fahrzeugbreite messenden Ausläufer der Böschung hinauf (1).

Die kleine, flache Böschung bricht abrupt an der Einmündung eines von rechts kommenden Weges oder einer Einfahrt ab und hat daher die Wirkung einer geneigten Rampe. Daran schließt sich ein rechteckiger, etwa 20 bis 25 Zentimeter hoher Zaunsockel aus Beton an (2), der in den Medien zum »Betonpfeiler« hochstilisiert wurde. Der darauf montierte Maschendrahtzaun wurde von t-förmigen Zaunpfosten gehalten. Innerhalb der wenige Meter langen Zauneinfassung stand eine Reihe von etwa eineinhalb Meter hohen Thujensetzlingen, die platt gedrückt wurden. An dem senkrecht zur Straße stehenden Teil der Zauneinfassung wurde ein Stück in der Breite einer Autofelge herausgeschlagen. Am hinteren Ende des Zaunsockels befindet sich ein Loch im Boden – der angebliche Standort eines Hydranten (3). Unmittelbar dahinter, nach einer weiteren Grundstücks-Einfahrt, steht genau in der Fahrtrichtung des Autos eine etwa zwei Meter hohe, von Büschen und Bäumen eingefasste Lärmschutzwand (4). Davor steht eine graue Kunststoffsäule – ein elektrischer Verteilerkasten, der ebenfalls für einen »Betonpfeiler« gehalten wurde. Lärmschutzwand und Verteilerkasten weisen keine Spur von einem Aufprall auf.

Mit anderen Worten: Das Auto könnte also durch was auch immer von der Straße abgekommen und auf der Böschung (1) leicht schräg gestellt worden sein. Dann könnte es die Einmündung überquert und in leichter Schräglage vor der Zauneinfassung (2) aufgesetzt haben, mit einem Rad gegen die Zauneinfassung geprallt sein und mit der linken Seite den Zaun und die Thujenhecke niedergewalzt haben. Anschließend könnte es gegen den Hydranten (3) geprallt sein. Dabei könnte das Fahrzeug folgende Beschädigungen erhalten haben:

- Lackschäden rechts durch Kontakt mit Büschen auf der Böschung,
- kaputter Reifen, Felge und Radaufhängung durch Aufprall auf Zaunsockel,
- Schäden (vorne) durch Kontakt mit Zaunpfosten, evtl. auch Unterbodenschäden,
- Lack- und evtl. Unterbodenschäden rechts durch Plattfahren der Thujenhecke,
- deutliche Delle vorne oder (falls sich das Auto quer stellte) an der Seite durch Hydranten.

Bis dahin ist zwar der Weg des Fahrzeugs halbwegs nachvollziehbar, nicht aber dessen totale Zerstörung. Kratzer, Dellen, kaputter Reifen und Radaufhängung vorne – das ja. Aber die zermalmte Front, die
total zerstörte Fahrerzelle und die herausgerissenen Türen? Demnach
können also die leichteren Beschädigungen durch die Unfallstelle erklärt werden, die schweren Zerstörungen aber nicht.

Zudem wird der Weg des Phaeton ab dem Punkt, an dem der Hydrant gestanden haben soll, mysteriös. Eigentlich hätte der 140 Stundenkilometer schnelle und 2,5 Tonnen schwere Bolide den Hydranten einfach platt walzen und in die in Fahrtrichtung wenige Meter
dahinter stehende Lärmschutzwand (4) krachen müssen. Doch die hat
– wie gesagt – keinen Kratzer. Stattdessen hängen Wrackteile in den
Bäumen über der Lärmschutzwand (5). Ein Baumwipfel wurde sogar
gekappt – in mehreren Metern Höhe. Wir haben es hier also mit einem ballistischen Wunder zu tun. Vorausgesetzt, die hohe Geschwindigkeit stimmt, verabschiedete sich der Phaeton an dem Hydranten
einfach aus seiner eigenen Ballistik. In etwa wie die magic bullet im
Fall Kennedy vollführte er einige sagenhafte Wendungen. Just an dem
Hydranten wurde er wie eine Billardkugel über Bande gespielt. Nur eig-
net sich der schmächtige Hydrant, dessen Foto schließlich doch noch
auf einer Website auftauchte (fallhaider.at.tf), kaum als Bande für ein
140 Stundenkilometer schnelles 2,5-Tonnen-Auto. Zumal das dünne
Metallrohr des Hydranten gemäß dem Foto bei dem Rendezvous mit
dem Phaeton weder Kratzer noch Verbiegungen davontrug. Und auch
der Phaeton zeigt weder an der Seite noch vorne irgendwelche Abdrü-
cke des Hydranten. Die einzig plausible Hydrantendelle befindet sich
merkwürdigerweise hinten im Kofferraumdeckel.

Schwerere Beschädigungen als eine Delle sind durch einen Hydranten nicht zu erwarten. Denn normalerweise geben sich Hydranten
beim Aufprall eines Autos relativ leicht geschlagen. Damit bei dem
Aufprall eines Autos auf einen Hydranten nicht das ganze unterirdi-
sche Leitungssystem kaputt geht, verfügen diese Wasserspender an ihrem unteren Ende über eine Sollbruchstelle, sodass sie bei einem hef-

tigen Aufprall einfach abbrechen. Nehmen wir beispielsweise einen Unfall im schweizerischen Steffisburg:

> »Am Samstag, 21. Februar 2009, um ca. 23.45 Uhr fuhr ein Personenwagen von Schwarzenegg herkommend auf der Oberdorfstraße in Steffisburg in Richtung Thun. In der Linkskurve auf der Höhe der Einmündung der Eichfeldstraße kam das Fahrzeug rechts von der Straße ab und kollidierte frontal mit einem Hydranten. Dieser brach an der Sollbruchstelle ab, worauf eine Wasserfontäne in die Höhe schoss.« (feuerwehr-schweiz.ch, 22.2.2009)

Das wars. Manchmal geht es sogar ohne Wasserfontäne ab, nämlich dann, wenn der Hydrant clever genug gebaut ist. Durch die Sollbruchstelle wirkt sich die kinetische Energie des Wagens weder auf den Hydranten oder seinen Unterbau noch groß auf das Auto aus. Der Hydrant fliegt einfach weg. Dass ein Hydrant ein 2,5-Tonnen-Auto wie ein Schweizermesser zerlegt und wie eine Billardkugel durch die Gegend schussert, ist dagegen relativ unwahrscheinlich.

Doch zurück zur Ballistik: Einmal am Hydranten angekommen, führte der Weg an der Lärmschutzwand vorbei nur steil nach oben oder scharf nach links auf die Straße zurück. Aber:

- Wodurch sollte der 2,5-Tonnen-Wagen hollywoodreif mehrere Meter hoch in die Bäume katapultiert worden sein? Den Hydranten hätte er einfach abrasiert – ob mit oder ohne Sollbruchstelle.
- Und wieso sollte er sich dabei in den Bäumen zerlegt haben?
- Wie soll die Zierbepflanzung der Lärmschutzwand dabei die Kühlerhaube flächig zerdrückt, das Dach ein-, die Türen heraus- und den Bodenschweller durchgedrückt haben?

Die enormen Energien, die diese Beschädigungen verursacht haben, sind weit und breit nicht in Sicht.

Oder geschah das alles durch einen Aufprall auf dem Boden? Dazu wären zwei Versionen denkbar:

- Das Auto landet auf dem Dach. Dann müsste aber das Dach großflächiger zerstört sein, außerdem fehlt dann die Erklärung für die plattgedrückte Motorhaube und den durchgebogenen Türschweller. Des Weiteren wäre das Auto dann wahrscheinlich auf dem Dach liegen geblieben. Alles andere wäre ein Überschlag, der von dem zuständigen Gutachter Harald Weinländer inzwischen ausgeschlossen wird: »Dass der VW Phaeton sich überschlagen haben soll, kann er nicht bestätigen«, berichtete am 3. Dezember 2008 die »Kleine Zeitung«, denn: »Das Dach ist nahezu unbeschädigt.«
- Das Auto landet auf den Rädern. Und was ist dann mit dem Dach, der Motorhaube, der total zerstörten Fahrerzelle und dem durchgerissenen Schweller?

Nehmen wir die andere Möglichkeit, das Auto wäre an dem Hydranten scharf nach links geschossen.

1. Problem: Wenn man akzeptiert, dass es keinen Überschlag gab, was inzwischen auch Gutachter bestätigen, fehlt für die massiven Schäden an der Oberseite des Wagens in diesem Fall jede Erklärung.
2. Problem: Nach der scharfen Richtungsänderung nach links hätte das Auto nach den Gesetzen der Ball- oder Billardistik nun in den Palisadenzaun auf der anderen Straßenseite krachen müssen, statt im flachen Winkel zwei Dutzend Meter weiter auf die Straße zu rutschen.
3. Problem: Wie kamen dann die Autoteile in die Bäume?

Wobei man der offiziellen Version mit so vielen Worten schon zu viel Ehre angetan hat. Durch die ausführliche Beschreibung habe ich jetzt jeden Gegenstand quasi mit der Lupe angesehen. In Wirklichkeit muss man das Ganze doch mal realistisch betrachten: Das Auto kam von der Straße ab und fuhr ein bisschen durch die Pampa. Dabei hätte es sich ein wenig die Front und ein paar Räder samt Aufhängung ruinieren können einschließlich einer Delle durch den Hydranten. Aber mehr nicht. Vielleicht noch ein paar Kratzer auf der rechten Seite. Normalerweise steigt man nach so was aus, ärgert sich über die (Blech-) Schäden und holt den Abschleppwagen. Ein Off-Road-Fahrzeug hätte sich um die paar Unebenheiten kaum gekümmert. Mit der offiziellen Version des Unfalls und des 142 Stundenkilometer schnellen Fahrzeugs ist etwas massiv nicht in Ordnung. Das Haider-Fahrzeug hat für den Unfallort und für jedes mögliche Unfallszenario an dieser Stelle einfach die falschen und zu viele Beschädigungen. Und der Fahrer ist etwas zu tot. Die Spuren am Fahrzeug und am Unfallort sind beim besten Willen nicht alle unter einen Hut zu bringen.

Genauer gesagt sollte man an einem Unfallauto nur einen Beschädigungskomplex feststellen dürfen, nämlich den durch die Unfallstelle verursachten. An Haiders Fahrzeug kann man aber zwei Beschädigungskomplexe feststellen:

1. einen Beschädigungskomplex, der sich durch die Unfallstelle erklären lässt (z. B. Vorderreifen, Felge und Radaufhängung, Kratzer rechte Front und Beifahrertür),

2. einen Beschädigungskomplex, der sich nicht durch die Unfallstelle erklären lässt (z. B. plattgedrückte Front, total zerstörte Fahrerzelle, herausgerissene Kotflügel und Türen, Delle im Kofferraumdeckel, rechtes Rücklicht).

Beschädigungskomplex Nr. 2 kann also nur durch einen »Faktor X« verursacht worden sein, den wir noch nicht kennen.

Besuch bei einem stummen Zeugen

Natürlich ist die bloße Analyse von Fotos und Zeugenaussagen unbefriedigend. Deshalb wollte ich das Wrack einmal mit eigenen Augen sehen. Zum Zeitpunkt meiner Recherchen im Dezember 2008 war es schon längst abtransportiert und an einem unbekannten Ort verstaut worden. Ja, tatsächlich hütete die Kärntner Landesregierung das

Unfallauto wie ihren Augapfel. Trotzdem gelang es mir, das Wrack Mitte Dezember 2008 aufzuspüren und ihm einen Besuch abzustatten:

Donnerstag, 18. Dezember 2008, kurz vor 17 Uhr. In den Städten Kärntens hängt der Weihnachtsschmuck in den Straßen. Während in der Landeshauptstadt Klagenfurt die letzten Käufer über den Weihnachtsmarkt streifen, friere ich mir auf dem Parkplatz eines Baumarktes in einem Gewerbegebiet die Füße ab. Es ist dunkel und nasskalt. Der Asphalt glänzt schwarz. Leichter Schneeregen rieselt vom Himmel. Um 17 Uhr bin ich hier mit einem Herrn K. verabredet. Ich soll auf einen weißen Polo warten. Oder war vielleicht alles nur Einbildung? Oder ein leeres Versprechen? Dass ich gleich das seit dem Unfall sorgfältig versteckte Wrack des Haider-Phaetons sehen darf, kann ich immer noch nicht glauben. Kurz vor fünf rufe ich die Handynummer von Herrn K. an. Ja, er sei unterwegs, höre ich ihn durch die Fahrgeräusche seines Autos rufen. Scheint zu klappen – also weiter warten. Schließlich kommt der weiße Polo und hält direkt vor mir. Im Inneren lehnt sich ein Mann mit grauen Haaren und Trachtenjacke zu mir herüber. Ich soll ihm mit meinem Wagen folgen. Aus dem Café des Baumarktes hole ich schnell noch den Fotografen, den ich mitgenommen habe.

Es sei nicht weit, bloß ein paar Minuten, wurde mir schon vorher gesagt. Während wir durch die dunkle, triste Gegend fahren, ist mir nicht ganz wohl bei der Sache. Wir sehen die Heckleuchten des Polos durch das leichte Schneetreiben. Er biegt schließlich nach rechts in eine breite Einfahrt ein. Ich sehe mehrere, von Neonlampen angestrahlte flache Gebäude. Das Gelände macht einen kalten, unheimlichen Eindruck. Der Polo hält an der langen Seite eines Flachbaus, wir dahinter.

Die Kärntner Landesregierung hat sichtlich Sorge, das Wrack könnte plötzlich verschwinden. Der Zugang wurde verrammelt wie der Eingang zu einem Pharaonengrab. Vor uns türmen sich Paletten mit schweren Gehwegplatten, die nur für unseren Besuch von der Gebäudeseite weggerückt wurden. Hinter den Platten erkenne ich eine Plane und dahinter eine orangefarbene Tür, die sich nur einen Spalt breit öffnen lässt. Durch den Spalt, nur wenige Zentimeter hinter der Tür, erkenne ich die zerknitterte, schwarz glänzende Motorhaube des Phaeton. Er ruht hier wie ein großes, verletztes Tier, das sich zum Sterben verkrochen hat: der letzte stumme Zeuge des Todes von Jörg Haider. Was hat man ihm wohl wirklich angetan, überlege ich, während wir uns an den Gehwegplatten vorbei durch den schmalen Türspalt zwängen. Was würde er sagen, wenn er reden könnte? Und: Werde ich ihn wirklich zum Reden bringen können?

Und dann sind wir drin. Der Phaeton füllt die ganze kurze Seite einer vielleicht sechs mal zwölf Meter großen, rechteckigen Halle aus. Zwischen die Beifahrerseite und die Wand passt gerade mal ein Mann. Eine Reihe von Holzplanken in dem Raum erinnert daran, dass das Wrack komplett mit Holzbrettern »eingehaust« war. Nur für meinen Besuch wurde es freigelegt.

Was als Erstes auffällt: Das Wrack wurde nicht etwa in seine Einzelteile zerlegt, sondern steht genauso da wie auf der Straße. Eine umfassende technische Analyse kann so kaum stattgefunden haben.

Ein Blick in den Innenraum des Wagens bestätigt: Stark geblutet hat hier niemand. Die Frontairbags sind entfaltet und blütenweiß. Auch auf der Sitzfläche des Fahrersitzes und der Rückenlehne kein Tropfen Blut. Nur auf dem linken Dachairbag befinden sich einige kleine Blut- und grüne Gras- oder Pflanzenflecken. Der linke Türschweller ist durchgebogen und an einer Stelle senkrecht durchgerissen. Im Kofferraumdeckel befindet sich eine senkrechte, halbrunde Delle. Vorne in der Motorhaube finden sich die beiden kleinen Löcher, die auch schon auf den Fotos vom Unfallort zu sehen waren. Die Öffnung der Motorhaube und der Motorabdeckung gibt den Blick auf ein massives, gusseisernes Rohr frei – den Ansaugkrümmer. Er ist gebrochen.

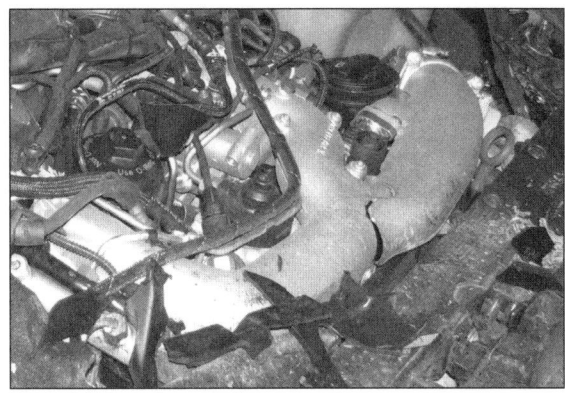

Gebrochener Ansaugkrümmer im Phaeton-Motorraum

Alles in allem sieht das Wrack aus wie auf den Bildern vom Unfallort – bis auf eine wichtige Ausnahme: das Dach.

(Bitte beachten Sie hierzu den Farbbildteil in der Mitte des Buches.)

Wie bereits ausführlich beschrieben, war auf vielen Fotos vom Unfallort im Dach über dem Fahrersitz ein großes Loch zu sehen. Es befand sich in der Mitte einer kreisrunden, kraterförmigen Delle. Innerhalb des großen Loches konnte man in einer darunter liegenden Dachschicht ein kleineres Loch erkennen. Diese Konfiguration war Gegenstand vielfältiger Vermutungen und Hypothesen. Hauptsächlich wurde das Loch auf ein Geschoss oder eine Bombe zurückgeführt. Ich selbst favorisierte eine Baumaschine mit einem Hydraulikhammer (siehe »Was ist wirklich passiert?«, S. 210 ff.).

Das Problem war nun aber: Wie wir das Wrack auch besahen, das Loch war nicht da. Das ließ einen Verdacht aufleben, den manche von Anfang an gehabt hatten: dass man es nämlich mit zwei Phaetons zu tun hatte. Am nächsten Tag kehrte ich daher mit Arndt Burgstaller nochmals zu dem Wrack zurück, um die Fahrgestellnummer (genauer: Fahrzeugidentifizierungsnummer, FIN) zu suchen. Ich fand sie in einem kleinen Guckloch hinter der zertrümmerten Windschutzscheibe. Wegen der Zersplitterung des Glases konnte ich nur die letzten fünf

Ziffern erkennen: »00334«. Zum Glück sind das die entscheidenden. Während die vorhergehenden Buchstaben und Ziffern den Hersteller, den Typ und das Werk codieren, stehen die letzten Ziffern für das individuelle Fahrzeug. Der BZÖ-Landtagsclub war so freundlich, mir die Fahrgestellnummer des Haider-Dienstwagens aus den Fahrzeugpapieren zur Verfügung zu stellen. Diese lautet: WVWZZZ3DZ98000334. Laut Papieren handelt es sich bei dem versteckten Wrack also wirklich um Haiders Dienstwagen.

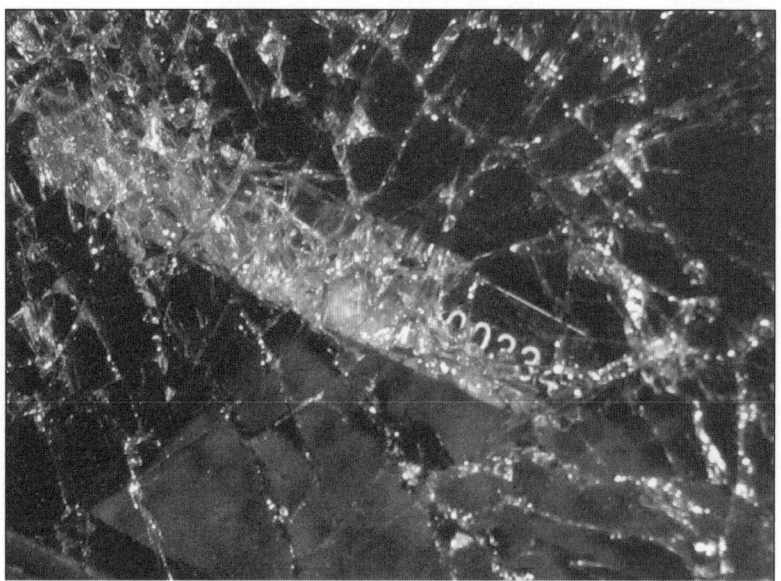

»00334«: Die letzten Ziffern der Phaeton-Fahrgestellnummer

Etwas zu voreilig: Tacho und Geschwindigkeit

Die offizielle Version vom Tode Jörg Haiders beruht auf zwei scheinbar in Stein gemeißelten Werten:

- der Geschwindigkeit von »mindestens 142 Stundenkilometern«,
- dem Blutalkoholgehalt von 1,8 Promille.

Doch wie sicher sind diese Werte wirklich? Beginnen wir mit der
Geschwindigkeit.

Jörg Haider kam in der Nacht auf den 11. Oktober 2008 zu Tode.
Der 11. Oktober war ein Samstag. Der darauf folgende Tag logischerweise ein Sonntag. Also Tage, an denen Behörden in der Regel stillste-
hen. Mit regelrechten Ermittlungen ist an einem Wochenende normalerweise nicht zu rechnen. Da zwischen Freitag und Montag in der
Regel nichts passiert, ist der Montagmorgen die nahtlose Fortsetzung
des Freitagmittags. Diesmal ist freilich alles anders. Der Leiter der
Staatsanwaltschaft Klagenfurt, Gottfried Kranz, hat es eilig. Nachdem
der Leichnam von Jörg Haider am Samstag, den 11. Oktober 2008, von
17 bis 21.30 Uhr obduziert wurde, ist am Sonntag das Auto dran. Der
Dienstwagen Jörg Haiders sei am Sonntag, 12. Oktober, »stundenlang
in der Zentralwerkstätte des Landespolizeikommandos in Krumpen-
dorf von einem Expertenteam untersucht« worden, wird am 13. Oktober die »Kleine Zeitung« berichten.

»Experten«? Welche Experten? Zuständig für die Untersuchung des
Unfallhergangs sei »der renommierte Grazer Sachverständige Harald
Weinländer«, so die »Kleine Zeitung« vom 13. Oktober 2008. Aber der
hat mit der Untersuchung noch nicht einmal angefangen. Er wird erst
um diese Zeit »mit der Erstellung des Gerichtsgutachtens« beauftragt.
Die Beamten des Unfallkommandos bei der Verkehrsinspektion des
Klagenfurter Stadtpolizeikommandos werden dem Gutachter die gesamte Dokumentation der Fotogrammetrie vom Unfallort in Lambichl erst »in den nächsten Wochen zur Verfügung stellen«, so die

»Kleine Zeitung«, und zwar »über die vorgeschriebenen Justiz-Wege«. »Dann beginnt Weinländer nach speziellen Verfahren mit der Rekonstruktion des Unfallverlaufes.« Dabei, so zitiert das Blatt den Experten, »lassen sich aus den Spurenbildern auch Geschwindigkeiten errechnen«. Staatsanwalt Kranz hat jedoch bereits andere Erkenntnisquellen: »Kriminalisten haben das Unfallwrack gemeinsam mit zwei Technikern des VW-Konzerns in der Krumpendorfer Polizeiwerkstatt untersucht«, heißt es schon am Sonntag, den 12. Oktober bei Die Presse.com. Schon an diesem Tag verkündet der Staatsanwalt: »Wir müssen davon ausgehen, dass zu hohe Geschwindigkeit den tödlichen Unfall des Landeshauptmannes ausgelöst hat.« »Haider sei zum Zeitpunkt des Unfalls 142 km/h gefahren, sagte ein Sprecher der Staatsanwaltschaft in Klagenfurt«, berichtete die Süddeutsche Zeitung am 12. Oktober 2008. Nur wenige Medien stutzen: »Die technischen Untersuchungen am Wrack des VW Phaeton, in dem Landeshauptmann Jörg Haider den Tod gefunden hat«, seien am Sonntag »überraschend schnell abgeschlossen« gewesen, wunderte sich Die Presse.com am 12. Oktober 2008. »Das Ergebnis: Der Tachometer war bei 142 km/h stecken geblieben.«

Das klingt wie ein Klischee aus einem drittklassigen Kriminalroman. Die Krimis, in denen Leichen wundersamerweise immer wieder mit kaputten und stehen gebliebenen Armbanduhren aufgefunden werden, aus denen sich die Todeszeit rekonstruieren lässt, sind Legion. Ja, die stehen gebliebene Armbanduhr mit dem zerschlagenen Uhrglas gehört zum festen Mobiliar der trivialen Krimikultur. Mit dem »stehen gebliebenen Tacho« ist es da nicht anders. Auf entsprechendes Misstrauen stieß die angebliche Aussage des Staatsanwaltes. Aber nicht nur wegen der »Krimikultur«, denn auch Krimis können schließlich mal recht haben.

Sondern es wäre laienhaft und ein grober Kunstfehler, allein von einem stehen gebliebenen Tacho auf die Geschwindigkeit zum Unfallzeitpunkt zu schließen. Das allein hat nämlich »überhaupt nichts zu sagen«, erklärte mir der gerichtlich vereidigte Unfallsachverständige

Markus Winninghoff aus Berlin, Mitautor des 2007 erschienenen Handbuchs »Unfallrekonstruktion«. Am 13. Februar 2009 führte ich ein längeres Gespräch mit ihm. Zum Thema »hängen gebliebene Tachonadel« sagte er: »Ein Tacho ist ein mechanisches System, das gegenüber Erschütterungen anfällig ist. Und wenn ich jetzt mit einem Auto vor den Baum fahre, dann ist dieser Aufprall an den Baum so stark, dass dadurch auch die Tachonadel Bewegungen machen kann, die ich überhaupt nicht kontrollieren kann. Die zittert einfach irgendwo hin und her, und sie hätte genauso gut bei 42 Kilometern pro Stunde und nicht bei 142 Kilometern pro Stunde stehen bleiben können. Meistens zeigt die Tachonadel, zum Beispiel bei Motorradunfällen kann man das gut beobachten, in die Richtung, in der die Hauptkräfte wirken. Dann lenkt die sich einfach in die Richtung aus.«

Mit anderen Worten schlägt die Tachonadel bei einem Aufprall häufig wild aus. Ihre Position sagt daher gar nichts aus. So wie oben zitiert, sind die Aussagen also eindeutig unseriös. Zum Glück für den Staatsanwalt wird ihm aber noch eine differenzierte Aussage nachgesagt, nämlich von dem Nachrichtenportal t-online.de. Sie lautet:

»Bei Tempo 142 seien lediglich die Airbags aufgegangen, die unter anderem den Tacho anhielten.« (17.10.2008)

Das ändert einiges und passt auch wieder besser zu dem, was mir der Sachverständige sagte. Denn »in Airbag-Steuergeräten wird in der Regel auch irgendwo vermerkt, bei welcher Geschwindigkeit der Airbag ausgelöst hat«. So 'rum wird also eher ein Schuh draus: Als die Airbags ausgelöst haben, hat das Steuergerät die Geschwindigkeit notiert. Gleichzeitig wurde die Stromzufuhr zum Tacho unterbrochen. Warum, ist nicht ganz klar. Aber wenn die Stromzufuhr zum Tacho unterbrochen wurde, kann dieser tatsächlich stehen geblieben sein. Wie das? Nun, »man darf nicht den Fehler machen und dieses Anzeigeinstrument mit einem Tacho von vor 20, 30 Jahren vergleichen«, erklärt Winninghoff: »Da hatte man natürlich eine Feder drin, die die Tachonadel wieder auf Null zurückdreht. Wenn man so einen Tacho in der

Hand hat, an der Nadel dreht und sie dann loslässt, geht sie wieder in die Null-Lage zurück. Das ist bei diesen modernen Anzeigen nicht mehr so. Da sitzt ein kleiner Schrittmotor hinten drin, der wird mal rauf und mal runter gedreht, je nachdem wie schnell das Auto fährt.«

Und ist der Strom weg, bleibt auch der Tacho stehen. Aber genau wie bei seinem federgesteuerten Vorfahren sagt auch diese Position gar nichts aus. Denn auch dieser Tacho kann ja immer noch vom Aufprall beeinflusst worden sein. Wenn überhaupt, dann wäre der Wert aus dem Airbagsteuergerät besser. Das Problem besteht nun allerdings darin, dass die Geschwindigkeit aufgrund der Umdrehung der Räder berechnet wird. Wenn diese beispielsweise durchdrehen, weil sie in der Luft hängen – was nach dem oben dargestellten Unfallhergang möglich ist –, kann der Wert wesentlich zu hoch sein. Die Bestimmtheit, mit der die Staatsanwaltschaft den Wert von 142 Stundenkilometern verkündet, steht also in einem gewissen Gegensatz zu dessen Zuverlässigkeit. Der Wert von 142 Stundenkilometern ist keineswegs in Stein gemeißelt, wie von der Staatsanwaltschaft den Medien zufolge dargestellt. Zeigt der stehen gebliebene Tacho genau denselben Wert wie das Airbag-Steuergerät, kommt man zu einer ganz interessanten Variante: Dann gab es vielleicht überhaupt keinen Aufprall, sondern die Airbags lösten aus und legten dann den Tacho lahm. Weil es keinen Aufprall gab, wurde die Tachonadel nicht abgelenkt.

Dabei ist das nur die technische Seite. Es gibt auch noch eine juristische Seite. Und die sieht so aus, dass die Auslesung der Geschwindigkeitswerte durch den Hersteller juristisch wertlos ist: Einerseits sind »das Auslesen und die Interpretation gespeicherter Daten ... nur durch den Automobilhersteller oder den Steuergerätehersteller möglich«, heißt es in einem Artikel von Kriminaloberrat Willi Larl von der Hochschule für Polizei in Villingen-Schwenningen (»Digitale Spuren – Neue Möglichkeiten in der Sachbeweisführung am Beispiel der Kfz-Airbag-Steuerung«). Andererseits könne der Angestellte des Herstellers aber kein Sachverständiger sein: »Der im Angestelltenverhältnis stehende Ingenieur des Herstellers X, welcher zum Auslesen und zur Interpretation der Daten wohl in der Lage wäre«, argumentiert Larl mit der rechtlichen Situation in Deutschland,»kann nicht verpflichtend zum Sachverständigen bestellt werden. Bei ihm mangelt es i. d. R. an der beruflichen Selbstständigkeit bzw. an einer öffentlichen Bestellung zum Sachverständigen ...«

Klar: Nur berufliche Selbstständigkeit sorgt für Unabhängigkeit. Ein Sachverständiger in einem abhängigen Beschäftigungsverhältnis ist dagegen nicht denkbar – schon gar nicht in einem abhängigen Beschäftigungsverhältnis mit dem Hersteller des Gegenstandes, um den es geht.»Ein herstellerseitiges Aufklärungsinteresse« sei »bei Produkthaftungsfragen kaum zu vermuten«, bemerkt denn auch Kriminaloberrat Willi Larl. Der Mann (oder die Frau) des Herstellers ist nicht einmal als Zeuge zu gebrauchen:»Ob er als Zeuge in Betracht kommt, erscheint gleichsam fraglich. Es geht schließlich nicht um die Bekundung gemachter Wahrnehmungen zu einem konkreten in Verhandlung stehenden Sachverhalt, sondern um die Interpretation eines vorliegenden beweisrelevanten Gegenstandes, was grundsätzlich Sachverständigenaufgabe ist.« Die aber kann der Mitarbeiter des Herstellers nicht erfüllen – siehe oben.

Mit anderen Worten steckt die ganze Sachverständigenbranche beim Thema Fahrzeugelektronik in einem Dilemma. Da sie die Daten nicht selber auslesen kann, muss sie Personal des Herstellers hinzuziehen. Da dieses Personal aber weder als Zeuge noch als Sachverständiger zu gebrauchen ist, sind die ausgelesenen Daten juristisch nichts wert. Die Klagenfurter Staatsanwaltschaft versucht sich mit der Formulierung aus der Affäre zu ziehen,»ein Sachverständiger im Beisein von VW-Fachleuten« habe das Computersystem des stark beschädigten Phaeton ausgelesen (Spiegel Online, 15.10.2008). Um die oben beschriebenen Probleme zu lösen, wird hier also erstens behauptet, bei dem Auslesevorgang sei ein unabhängiger »Sachverständiger« dabei gewesen. Zweitens wird das Verhältnis zwischen diesem »Sachverständigen« und den Hersteller-Leuten auf den Kopf gestellt und so getan, als habe der Sachverständige und nicht das Hersteller-Personal die Geschwindigkeitswerte ausgelesen.

Auch damit steht aber erstens fest: Der Sachverständige war im Moment des Auslesens nicht unabhängig, sondern auf das »Beisein« von VW-Experten angewiesen. Zweitens ist es in Wirklichkeit so, dass die Computersysteme von modernen Fahrzeugen so unterschiedlich und individuell sind, dass nur die Hersteller-Experten in der Lage sind, die Werte auszulesen. Korrekt müsste die Formulierung also – wenn überhaupt – lauten: »Experten des Herstellers VW haben im Beisein eines Sachverständigen die Geschwindigkeitswerte aus der Elektronik ausgelesen.« Der »Sachverständige« dient wohl nur der juristischen Kosmetik, um bei der Prozedur den rechtsstaatlichen Schein zu wahren. Denn warum konnte der Sachverständige die Werte denn nur »im Beisein von VW-Fachleuten« auslesen? Einfach, weil er es alleine nicht kann. Damit ist aber die fachliche Selbstständigkeit und Verständigkeit des Sachverständigen gar nicht gegeben. Er muss sich auf die Hilfe und die Einweisung von Hersteller-Personal verlassen.

Etwas anders sähe die Lage aus, wenn das Fahrzeug einen genormten Unfalldatenschreiber gehabt hätte, den ein Sachverständiger – zum Beispiel wie die Blackbox bei Flugunfällen – aus eigener Kompetenz heraus hätte auslesen können. Über einen solchen »UDS« verfügte der Phaeton aber nicht.

Natürlich wollte ich auch von Volkswagen wissen, wie das Ganze denn nun wirklich abgelaufen ist. Und siehe da: In der entsprechenden Antwort taucht der angebliche »Sachverständige« jedoch nicht einmal auf. Laut Volkswagen »gestattete die Staatsanwaltschaft das Auslesen der Fehlerspeicher der Steuergeräte«: »Den Auszug aus den Fehlerspeichern und Informationen zu den Steuergeräten stellten wir der Staatsanwaltschaft im Nachgang der Besichtigung zur Verfügung.« (E-Mail von Harthmuth Hoffmann, VW-Markenkommunikation, 16.04.2009) Von einem Sachverständigen ist da nicht die Rede. Nach ihren eigenen Angaben haben vielmehr die VW-Leute die Steuergeräte ausgelesen und die Daten anschließend der Staatsanwaltschaft zur Verfügung gestellt. Alles andere wäre auch nicht realistisch gewesen.

Hat die Staatsanwaltschaft den Sachverständigen also nur erfunden? Warum wird sein Name überhaupt nicht genannt?

Was die Klagenfurter Staatsanwaltschaft als Beiziehung von besonders qualifizierten Experten darstellt, ist jedenfalls so oder so in Wirklichkeit das genaue Gegenteil. Als Techniker oder Ingenieure mögen die VW-Mitarbeiter qualifiziert sein, als Sachverständige oder Zeugen aber sind sie vollkommen unqualifiziert. Und das heißt: Der Wert von 142 Stundenkilometern ist keineswegs in Stein gemeißelt. Ganz im Gegenteil. Vielleicht gibt es ihn gar nicht, vielleicht gibt es einen viel niedrigeren Wert.

Reaktionsweg + Bremsweg = das Ende der offiziellen Version

In Wirklichkeit ist die Geschwindigkeit über die Daten des Airbag-Steuergerätes also wegen prinzipieller juristischer Schwierigkeiten nicht gerichtsverwertbar ermittelbar. Dass sich die Staatsanwaltschaft auf diesen Weg kapriziert, ist umso erstaunlicher, als es ja noch immer eine klassische Methode gibt, um die Geschwindigkeit zu ermitteln, und das ist die Messung und Umrechnung des Brems- bzw. Anhalteweges. Wie bereits gesagt, »lassen sich aus den Spurenbildern auch Geschwindigkeiten errechnen«, und wie ebenfalls bereits gesagt, wurde genau damit der Sachverständige Harald Weinländer beauftragt. Dazu ist ein Sachverständiger auch auf keinen Hersteller-»Experten« angewiesen, sondern er kann dies mit seinem eigenen Sachverstand lösen. Ganz im Gegensatz zu den dubiosen Werten aus der Elektronik des Phaeton liegt dieser Wert aber merkwürdigerweise auch ein halbes Jahr später noch nicht vor. Jedenfalls wurde nichts davon bekannt. Warum nicht? Liegt es daran, dass er dem Elektronik-Wert widersprechen würde? Dabei ist die Sache gar nicht so kompliziert: Der Anhalteweg ist die Summe aus Reaktions- und Bremsweg. Eine alte Fahrschulformel besagt, dass der Bremsweg gleich der Geschwindigkeit geteilt durch 10 im Quadrat ist. Bei 142 Stundenkilometern wären das 200 Meter. Rechnet man noch den Reaktionsweg bei einer Reaktionszeit von, sagen wir, einer Sekunde dazu, wären es 240 Meter, bis das Auto zum Stillstand kommt. Natürlich ist das ein bisschen pauschal, denn der Bremsweg hängt ja von vielen Faktoren ab, u. a. vom Untergrund und den Reifen. Auf der Website internetratgeber-recht.de gibt es deshalb einen nützlichen Umrechner. Dort kann man neben der Geschwindigkeit je nach Untergrund noch einen Verzögerungsfaktor eingeben. Für einen PKW mit M&S-Reifen auf trockener Fahrbahn beträgt der Verzögerungsfaktor zum Beispiel 5,5. Da höchstens die Hälfte des Anhalteweges aus Asphalt bestand und die andere Hälfte aus feuchtem Gras, Pflanzen, Zauneingrenzungen etc., würde ich vorschlagen, dafür den Verzögerungsfaktor für eine »schlechte Wegstrecke« zu nehmen. Dieser beträgt 4,0. Nimmt man den Mittelwert, kommt man also auf einen Verzögerungsfaktor von 4,75. Dann wäre natürlich noch die Reaktionszeit anzugeben. Da hier von einem betrunkenen Fahrer ausgegangen wird, nehme ich dafür eine Sekunde an. Ergebnis: Der Anhalteweg würde 217 Meter betragen. Misst man jedoch den tatsächlichen Anhalteweg ab dem Punkt, an dem das Fahrzeug die Straße verließ bis zum endgültigen Standort, kommt man nur auf etwa 100 Meter.

Geschwindigkeit	142		⊙ km/h ○ m/s		
Verzögerung (siehe unten)	4.75		m/s²		
Reaktionszeit	1,0	s	Reaktionsweg	39.44	m
Umsetzzeit	0.2	s	Umsetzweg	7.88	m
Ansprechzeit	0.05	s	Ansprechweg	1.97	m
Schwellzeit	0.22	s	Schwellweg	8.56	m
Bremszeit	8.19	s	Bremsweg	159.46	m
Anhaltezeit	9.66	s	Anhalteweg	217.33	m
Wege berechnen			neu		

Anhalteweg bei 142 Stundenkilometern: 217,33 Meter.

Quelle: internetratgeber-recht.de

Geschwindigkeit	90		⦿ km/h ○ m/s
Verzögerung (siehe unten)	4,75		m/s²

Reaktionszeit	1.00	s	Reaktionsweg	25	m
Umsetzzeit	0.2	s	Umsetzweg	5	m
Ansprechzeit	0.05	s	Ansprechweg	1.25	m
Schwellzeit	0.22	s	Schwellweg	5.38	m
Bremszeit	5.15	s	Bremsweg	63.06	m
Anhaltezeit	6.62	s	Anhalteweg	99.7	m

Wege berechnen	neu

Der reale Anhalteweg von Haider (ca. 100 Meter) ergibt eine Geschwindigkeit von 90 Stundenkilometern. Quelle: internetratgeber-recht.de

Den wirklichen Anhalteweg an der Unfallstelle (100 Meter) erhält man bei einer Geschwindigkeit von 90 Stundenkilometern:

Dass das Auto teilweise keinen vollständigen Bodenkontakt und damit natürlich nur eine geringe Bremswirkung hatte (unterhalb des hier angenommenen Durchschnittswertes für die Verzögerung von 4,75), könnte auch für eine niedrigere Geschwindigkeit sprechen. Legt man allein den Anhalteweg zugrunde, ist es plausibel, dass die tatsächliche Geschwindigkeit des Autos bei 90 Stundenkilometern lag.

Etwas zu tot: der Insasse

Unglaublich war nicht nur die Zerstörung des Autos, sondern auch seines Insassen: Laut übereinstimmender Medienberichterstattung soll Haider schwere Kopf- und Brustverletzungen sowie Verletzungen der Wirbelsäule erlitten haben, von denen jede für sich tödlich gewesen sei. Außerdem sei der linke Arm fast abgerissen gewesen. Das wurde mir auch von der am Unfallort anwesenden Notärztin Andrea O. bestätigt.

Die Obduktion wurde am 12. Oktober 2008 von 17 bis 21.30 Uhr am gerichtsmedizinischen Institut der Universität Graz durch die Leiterin Dr. Kathrin Yen durchgeführt. Zusammen mit einem Staatsanwalt und weiteren Beamten stand rund ein Dutzend Menschen um den Leichnam herum. Tatsächlich bot der Tote vor allem innerlich ein Bild der Zerstörung. Es war, als wäre Haider von einer Riesenfaust getroffen worden:

> *»Die Obduktion ergab, dass Dr. Jörg Haider beim Verkehrsunfall eine Abtrennung der Schlagader links, einen Herzriss, einen Abriss des Rückenmarkes, Serienrippenbrüche links, einen Bruch und Verschiebung der Schädelbasis u. v. a., ebenfalls zum sofortigen Tod führende Verletzungen erlitten hatte.«* (News 42/08, 16.10.2008)

Wo war sie hin, die ganze sprichwörtliche Phaeton-Sicherheit? Bei einem Crash sollen die angeschnallten Insassen in ihren Sitzen festgezurrt, der Aufprall von den gezielt reagierenden Airbags aufgefangen werden. Dabei sollen die Insassen in den Sitzen fixiert bleiben. Die »konkurrenzlose hohe Torsionssteifigkeit« soll verhindern, dass sich der Rahmen des Autos verformt.

Es ist besonders auffällig, dass weder Medien und Gerichtsmedizin noch Staatsanwaltschaft eine schlüssige Erklärung für Haiders schwere Verletzungen anboten – also welche Gegenstände oder Fahrzeugteile den Landeshauptmann so schwer verletzt haben sollen. Dabei ist die kausale Rekonstruktion, wie die Verletzungen bei einem Toten entstanden sind, bei einem mutmaßlichen Kriminalfall erste Bürgerpflicht für einen Gerichtsmediziner: also wie Gegenstand A (zum Beispiel Schaltknüppel, Lenkrad) bei dem Betroffenen Verletzung A verursacht haben kann. Jedes Objekt hinterlässt schließlich eine Art Fingerabdruck bei dem Verletzten, genauso wie die Wunden des Verletzten häufig Blut- und Gewebespuren an Teilen des Fahrzeugs hinterlassen. Aber statt die »Mechanismen des Todes« im Fall Haider zu beschreiben, vermied es die Gerichtsmedizinerin Kathrin Yen strikt, kausal zu argumentieren.

Die Todesursache von Haider sei eindeutig gewesen, behauptete die Rechtsmedizinerin gegenüber der Bild-Zeitung (Website, 30.10.2008) und meint damit wohl die Verletzung, die zuerst zum Tode führte (denn wie wir oben erfahren haben, gab es ja viele Todesursachen): »Die todesursächliche Verletzung war eine Dissektion, ein Abriss des Hirnstamms – eine Verletzung, die zum sofortigen Tod führt«, räumte Yen laut Bild-Zeitung »mit Verschwörungstheorien auf«. Der Hirnstamm ist sozusagen der Hauptanschluss des Gehirns an den übrigen Körper. Zwar kann der Hirnstamm bei einem schweren Schädel-Hirn-Trauma bei Verkehrsunfällen durchaus beeinträchtigt und zum Beispiel indirekt in Mitleidenschaft gezogen werden; dass er jedoch regelrecht abreißt, ist ein spektakuläres Ereignis, kommt es doch einer Dekapitation – also einer Enthauptung – gleich. Bei einem Hirnstammabriss reißt das Gehirn, das sich wie ein Gewächs über den aus der Wirbelsäule herauswachsenden Hirnstamm wölbt, praktisch von seiner aus dem Rückenmark ragenden »Wurzel« ab.

In Wirklichkeit wurde mit dieser Erklärung keineswegs mit irgendetwas »aufgeräumt«. Denn die Todesursache für sich genommen erklärt schließlich noch gar nichts – am allerwenigsten den Hergang des mysteriösen »Unfalls«. Die Frage, **wodurch** diese Verletzungen verursacht worden waren, blieb weiter unbeantwortet. Trotzdem wurde so getan, als sei der Fall aufgeklärt, denn diese Verletzung komme bei Verkehrsunfällen häufig vor, so die Gerichtsmedizinerin. Das ist jedoch nur Statistik und keine kausale Erklärung von Haiders Verletzung(en), nämlich welche Gegenstände welche Verletzungen verursacht haben. Würde man jetzt mit Statistik zurück argumentieren, könnte man sagen, dass die Suche »Hirnstammabriss Verkehrsunfall« bei Google nur drei Fundstellen ergibt, zwei davon beziehen sich auf Frau Yen selbst. Bei der Suche »Abriss des Hirnstamms« und »Verkehrsunfall« gibt es gerade mal sechs Fundstellen, die sich alle auf die Aussagen von Frau Yen beziehen, was fast so aussieht, als hätte sie den häufigen Zusammenhang von abgerissenem Hirnstamm und Verkehrsunfällen glatt erfunden (Suche durchgeführt im Oktober 2008). Wer die in die Tausende und Abertausende gehenden Suchergebnisse von Google kennt, wird mir wohl zustimmen, dass der Abriss des Hirnstammes bei einem Verkehrsunfall ein eher seltenes Ereignis zu sein scheint.

Fest steht erst einmal nur: Enorme Kräfte müssen hier am Werk gewesen sein. Die gepolsterte und abgerundete Inneneinrichtung kann Haider kaum so verletzt haben; weit und breit nichts, was den Körper hätte ernsthaft beschädigen können. Auch die Zeiten, da Fahrer von der Lenksäule erdolcht wurden, gehören der Vergangenheit an, erst recht bei einem solchen Fahrzeug.

Was hat sich in diesem Phaeton also Geheimnisvolles abgespielt? Was war es, das Haider traf?

Eine Bombe im Lenkrad

»Am 19. April 2006 stieg ich in mein Mercedes Cabrio 300 CE-24 ein, drehte den Zündschlüssel um. In dem Moment löste sich der Fahrerairbag aus. Dies hatte schwere gesundheitliche Folgen für mich. Ein Bekannter brachte mich nach Hause. Dort konnte ich noch die Firma Mercedes anrufen und den Sachverhalt schildern. Heftige Brustschmerzen haben mich dann gezwungen, schnellstens eine Klinik aufzusuchen. Der zuständige Arzt spritzte mir Morphium gegen die Brustschmerzen. Ich bin zu 100 Prozent schwerbehindert und leide unter einer schweren Herzinsuffizienz. Diese plötzliche Airbagattacke verursachte bei mir eine schwere Atemnot. Ich musste stundenlang unter einer Sauerstoffmaske auf Verbesserung meiner Situation hoffen. Ich verbrachte drei Tage in der Klinik zur Stabilisierung. Man erwog sogar, mir einen Herzschrittmacher einzusetzen.« (Schindler, Jürgen: David gegen Goliath, 16.8.2008)

Dabei hat der Mann noch Glück gehabt, denn Airbags können sogar töten. »Airbags sind keine Schmusekissen«, stellte schon vor Jahren das 3sat-Wissenschaftsmagazin »nano« am 8. Februar 2002 fest. »Und die Elektronik kann auch mal verrückt spielen. Unfallforscher haben ermittelt, dass auf 1.000 Airbag-Rettungen statistisch auch 57 Airbag-Opfer durch Fehlauslösungen kommen.«»Auf 1.000 Insassen, denen der Airbag das Leben rettet, kommen 57, die er erschlägt«, titelte wienweb.at (25.4.2001). Diese Zahl sieht, wenn überhaupt, nur auf den ersten Blick gut aus. Auf den zweiten Blick stellt man fest: 57 von tausend sind ja 5,7 Prozent (bei 57 *auf* 1.000 immer noch 5,4 Prozent)! Dabei erhebt sich die Frage: Wie wurde die Aussage, dass die anderen durch den Airbag »gerettet« worden seien, überhaupt getroffen? Denn woher soll man so genau wissen, was den Betreffenden ohne Airbag passiert wäre? Rein logisch gesehen ist das nicht möglich. Schließlich kann man denselben Unfall ja nicht ohne Airbag wiederholen. Diese einfache Überlegung führt bereits zu dem Schluss, dass die oben genannte Zahl äußerst fragwürdig ist.

Und tatsächlich: »Andere Studien beweisen, dass die Regierung die Zahl der angeblich durch Airbags geretteten Leben enorm übertrieben hat«, kritisiert die amerikanische Bürgerrechtsorganisation »The Future for Freedom Foundation« (Bovard, James: Killing and Lying for Safety: Airbags and the Salvation State, December 1997). Ja, ein Experte von General Motors habe sogar bestritten, dass man überhaupt beweisen kann, dass Airbags auch nur ein Leben gerettet haben. Streng logisch gesehen hat der Mann recht – siehe oben.

Oder haben die Statistiker etwa gar nicht mit »Rettungen« gerechnet, sondern nur mit Auslösungen? Dann wäre die Zahl 57 ein Desaster. Denn wenn 1.000 Airbags auslösen, handelt es sich nur bei einem Bruchteil der Fälle um lebensgefährliche Situationen. Schließlich lösen Airbags bereits bei 20 bis 30 Stundenkilometern aus. Wenn von den 1.000 Auslösungen beispielsweise zehn Prozent lebensgefährliche Situationen betrafen, würde das heißen, dass Airbags in 100 lebensgefährlichen Situationen 57-mal getötet hätten!

Dabei ist von den Airbagverletzten hier noch nicht mal die Rede. In derselben Quelle ist von jährlich 300.000 Verletzten in den USA die Rede. 300.000! Und diese Verletzungen sind kein Spaß: Amputationen, komplizierte Knochenbrüche, Knalltrauma und Tinnitus, um nur einige zu nennen.

»Schädel- oder Genickbruch« seien die Folgen bei Fehlauslösungen, so wienweb.at:

> »*Laut dem deutschen Nachrichtenmagazin* ›*Der Spiegel*‹ *(15/2001) schwebt jeder in Lebensgefahr, der sich näher als zehn Zentimeter vom Öffnungsdeckel des Airbags aufhält. Das können Beifahrer sein, die im Handschuhfach suchen oder sich die Schuhe schnüren. Oder [Fahrer, die] einfach zu nahe am Lenkrad sitzen. Aber keinesfalls ist nur die Nachlässigkeit der Insassen schuld an den tödlichen Folgen. Denn die Fahrzeugindustrie entwickelt Airbags in der Regel nach den physischen Eigenschaften des sogenannten* ›*50-Prozent-Mannes*‹*. Also eine männliche Person mit 1,75 m Körpergröße und 75 kg Körpergewicht. Fahrer wie etwa die* ›*Fünf-Prozent-Frau*‹ *mit 1,50 m Größe und 48 kg Gewicht sitzen oftmals in der tödlichen Zone. Mögliche Folge: Tod durch Schädel- oder Genickbruch* … ›*Der Spiegel*‹ *zitiert ein internes Volkswagen-Papier, in dem u. a. folgende Zielsetzung genannt wird:* »*Reduzierung des Risikos für Kleinkinder, Kinder und kleine Erwachsene vor Verletzungen und Tötungen durch den Airbag.*« (wienweb.at, 25.4.2001)

Laut Los Angeles Times rief General Motors im Sommer 1998 eine Million Fahrzeuge wegen der Gefahr zurück, dass die Airbags plötzlich auslösen könnten. Ein Jahr später, 1999, mussten laut dem ADAC-Rückrufexperten Anton Demmel eine Million Chrysler-Fahrzeuge wegen drohender Airbag-Fehlauslösungen in die Werkstatt zurück. 2002 rief Saab laut Los Angeles Times weltweit 55.000 Saab 900 zurück, um eine Störung der Airbag-Steuerung zu beseitigen, die eine Fehlauslösung hätte verursachen können. Nach 107 Berichten über plötzlich auslösende Airbags drohte 2004 auch dem Phaeton-Hersteller Volkswagen laut derselben Zeitung ein Rückruf von fast einer halben Million Fahrzeugen. »Die Elektronik ist eben nicht immer 100-prozentig zuverlässig«, heißt es bei nano. »Ins Gerede kam vor allem der Beifahrer-Airbag.« Sitze man da falsch, könne das tödlich enden.

Nun saß Jörg Haider zwar nicht auf dem Beifahrersitz, dennoch sollten wir die Airbag-Verletzungen im Auge behalten: »Genick- und Schädelbrüche sind schon vorgekommen«, ja, sogar Amputationen, also genau das, woran Jörg Haider starb.

Natürlich retten Airbags Leben. Aber nicht immer. Airbags können auch töten. Airbags sind nur dann sicher, wenn definierte Personen auf definierte Art und Weise vor ihnen sitzen. Wenn man falsch, zum Beispiel zu nah, vor einem Airbag sitzt (etwa, wenn man klein ist), kann man getötet werden. Von »Killer-Airbags« spricht beispielsweise die Eastern Forensic Science Group aus Gainesville, Florida, die sich auf die Rekonstruktion von Unfällen spezialisiert hat, insbesondere von Airbag-Unfällen: »In Ihrem Lenkrad tickt eine Zeitbombe, und die Hersteller erzählen nur Lügen darüber. Die US-Regierung schweigt, und die Versicherungsindustrie vertuscht es.« (easternforensic.com, 17.2.2009)

Airbags können auch versagen, heißt es auf injury.com, einer amerikanischen Website, die Verletzungsopfer mit Anwälten zusammenbringt.

»Wenn das passiert, gehen sie entweder ohne Grund los oder zünden nicht, wenn sie gebraucht werden. Bei der Freisetzung entwickeln Airbags eine Geschwindigkeit von mehr als 200 Meilen pro Stunde und einen Druck von einer halben Tonne. Selbst wenn die Fahrer sich nicht aufstützen und ihre Finger nicht von dem explodierenden Airbag erfasst werden, gehen sie das Risiko von Gehirnerschütterungen, Hirnschäden und sogar Erstickung ein, wenn sie sich von dem Airbag nicht befreien können [nur der Frontairbag erschlafft sofort, andere Airbags halten die »Luft« unter Umständen minutenlang; G. W.].

Airbag-Verletzungen sind ernst und können tödlich sein, und viele Verletzungen können vermieden werden, wenn Fahrer und Passagiere ihre Hände und Arme beim Aufprall nicht nach vorne strecken würden. Daumen und Finger können abgerissen werden, Arme können zahlreiche

Knochenbrüche erleiden. Man kann auch schwere Augen-, Gesichts-, Kopf- und Hirnverletzungen erleiden, wenn Airbags auslösen.

Viele Verletzungen und Todesfälle können auch verhindert werden, wenn Menschen kleiner Statur, darunter auch Kinder, Alte, und Schwache, es vermeiden würden, auf Sitzen mit Airbags zu sitzen. Airbags sind für Menschen gedacht, die 170 groß sind und 80 Kilo wiegen. Kleinere Fahrer, etwa Frauen, müssen sich leider oft näher an den Airbag setzen, um das Lenkrad zu erreichen, und es gab zahlreiche Fälle, bei denen der Airbag die primäre Ursache von schweren Verletzungen war, nicht die Kollision.« (injury.com: Airbag Injuries, Copyright 2008)

Bis zum Januar 2003 hat die nationale Autobahnbehörde der USA (National Highway Traffic Safety Administration, NHTSA) eine Gesamtzahl von 94 Todesfällen durch Airbags bei leichten bis mittelschweren Unfällen untersucht:

»In 50 Prozent der bestätigten [Todes-] Fälle erlitten die Fahrer Brustverletzungen, während 43 Prozent eine Kombination von Kopf-, Genick- und Wirbelsäulenverletzungen erlitten. Die restlichen sieben Prozent erlitten eine Kombination von Kopf-, Genick-, Wirbelsäulen- und Brustverletzungen.« (Kindelberger/Chidester/Ferguson: Air Bag Crash Investigations, NHTSA-Paper No. 299, Washington D. C. 2003)

Aber auch Amputationen stehen bei Airbag-Unfällen auf dem Programm, etwa wenn Finger auf der Airbagabdeckung liegen oder man diagonal über das Lenkrad greift.

In einem Report amerikanischer Unfallärzte heißt es:

»Über zehn Jahre klinischer Studien und Erfahrungen haben nicht nur unwiderlegbar gezeigt, dass ein Insasse in unmittelbarer Nähe zu einem sich entfaltenden Airbag ernste Verletzungen oder den Tod erleiden kann. Sondern auch, dass die Nähe der oberen Extremität eines Insassen zu einem sich entfaltenden Airbag oder einer Airbagabdeckung zu einer Am-

putation von Fingern, Händen und Unterarmen sowie komplizierten Splitterbrüchen führen kann, wobei die Geschwindigkeit des Fahrzeugs keine Rolle spielt.« (Smock, William: Protecting yourself from Air Bag Injuries, Journal of Trauma, Injury, Infection and Critical Care, 1995, Vol. 38, No. 4)

Natürlich, denn maßgeblich ist die Geschwindigkeit des Airbags, und die beträgt rund 320 Stundenkilometer. Der Insasse kann also auch bei einer geringen Geschwindigkeit des Autos total zerschmettert und Extremitäten können amputiert werden. Gerade nur noch an wenigen Fasern hängende Gliedmaßen können ein Zeichen eines »Airbag-Angriffs« sein.

Der Report präsentiert drei Fallstudien:

1. Eine 25-jährige angeschnallte Frau kam mit ihrem Fahrzeug von der Straße ab und prallte frontal gegen eine Beton-Barriere. Sie umfasste das Lenkrad in einer Art Abstützungs-Bewegung, wobei ein Daumen über das rechte Ende der Airbagabdeckung reichte. Neben Abschürfungen und Prellungen der Brust und Arme erlitt sie eine 75-prozentige Abtrennung ihres Daumens am MCP-Gelenk. Der Daumen blieb nur noch durch ein kleines Stück Gewebe mit ihrer Hand verbunden. Der Wagen erlitt einen leichten Frontschaden.
2. Eine 52-jährige angeschnallte Fahrerin prallte bei fünf Meilen pro Stunde auf ein entgegenkommendes Fahrzeug. Beim Drehen des Lenkrades befand sich ihr rechter Unterarm über dem Airbag-Modul, als der Airbag auslöste. Sie erlitt multiple Brüche des Oberarms einschließlich schwerer Splitterbrüche (»pulverized fractures«) beider Oberarmknochen. Der Schaden an der Frontstoßstange war gering.
3. Eine 35-jährige angeschnallte Fahrerin streifte mit der Stoßstange ihres Wagens auf einer Länge von acht Metern eine Fahrbahnbegrenzung. »Als das Auto zum Stillstand kam, befreite sich ihr Mann, der eingeschlafen war, von seinem Gurt, stieg aus und begab sich zur Fahrerseite des Wagens. Er fand seine Frau mit angelegtem Gurt bewusstlos vor; aus ihrer Nase und ihrem linken Ohr lief Blut. Beim

Transport ins Krankenhaus durch einen anderen Fahrer erlitt die bewusstlose Frau einen Atemstillstand. Eine Computertomographie im Krankenhaus zeigte Blutungen und eine ernsthafte Schwellung des Gehirns im Schädel. Sie wurde für hirntot erklärt ... Die fünf anderen Insassen des Wagens blieben entweder unverletzt oder erlitten nur geringe Verletzungen (kleine Schnittwunden, Nasenbluten). Der einzige Schaden am Fahrzeug befand sich an der vorderen Stoßstange.«

Alle drei Frauen hatten, weil sie besonders klein waren, das Pech, in die sogenannte Entfaltungszone des Airbags zu geraten. Laut Auskunft seiner Angehörigen war Jörg Haider zwar 1,76 Meter groß. Dasselbe kann jedoch passieren, wenn ein Fahrer nicht angeschnallt ist oder aus anderen Gründen in die Entfaltungszone des Airbags gerät, zum Beispiel wenn er sich nach vorne lehnt, bewusstlos über dem Lenkrad hängt oder Ähnliches. Dann trifft ihn die gewaltige Faust des Airbags wie eine Fliegenklatsche mit der Wucht einer halben Tonne und zermalmt in Sekundenbruchteilen seinen Körper unter Umständen vom Kopf bis zur Gürtellinie einschließlich schwerer innerer Verletzungen. Bei Haider waren dies laut Obduktionsbericht:

»... eine Abtrennung der Schlagader links, ein Herzriss, ein Abriss des Rückenmarkes, Serienrippenbrüche links, ein Bruch und Verschiebung der Schädelbasis u. v. a., ebenfalls zum sofortigen Tod führende Verletzungen ...« (News 42/08, 16.10.2008)

Aus meiner Sicht eindeutig der »Fingerabdruck« des Airbags. Dass ein Versagen des Fahrzeugs vorliegt, heißt das dagegen nicht unbedingt. Schließlich sind Airbags nur bei definitionsgemäßem Gebrauch sicher – also angeschnallt, in ausreichendem Abstand und mit den Händen auf dem Lenkrad. Vielmehr könnte es auch sein, dass der Airbag Haider in einer extrem ungünstigen Position erwischte – nämlich weit in der Entfaltungszone. Damit wäre zwar die letzte Todesursache weitgehend geklärt – nicht aber, was diese gefährliche Konfiguration von Fahrzeug und Fahrer verursachte:

- Ging der Airbag im Stand oder bei geringer Geschwindigkeit von selber los?
- Ging der Airbag bei geringen Erschütterungen los, zum Beispiel bei der Fahrt auf die kleine Böschung oder als der Wagen von der Böschung herunterfuhr?
- Lehnte sich Haider dabei nach vorne und suchte beispielsweise etwas auf der Frontablage?
- War er etwa nicht angeschnallt und geriet dadurch bei einem Aufprall in die Todeszone des Airbags?
- Oder stand das Fahrzeug still, während sich irgendetwas Schweres auf die Motorhaube schob, die Front zerquetschte, das Dach zertrümmerte und durch die Erschütterungen die Airbags auslöste? Sollte dabei ein bewusstloser Haider zu nah am Lenkrad gesessen haben, wäre dies sein Todesurteil gewesen.

Etwas zu viel: 1,8 Promille

In einem vorangegangen Kapitel war von der angeblichen Raserei Jörg Haiders die Rede. Erstens lässt sich die überhöhte Geschwindigkeit aus der Unfallstelle aber nicht entnehmen, zweitens steht der Wert von 142 Stundenkilometern auf äußerst wackligen Beinen. So wie es aussieht, wäre der Wert überhaupt nicht gerichtsverwertbar gewesen. Dasselbe gilt für den angeblichen Blutalkoholgehalt von 1,8 Promille. Wer über den Blutalkoholgehalt des toten Haider recherchiert, erlebt eine Überraschung nach der anderen. Die erste ist die, dass diese Blutprobe überhaupt nicht zulässig war. Jedenfalls wenn man Polizeisprecher Gottlieb Türk glaubt. Der erklärte laut Kurier vom 12. Oktober 2008: »Bei tödlichen Unfällen wird keine Blutabnahme durchgeführt, es sei denn, es sind weitere Menschen beteiligt. Nur dann kann das Gericht eine solche Untersuchung anordnen. Dafür muss aber die Zustimmung der Familie eingeholt werden.«

Demnach war die Prozedur, selbst wenn sie von einem Gericht angeordnet worden sein sollte, illegal. Denn da von dem Unfall keine

weiteren Menschen betroffen waren, hätte das Gericht diese Anordnung nicht geben dürfen. Das würde also heißen, dass die Staatsanwaltschaft Klagenfurt öffentlich mit illegal erlangten Daten hausie-
ren ging.

Die nächsten Ungereimtheiten drehten sich um die von der Familie Haider Mitte Dezember 2008 beantragte 2. Untersuchung der Blutprobe. Deren Ergebnisse »wollte die Staatsanwaltschaft von sich aus
nicht veröffentlichen – außer es gäbe gravierende Abweichungen«, berichtete der Kurier am 13. Januar 2009. Sollte das stimmen, hielt sich
die Staatsanwaltschaft nicht daran. »Am Dienstag bestätigte der Leiter der Staatsanwaltschaft Klagenfurt, Gottfried Kranz, auf Anfrage des
›Kurier‹: ›Die Ergebnisse der Gerichtsmedizin Innsbruck sind einge-
langt. Es haben sich keine Veränderungen ergeben.‹ Soll heißen: Es waren 1,8 Promille.«

Am 14. Januar 2009 um 11.20 Uhr wollte ich von Claudia Haider
dazu einige Einzelheiten wissen und rief sie deshalb an. Am Telefon
traf ich auf eine total aufgeregte Frau. Hier mein Gedächtnisprotokoll
der Unterhaltung:

*Sie ist sehr aufgewühlt und erregt, aber auch unsicher. Nach dem Un-
fall hätten viele Kräfte darauf hingewirkt, den Deckel zuzumachen und
die Ermittlungen sofort abzuschließen. Von Anfang an habe ein ganz be-
stimmtes Bild nicht zerstört werden sollen. »Es gab einen Riesendruck,
den Leichnam einzuäschern«, sagt sie. Und dann habe sie, die Witwe,
doch tatsächlich eine zweite Blutuntersuchung haben wollen. Dem sei
auch stattgegeben worden, und zwar mit zwei Zusagen seitens der Behörden: 1. Es sollte ein privates Institut beauftragt werden. 2. Bei der
Übergabe der Blutprobe sollte ein Vertrauensarzt der Familie zugegen
sein. Auch ein Institut habe man für die Untersuchung bereits in Aussicht
gehabt. Aber: Diese Zusagen seien nicht eingehalten worden.*

Stattdessen wurde die Blutprobe von der Gerichtsmedizin Innsbruck untersucht.

175

Des Weiteren, und nun wird es wirklich interessant, wisse die Familie nicht, wer den Auftrag gegeben habe, den Leichnam nach der Obduktion sofort einzubalsamieren. Dieser Auftrag sei nicht von der Familie gekommen, obwohl die Familie zu diesem Zeitpunkt die alleinige Verfügungsgewalt über den Leichnam gehabt habe. Nach der Einbalsamierung aber habe man viele Untersuchungen nicht mehr durchführen können.

Bei dem Wort »einbalsamieren« darf man nicht etwa nur an eine äußere Behandlung eines Leichnams denken. Vielmehr wird der Leichnam häufig äußerlich und innerlich behandelt, zum Beispiel, indem das Blut gegen andere Flüssigkeiten ausgetauscht wird. Hier eine Beschreibung von der Website »Bestatterweblog«:

Zuerst wird der gesamte Körper mit einer desinfizierenden und keimtötenden Lösung abgewaschen ... Im Folgenden werden dann Körperflüssigkeiten weitestgehend gegen eine Einbalsamierungsflüssigkeit ausgetauscht. Wichtigstes Hilfsmittel hierfür ist eine spezielle Einbalsamierungspumpe, die das Ein- und Ausleiten von Flüssigkeiten über Schläuche und Nadeln ermöglicht.

Über die Karotisarterie (Halsschlagader) wird Einbalsamierungsflüssigkeit in den Körper eingeleitet, während über die Jugularvene (Drosselvene) das körpereigene Blut abgeleitet wird. Die mechanische Pumpe gibt hierbei den Takt vor, den der Einbalsamierer durch intensive Massage und das Kneten des Körpers unterstützt, um sicherzustellen, dass die Einbalsamierungsflüssigkeit auch in eher schlecht durchblutete Stellen des Körpers fließen kann.

Der nächste Schritt ist die Behandlung der Körperhöhle, insbesondere der Bauchhöhle. Hierbei kommt eine Saugpumpe, der Aspirator ... und der Trocar ... zur Anwendung. Etwa fünf Zentimeter über dem Bauchnabel und fünf Zentimeter nach rechts versetzt wird mittels dieses spitzen und innen hohlen Instrumentes die Bauchhöhle angestochen und die Hohlorgane des Bauches entlüftet und von Flüssigkeiten befreit. Was das für Flüssigkeiten und Bestandteile sind, brauche ich wohl im Einzelnen auch nicht erwähnen, der Mageninhalt jedenfalls gehört dazu.

So der Autor von Bestatterweblog. Und weiter:

Danach wird die Saugpumpe abgestöpselt und mittels einer Einleitungspumpe nunmehr hochkonzentrierte Einbalsamierungsflüssigkeit, die aus Formaldehyd oder alternativen Flüssigkeiten besteht, eingespült ...

»Wir haben so viele Fragezeichen«, sagte mir Frau Haider:

»Mein Mann war kein Schluckspecht. Wie er in dieser kurzen Zeit soviel getrunken haben soll, ist mir rätselhaft. Und wenn: Wir sind ein öffentliches Paar. Es gab eine ganz klare Regel: niemals betrunken Auto zu fahren. Niemals. Wir wussten, das darf er nicht. Ein solcher Vollprofi setzt sich doch nicht einer solchen Situation aus, die ihm massiv hätte schaden können. Denn wir wussten: Dann wäre er weg gewesen. Das wäre das Ende der politischen Karriere gewesen. Glauben Sie mir, ich kenne ihn, wir waren 32 Jahre verheiratet. Und zudem wäre er dann nicht direkt an seiner Wohnung in der Lemischgasse vorbei ins Bärental gefahren.«

Eben: Der angeblich volltrunkene Haider fuhr in etwa 100 Metern Entfernung an seinem Klagenfurter Wohnsitz vorbei, um dann noch mitten in der Nacht viele Kilometer über enge Serpentinen und schließlich steile Waldwege ins Bärental zu fahren.

Die hohe Blutalkoholkonzentration ist also noch immer ein Rätsel: Ein an Alkohol wenig interessierter, sich professionell in der Öffentlichkeit bewegender Mensch soll am Vorabend eines wichtigen Familienfestes innerhalb kürzester Zeit eine Alkoholkonzentration von 1,8 Promille aufgebaut haben. Nun, für manche mag gerade ein Familienfest ein Grund sein, sich zu betrinken. Bei dem Polit- und Repräsentationsprofi Haider ist das aber eher unwahrscheinlich, zumal ihm klar sein musste, dass er solche Alkoholmengen überhaupt nicht »vertragen« würde. Wo und wie dies geschehen sein soll, ist daher auch noch immer nicht hinreichend geklärt.

Das Problem besteht darin, dass der hohe Alkoholgehalt im Blut immer mit einem hohen Alkoholkonsum gleichgesetzt wird. Die hohe Blutalkoholkonzentration mag vielleicht erwiesen sein – nicht aber der Konsum. Das ist ein wichtiger Unterschied. Für den hohen Alkohol**konsum** von Haider gibt es noch immer keinen positiven Beweis – im Gegenteil. Alle der Öffentlichkeit namentlich bekannten Zeugen im Le Cabaret (Berger, Jost, Kastner u.v.a.m.) und selbst im Stadtkrämer (z. B. Gasser, der Barmann Martin) bestätigen keinen oder nur geringen Alkoholkonsum. Die Aussagen über den angeblich exzessiven Alkoholkonsum stammen ausschließlich von in der Öffentlichkeit nicht namentlich genannten »Zeugen«.

Des Rätsels Lösung könnte freilich darin bestehen, dass Haider der Alkohol anders zugeführt wurde. Verschwörungstheorie? Apologetik? Nicht doch. Erstens habe ich keinen Grund, Jörg Haider in Schutz zu nehmen, außer aufgrund der bizarren und zweifelhaften Umstände seines Todes. Zweitens stammt diese Vermutung nicht etwa von mir. Vielmehr wurde sie am 6. November 2008 in der »Kleinen Zeitung« veröffentlicht. Demnach

1. seien Haider »Alkohol oder verstärkende Mittel« eingeflößt worden,
2. hatte Haider »keinen Alkohol im Magen«.

Eingeflößt, aber nicht im Magen? Das könnte ja nur heißen, dass Haider der Alkohol auf anderen Wegen »eingeflößt« worden sein müsste. Auch Angehörige der Familie Haider, die den Obduktionsbericht einsehen konnten, haben mir bestätigt: Während in Blut und Urin höhere Alkoholkonzentrationen gemessen worden seien, seien im Magen nur verschwindend geringe Mengen vorhanden gewesen. So gering, dass sie kaum auf einen oralen Konsum von Alkohol zurückgeführt werden können. Wenn das stimmen sollte: Wie ist dann aber zu verstehen, dass Haider »Alkohol oder verstärkende Mittel eingeflößt worden« sein sollen, wie die »Kleine Zeitung« behauptete? Denn sollte dies auf herkömmlichem Wege – nämlich oral – geschehen sein, hätte sich der Alkohol ja auch im Magen feststellen lassen müssen.

Schon im Dezember 2008 recherchierte ich dazu bei verschiedenen österreichischen Medien und erhielt die üblichen Antworten von den Journalisten über Haiders Alkoholwerte: Stadtkrämer, »Schwulenlokal«, »Anbaggern des jungen Mannes«, »eine Flasche Wodka«. Weil das bei dem eher abstinenten Haider aber keinen Sinn ergab, ließ ich nicht locker. Bis mir ein Kollege schließlich zuraunte, das alles sei deshalb so wenig überzeugend, weil man die eigentliche Geschichte nicht schreiben könne.

Aha – interessant. Weil die Wirklichkeit nichts für die Öffentlichkeit ist, muss man halt um den heißen Brei herumschreiben, was dann wenig überzeugend klingt: Hier steht man nun und kann nicht anders.

»Und was ist nun die eigentliche Geschichte?«, wollte ich wissen. Nun, so erhielt ich zur Antwort, in Schwulenlokalen gebe es ja bekanntlich sogenannte Darkrooms, in denen die Homosexuellen diversen sinistren Praktiken nachgingen, unter anderem der, sich den Alkohol anal zuzuführen – per Einlauf.

Während mir der Mund offen stehen blieb und ich mir vorzustellen versuchte, wie der Landeshauptmann auf einen schnellen Einlauf im Stadtkrämer vorbeischaute, schob der Kollege nach, dass Haider ja davon nichts gewusst haben muss.

»*Ein Einlauf und nichts gewusst?*«, schnappte ich nach Luft.

»*Naja, vielleicht hat man ihm einen Streich gespielt und mehr Alkohol in den Einlauf reingetan, als vereinbart.*«

Bei meinem Besuch im Stadtkrämer im Januar 2009 besichtigte ich das ganze Lokal einschließlich einiger gemütlicher Sofaecken und -räume und rüttelte an allen Türen – vielleicht ein Darkroom hinter einer Stahltür? Aber so sehr ich auch lauschte – ich konnte weder verdächtiges Stöhnen noch Schreien ausmachen. Auch einschlägige Gerätschaften wurden nicht gereicht. Freilich war das nachmittags um fünf und damit auch noch nicht zur Hauptverkehrszeit. Nicht maulfaul, fragte ich also Barmann Martin geradeheraus, ob der Stadtkrämer über einen Darkroom verfüge. Dem Mann war offenbar nichts Menschliches fremd, weswegen er sich über meine Frage auch nicht wunderte, sondern mit einem sachlichen »Nein« antwortete. Weil ich es genau wissen wollte, fragten Arndt Burgstaller und ich auch in Lokalen in der Nachbarschaft herum – auch da verneinte man das Vorhandensein von Darkrooms, sowohl in den eigenen Lokalen als auch im Stadtkrämer. Die Darkrooms müssen also zumindest ziemlich geheim sein.

Um wirklich keine Spur auszulassen, beschäftigte ich mich einige Zeit mit der Frage, ob manche Leute Alkohol tatsächlich mit dem Allerwertesten zu sich nehmen. Dabei stieß ich nur auf äußerst spärliches Material, das vor allem aus eindringlichsten Warnungen bestand. Und zwar deshalb, weil Alkohol anal konsumiert lebensgefährlich ist. Aufgrund des sofortigen und ungefilterten Übertritts in die Blutbahn wirkt da auch schon ein Bierchen wie eine Bombe. Freiwillig hätte Haider in dieser Nacht also ganz gewiss keinen Alkohol-Einlauf zu sich genommen – auch deshalb, weil das ja eine unbequeme und schwer zu kontrollierende Sache ist, auf die hin man sich nicht einfach in seinen Phaeton setzen und zu seiner Mutter brausen kann. Wenn, dann sind solche Spielchen wohl eher was für ausgedehnte Orgien.

»Vielleicht hat man ihm einen Streich gespielt und mehr Alkohol in den Einlauf reingetan, als vereinbart« – ist diese Formulierung deshalb etwa näher an der Wahrheit, als man zunächst denken würde? Denn so kann man es natürlich auch formulieren. Oder auch so: Der Alkohol wurde Haider gegen seinen Willen anal verabreicht. War das obige Zitat also vielleicht nur die freundliche Formulierung für einen Anschlag? Denn ein Anschlag wäre ein unverlangter Alkoholeinlauf ja auf jeden Fall gewesen, zumindest eine schwere Körperverletzung, vielleicht sogar mit Todesfolge. Ja, man bewegt sich da sogar haarscharf an dem, worum es hier in diesem Buch geht, nämlich am Mord.

Nun wäre das ja alles nur ein unappetitliches Gerücht von in die Enge getriebenen Journalisten, wenn nicht zwei Quellen behaupten würden, dass Haider keinen Alkohol im Magen hatte. Irgendwie muss der Alkohol also am Magen vorbei in den Körper gekommen sein – wenn er denn wirklich drin gewesen sein sollte. Unterstellt, dass weder Behörden noch Haider-Freunde lügen, wäre die anfänglich als vollkommen absurd erscheinende Sache mit dem Klistier eine logische Auflösung der ansonsten unauflöslichen Widersprüche zwischen dem Blutalkoholgehalt und der Tatsache, dass Haider nach Aussage der meisten Zeugen an diesem Abend kaum Alkohol zu sich nahm und sich auch kein Alkohol in seinem Magen befand. Die Lösung könnte lauten, dass beide recht haben: Staatsanwaltschaft und Zeugen. Haider trank nicht, aber er war trotzdem schwer alkoholisiert.

Todesfälle, in denen sich im Körper Gifte finden, ohne ihn »ordnungsgemäß« betreten zu haben, kennen wir schließlich schon. Einer davon ist der Todesfall des schleswig-holsteinischen Ministerpräsidenten Uwe Barschel in der Nacht vom 10. auf den 11. Oktober 1987. Der hatte mit einer Mischung aus Schlaftabletten »Selbstmord« begangen, allerdings ohne sie geschluckt zu haben. Denn in der Speiseröhre fand sich bei der Obduktion keine Spur der Schlafmittel (siehe Baentsch, S. 199). Einzige Erklärung: Die Mittel wurden ihm per Schlauch zugeführt. Zweites Beispiel: Marilyn Monroe. Die lag eines Tages tot im Bett, neben sich eine leere Schlaftabletten-Flasche:

Am nächsten Morgen lag der Körper einer »36-jährigen, wohlentwickelten, wohlgenährten Weißen« auf dem Obduktionstisch, schildert der Tagesspiegel vom 29. Mai 2006 die Ereignisse. *»Körpergewicht 53 kg, Körpergröße 166 cm. Die Kopfhaut ... mit blond gebleichtem Haar bedeckt.« Über sie gebeugt sind der die Autopsie leitende Dr. Noguchi und der stellvertretende Bezirksstaatsanwalt John W. Miner.*

Die Polizei ging zu diesem Zeitpunkt bereits von einem Selbstmord aus. Da auch die beiden Männer keine Spuren von Gewaltanwendung entdeckten, tippten sie auf eine Überdosis. Der Magen aber war »fast völlig leer ... Es sind keine Tabletten-Rückstände feststellbar.« Geschluckt hatte sie also offensichtlich nichts. Noguchi und Miner suchten daraufhin auch an ungewöhnlichsten Stellen nach Einstichen. Doch auch Injektionsspuren waren nicht zu finden.

Das Blut der Toten enthielt, neben einer nicht tödlichen Konzentration von acht Milligramm Chloralhydrat, tödliche 4,5 Milligramm Nembutal, die Leber 13 Milligramm. Ein Indiz dafür, dass das Gift nicht injiziert worden war. Die tödliche Wirkung hätte in diesem Fall eingesetzt, bevor der Abbauprozess in der Leber so weit fortgeschritten wäre. Nur wie war das Gift in den Körper gelangt? Die Männer erhofften sich Aufschluss von den in Auftrag gegebenen Gewebeproben. Die aber waren am nächsten Tag verschwunden. Der Fall wurde als Selbstmord behandelt, weitere Untersuchungen für überflüssig erklärt. John W. Miner hat so etwas in seiner Karriere nie wieder erlebt.

Wurden Gifte nicht oral konsumiert, gibt es vor allem zwei Wege:

1. Injektion oder
2. Einlauf.

Nachdem bei Monroe Gerichtsmedizin und Staatsanwaltschaft orale Einnahme und Injektion ausgeschlossen hatten, kam nur noch ein Einlauf in Frage. »Miner vertritt die These, die Monroe habe das Gift über den Dickdarm aufgenommen«, schrieb am 8. August 2005 »Die Welt«. »Jemand habe 30 Kapseln des Schlafmittels Nembutal in Wasser aufgelöst und Marilyn Monroe das Gift per Einlauf verabreicht.« Das Problem ist nur, dass 30 Kapseln eines solchen Schlafmittels schon bei oraler Einnahme lebensgefährlich sein können. Die Zuführung per Einlauf bedeutet aber den sicheren Tod. Denn dabei gibt es keine Verdünnung durch Verdauungssäfte oder zeitliche Verzögerung auf dem Weg durch den Verdauungstrakt. Ein Erbrechen kann die Vergiftung ebensowenig verhindern wie ein Ablaufen des Klistiers, zum Beispiel wenn man die Klistier-Gerätschaft lange genug im Darm belässt. Wenige Minuten dürften genügen, um eine tödliche Dosis ins Blut gelangen zu lassen. Bei einer therapeutischen Zuführung eines Schlafmittels per Einlauf müsste man die Dosis erheblich verringern, statt sie gleich zu belassen oder gar zu erhöhen. Eine Zuführung von 30 Schlaftabletten per Einlauf kann kaum anders als vorsätzlicher Mord gewertet werden. Das gleiche gilt für Alkohol. Eine oral verträgliche Dosis kann rektal verabreicht wie ein K.-o.-Schlag und sogar tödlich wirken. Vor allem können schon viel geringere Mengen als bei oraler Einnahme zu einem Blutalkoholgehalt von 1,8 Promille führen.

Oder ist die Geschichte mit dem Alkoholklistier der letzte Notnagel von professionellen Propagandisten, die nun auch beim besten Willen nicht mehr erklären können, wie der Alkohol in den Körper von Jörg Haider gekommen sein soll?

Das Geheimnis der nüchternen Schnapsleichen

Dass immer wieder »nüchterne Alkoholiker« oder »alkoholisierte Nüchterne« Unfälle bauen, ist schon merkwürdig. Der Unfall von Jörg Haider ist nicht der erste mit einem unerwartet stark alkoholisierten Fahrer. Ein anderer war der von Lady Di am 30. August 1997:

»Henri Paul, der Chauffeur, war restlos betrunken!«, geht die offizielle Melodie im Fall Lady Di, hier zitiert von einer Diana-Seite: »1,75 Promille Alkohol stellte man in seinem Blut fest. Das entspricht einer Menge von ungefähr acht Whiskys. Henri galt als trockener Alkoholiker, seine Leberwerte waren normal.«

Vielleicht war Paul also wirklich einmal Alkoholiker, zumindest jetzt aber nicht mehr. Jetzt galt er als »trocken«, und das heißt im Fall eines ehemaligen Alkoholikers: Er trank überhaupt nichts. Und das heißt zweitens, dass ein solcher Mensch, sollte er doch etwas trinken, besonders empfindlich auf Alkohol reagiert.

Trotzdem muss er sich an diesem Abend sinnlos betrunken haben. Aber damit nicht genug. Die Mediziner konnten auch Rückstände von Drogen ausmachen. Eine höllische Mischung zusammen mit Alkohol. Wie war es nur möglich, dass sich ein betrunkener Sicherheitsmann hinter das Steuer setzte? Warum bemerkte niemand seinen Zustand? (prinzessin-diana.de)

Tja, das ist die Frage: Ein eigentlich »trockener Alkoholiker« mit acht Whiskys und Psychopharmaka im Blut hätte eigentlich jedem auffallen müssen. Genau wie der Landeshauptmann von Kärnten mit 1,8 Promille im Blut. Nur dass es im Fall Henri Paul sogar ein Video gibt, das den Diana-Fahrer kurz vor der Abfahrt zeigt:

Mohamed Al-Fayed gab die Videobänder der Überwachungsanlage seines Hotels frei. Darauf waren sowohl Diana als auch Dodi und Henri Paul zu erkennen. Der Sicherheitsmann schwankte nicht!

Alles wie bei Haider also. Dass er geschwankt hat, wird nur von in der Öffentlichkeit anonymen »Zeugen« behauptet.

Ein anderer Fall ist der des 1983 verunglückten ehemaligen DDR-Fußballspielers Lutz Eigendorf. Der Journalist Heribert Schwan hat den Fall in einer Fernsehdokumentation und in seinem Buch »Tod dem Verräter!« beschrieben:

Samstag, 5. März 1983. Kurz nach 23 Uhr fährt ein schwarzer Alfa Romeo, polizeiliches Kennzeichen GF-EL 96, auf der Braunschweiger Forststraße von Querum in Richtung Bienrode. In einer Rechtskurve kommt der Wagen von der Fahrbahn ab. Ungebremst schießt der Alfa über den Seitenstreifen. Erst ein Baum bringt ihn abrupt zum Stehen. (Schwan, S. 13)

Der nicht angeschnallte Eigendorf hat schwere Kopf- und Brustverletzungen und ist nicht ansprechbar:

> *Da Lebensgefahr besteht, ordnet Polizeiobermeister Höppe vorsorglich eine Blutprobe an ... Die am Institut für Rechtsmedizin der Universität Göttingen durchgeführte Blutprobe [muss wohl heißen: »Analyse«; G. W.] ergibt einen Blutalkohol von 2,20 Promille. Ohne das Bewusstsein wiedererlangt zu haben, stirbt Lutz Eigendorf am 7. März 1983 gegen 9.15 Uhr.* (Schwan, S. 13 f.)

Für Schwan war der spektakuläre Unfall in Wirklichkeit Mord. Denn der Fußballer, der 1979 bei einem Freundschaftsspiel seines DDR-Vereins in Westdeutschland geblieben war, war von der Stasi regelrecht umzingelt. Seine nächste Umgebung war von Agenten durchsetzt, die auch über den Zustand seiner Autos penibel Buch führten. Denn unerlaubt im Westen zu bleiben, bedeutete »Republikflucht«. Und darauf standen hohe Strafen. Zudem hatte sich Eigendorf ausgerechnet vom Fußballclub des Stasi-Chefs Erich Mielke in den Westen abgeseilt, dem BFC Dynamo Berlin. Und seinen tödlichen Unfall hatte er ausgerechnet kurz vor dem nächsten West-Besuch einer DDR-Fußballtruppe – als Warnung, wie Schwan glaubt. Während die DDR-Fußballer im Westen ankamen, rang ihr früherer Kollege Eigendorf bereits mit dem Tod.

Das Problem bestand auch hier darin, dass niemand wusste, woher die 2,20 Promille im Blut des Hochleistungssportlers Eigendorf gekommen sein sollen. Schwan hat die letzten Stunden Eigendorfs akribisch recherchiert und kam zu dem Schluss:

> *Niemals hätten die von Eigendorf am Abend des 5. März nachweislich getrunkenen Biere eine so hohe Promillezahl bewirken können. Nach Meinung renommierter Rechtsmediziner hätte Eigendorf 170 Gramm reinen Alkohol getrunken haben müssen, um auf 2,20 Promille zu gelangen. Das entspricht dem Konsum von 4,3 Litern Bier oder knapp zwei Litern Wein.* (Schwan, S. 260)

Über vier Maß Bier oder zwei Literflaschen Wein – wahrlich eine bizarre Menge. Erstens für einen Hochleistungssportler. Zweitens für jemanden, der am nächsten Morgen auch noch einen wichtigen Flug in seiner Privatpilotenausbildung vor sich hatte.

Laut Schwans Recherchen ab Seite 250 spielte sich Eigendorfs letzter Abend etwa so ab:

Bei einem frühen Abendessen nach etwa 18 Uhr trank Eigendorf ein bis zwei Bier. Anschließend fuhr er ins Stammlokal von Eintracht Braunschweig und trank maximal zwei weitere Biere. Dann fuhr er nach Hause, wo er sich bis etwa 21 Uhr aufhielt. Danach fuhr er in das Lokal »Cockpit« am Braunschweiger Flughafen, um mit seinen Fluglehrern einen für den nächsten Morgen geplanten, anstrengenden Ausbildungsflug nach Westerland zu besprechen: »Bei diesem Treffen«, so Schwan, »trank Eigendorf wiederum ein, höchstens zwei Bier. Das beschwören beide Zeugen unabhängig voneinander.« (S. 252) Da er das »Cockpit« gegen 22 Uhr verließ, kann er also in vier Stunden maximal sechs Bier konsumiert haben, und zwar nicht sechs »Halbe« wie in Bayern, sondern nördlich der Mainlinie versteht man unter einem »Bier« 0,2 (beispielsweise Düsseldorfer Alt) bis maximal 0,4 Liter. Für 2,20 Promille zu wenig. Dafür hätte es mindestens elf solcher Biere gebraucht.

Des Weiteren gibt es im Ablauf des Abends eine Lücke von einer Stunde. Nachdem Eigendorf das »Cockpit« um etwa 22 Uhr verlassen hatte, verunglückte er um 23.08 Uhr in wenigen Kilometern Entfernung. »Was geschah in der Stunde zwischen 22 und 23 Uhr?«, fragt Schwan. »Darauf konnte bisher niemand schlüssig antworten.«

»Er ist von mir nüchtern weggegangen und soll nach zweieinhalb Stunden 2,20 Promille gehabt haben?«, fragte auch die Witwe Josi Eigendorf ungläubig.

Und tatsächlich: In der Stasi-Unterlagenbehörde entdeckte Schwan ein »einzigartiges Dokument«:

> *Es legt nahe, dass der Eintracht-Profi vergiftet wurde. Der Verkehrs-unfall war eine Stasi-Legende, die erfolgreich alle glauben machte, dass überhöhter Alkoholkonsum die Ursache von Eigendorfs Tod war. Das handschriftliche Dokument vom 19. September 1983 stammt aus einem 32-seitigen Konvolut der MfS-Hauptabteilung XXII, in dem unter ande-rem chemische Substanzen anhand von Fallbeispielen aus der »Praxis« auf ihre Wirkungsweise analysiert werden.*

> *In dem handschriftlichen Dokument mit der Überschrift »Für Perso-nengefährdung« heißt es an einer Stelle: »z. B. E – was im Raum führt langfristig zum Tode?«. Einige Zeilen weiter heißt es: »Unfallstatistiken? von außen ohnmächtig? verblitzen, Eigendorf«. Für TV-Autor Schwan ist dieses Dokument »bislang der einzige schriftliche Hinweis darauf, dass der Tod Eigendorfs bewusst herbeigeführt worden ist«. Nach seiner Theorie lauerte ein Stasi-Spitzel Eigendorf am späten Abend des 5. März 1983 vor dessen Stammkneipe auf und flößte ihm unter Todesdrohun-gen mit Gift versetzten Alkohol ein. Nach einer Stunde habe der IM Ei-gendorf ziehen lassen, der daraufhin in Todesangst nach Hause raste. An einer leichten Rechtskurve habe ein zweiter Stasi-Mann in einem Fahr-zeug gelauert und Eigendorf durch plötzliches Aufblenden eines Schein-werfers »verblitzt«. Der Fußballer habe daraufhin die Gewalt über sein Fahrzeug verloren und sei an einen Baum gerast. Drei Tage nach dem Un-fall erlag Eigendorf seinen schweren Kopfverletzungen.* (Berliner Zei-tung, 22.3.2000)

Wurde Haider also etwa von Überbleibseln der Stasi ermordet? Das soll damit freilich nicht gesagt werden. Vielmehr findet sich derglei-chen »Know-how« bei allen großen Geheimdiensten der Welt.

Abstrakt betrachtet, handelte es sich also um eine Kombination von Vergiftung und weiteren Eingriffen (davonjagen, »verblitzen«). Den letzten Beweis für diesen Hergang kann Schwan zwar nicht liefern. Aber dennoch hat man den Eindruck, dass der Journalist der Wahrheit schon recht nahe gekommen ist. So zeigt beispielsweise auch das berühmte letzte Foto des Wagens von Lady Di vor dem Unfall zwei total geblendete Frontinsassen. Im Inneren des Fahrzeugs sieht man scharfe, schwarze Schlagschatten. Der Fahrer Henri Paul starrt mit offenen Augen direkt ins Licht und macht dabei einen hellwachen Eindruck. Ein Blitzfoto? Wohl kaum. Denn der Beifahrer versucht sich mit der Hand gegen den starken Lichteinfall zu schützen. Bei einem Blitzfoto wäre diese Reaktion wohl kaum möglich gewesen. Es muss sich also um eine längere Lichteinwirkung gehandelt haben. Da der Fahrer auf dem Foto mit weit geöffneten Augen in das Licht schaut, kann man sich die anschließende Wirkung gut vorstellen: Die Pupillen ziehen sich zusammen, sodass der Mann wahrscheinlich schon in der Sekunde darauf nichts mehr gesehen hat. Es wird auch beschrieben, dass der Wagen von Lady Di »gejagt« worden sein soll. Wirklich von Paparazzi? Oder von wem sonst?

In einem Tunnel mag das eine gute Attentatsmethode sein – denn wohin das Fahrzeug nun auch immer ausschert, es wird wahrscheinlich auf betonharte Hindernisse prallen. Auch ein dichter Wald, wo eine hohe Wahrscheinlichkeit für einen Aufprall auf einen Baum besteht, mag dafür noch geeignet sein. Tatsächlich weist das Eigendorf-Auto den überdeutlichen Abdruck von etwas Rundem auf, wie es etwa auch ein Baum darstellt. Genau wie im Fall Haider konzentriert sich die totale Zerstörung exakt auf die Fahrerzelle: Die Fahrertür wurde durch einen runden Gegenstand in den Fahrgastraum hineingedrückt. Natürlich kann das passieren, wenn man einen Alkoholisierten mit dem Auto auf einer kurvigen Straße in einen Wald hineinjagt. Ganz sicher ist es aber nicht. Denn wo der Baum schließlich genau einschlagen würde, konnte man ja nicht wissen.

Das Besondere im Fall Haider ist aber, dass es an der Unfallstelle nicht einmal einen Baum gibt – von einem Betonpfeiler oder einer Betonwand wie im Fall Diana ganz zu schweigen –, das Fahrzeug aber trotzdem mit total zerstörter Fahrerzelle auf der Fahrbahn steht. Und mit einem alkoholisierten Fahrer. Irgendwie wirkt das Auto daher deplatziert – fast wie im falschen Film. Zumindest aber an der falschen Unfallstelle.

Fremdes Blut?

Freilich gibt es noch eine weitere Möglichkeit, wie der hohe Blutalkoholgehalt zustande gekommen sein kann. In jedem Krankenhaus und in jeder Gerichtsmedizin liegen von Verdächtigen abgenommene Blut- und Urinproben herum, mal mit Alkohol, mal mit anderen Drogen, mal mit Alkohol **und** anderen Drogen. Und natürlich passen diese fremden Blutproben dann häufig schlecht zur Person und Vorgeschichte eines **anderen** Unfalls. Haider beispielsweise trank, wenn überhaupt, nur moderat Alkohol. Diana-Fahrer Henri Paul war »trocken«. Auf einem unmittelbar vor dem Unfall aufgenommenen Video wirkte Paul vollkommen nüchtern. Auch das durch die Frontscheibe aufgenommene letzte Foto zeigt den Fahrer mit wachem Blick und weit offenen Augen. Die Eltern von Henri Paul bestreiten denn auch bis heute, dass die Blutprobe von ihrem Sohn stammt. »Hier hatte die Polizei eine Person, die sie problemlos zum Sündenbock stempeln konnte«, meint der Autor des Buches »Der Mord an Prinzessin Diana«, Noel Botham, in der ZDF-Dokumentation »Dianas Tod – Mythen und Wahrheit« (20.2.2007). »Ein Toter kann sich nicht mehr wehren. Es war von Anfang an geplant, diesem Mann die Schuld in die Schuhe zu schieben. Plötzlich war Henri Paul überall als Killer von Prinzessin Diana verschrieen.«

»Im Leichenschauhaus kommt es zu gravierenden Fehlern«, heißt es in dem ZDF-Film. »Henri Pauls Blutproben wurden nicht korrekt beschriftet. Auch ist unklar, welche Personen Zugang zu den Proben haben. Als der Pfusch publik wird, ist für die Skeptiker klar, um dem toten Fahrer die Schuld in die Schuhe zu schieben, wurden die Blutproben vertauscht.« Nach Bekanntwerden des Alkoholgehalts in

Pauls Blut durchkämmt die französische Polizei sämtliche Bars in der Umgebung des Ritz-Hotels, von wo aus die angebliche Trunkenheitsfahrt ihren Ausgang nahm: »Es meldete sich kein einziger Zeuge, der ausgesagt hätte, dass Henri Paul getrunken hatte.« Wie sich die Ereignisse gleichen. »Und ich habe herausgefunden, dass er sich nur drei Tage vor dem Unfall einer strikten medizinischen Untersuchung für Piloten unterzogen hatte und dabei auch nicht festgestellt wurde, dass er ein Trinker oder ein Säufer war«, erklärt Botham. Genau wie im Fall Haider meldeten sich auch Freunde zu Wort. Pauls bester Freund, Claude Garrec, hatte noch am Tag seines Todes mit ihm gegessen. »Ich kann einfach nicht glauben, dass mein Freund an dem Unfall schuld sein soll. Wenn man in der Lage ist, nachts und bei Regen ein Flugzeug mit circa 250 Stundenkilometern in die Luft zu bringen, dann weiß man wohl, was man tut.« Eine zweite Untersuchung des Blutes soll ergeben haben, dass Henri Paul nicht nur »randvoll« mit Alkohol und Drogen gewesen sei. Sondern auch noch mit dem Gas Kohlenmonoxid, das beispielsweise in Autoabgasen enthalten ist. Nur zeigten ihn die Hotelkamera und das letzte Foto eben wach und nüchtern, und wo er den Alkohol konsumiert haben soll, weiß kein Mensch.

»Ich habe herausgefunden«, sagte Noel Botham in der TV-Dokumentation, »dass in jener Nacht in Paris 22 Menschen starben, deren Todesursache untersucht wurde. Einer davon war ein Mann, der, nachdem er fast eine Flasche Wodka getrunken hatte, einen Schlauch vom Auspuff ins Innere seines Wagens führte, sich hineinsetzte, anschnallte und sich dann gezielt durch Vergiftung mit Kohlenmonoxid das Leben nahm.« Mit anderen Worten trug das angebliche Henri-Paul-Blut den chemischen Fingerabdruck dieses Selbstmordes. »Das Blut dieses Mannes, so sagte mir mein Informant bei der Polizei, der selbst an dem fraglichen Abend im Labor in der Gerichtsmedizin zugegen war, das Blut dieses Mannes wurde mit dem Blut von Henri Paul vertauscht.« Die französischen Gerichtsmediziner und Behörden hielten dagegen, Henri Paul sei erstens starker Zigarrenraucher gewesen, wodurch ebenfalls ein hoher Kohlenmonoxidpegel im Blut entstehen könne. Zweitens sei die Echtheit des Blutes mittels einer DNA-Analyse bestätigt worden.

Von einer solchen Untersuchung war bei Jörg Haider bisher noch nicht einmal die Rede.

Botham ist der Meinung, dass das erwähnte Frontscheiben-Foto der Fahrzeuginsassen ein Radarfoto gewesen sei. Doch in Wirklichkeit seien in jener Nacht alle Streckenkameras abgeschaltet gewesen, behauptet die Dokumentation. Und die Leiterin der französischen Ermittlungen, Martine Monteil, sagt in dem Film: »Wir haben alle auf der Strecke vom Hotel Ritz bis zum Tunnel aufgestellten Radargeräte und Überwachungskameras geprüft. Leider wurde keine einzige Aufnahme gemacht.« Tatsächlich ist das oben beschriebene Foto offenbar keine Blitz-Aufnahme. Denn schließlich sind die Insassen erkennbar geblendet und versuchen sich gegen den Lichteinfall zu schützen. Geschwindigkeitsmessanlagen arbeiten aber erstens mit (Infra-) Rotlichtkameras, die den Fahrer nicht blenden – sonst würde es nämlich bei jeder zweiten Blitzaufnahme zu einem Unfall kommen. Zweitens sieht man auf einem unerwarteten Blitzfoto überhaupt niemanden die Hand heben, ob der Blitz nun rot ist oder nicht – denn selbstverständlich ist ein Blitz für so eine Reaktion viel zu schnell. Vielleicht hebt jemand danach die Hand, aber das wäre dann nicht auf dem Foto zu sehen. Es muss also eine längere, intensive Lichteinwirkung gewesen sein. Die Lichtfarbe auf dem Farbfoto ist zudem eindeutig nicht rot oder rötlich, sondern gelblich-weiß. Aus meiner Sicht handelt es sich um (einen) starke(n) Scheinwerfer, mit dem der Fahrer geblendet wurde.

Auf der anderen Seite sollte man nicht vergessen, dass durch das Vertauschen von Blutproben Drogen auch einfach verschwinden können wie beispielsweise K.-o.-Tropfen. Passt das Ergebnis eines Alkoholtests überhaupt nicht zur Anamnese des Verdächtigen oder Verstorbenen, wäre die erste Ermittlerpflicht der erwähnte DNA-Test, um festzustellen, ob das Blut überhaupt zu der fraglichen Person gehört. Diesen DNA-Test hätte auch die Familie Haider, nachdem ihr die Blutprobe von Jörg Haider ausgehändigt worden wäre, sehr leicht durchführen lassen können. Wie bereits gesagt, wurde den Haiders nach ihren Angaben entgegen anderslautenden Zusagen aber doch kein Blut des Verstorbenen für eine unabhängige Blutuntersuchung ausgehändigt. Warum wollten die Ermittler das angebliche Haider-Blut nicht aus der Hand geben?

Leichen auf der Anklagebank

Jörg Haider war äußerst körper- und gesundheitsbewusst und aktiver Sportler. Lutz Eigendorf war Leistungssportler und wollte am nächsten Morgen einen Ausbildungsflug unternehmen. Auch Henri Paul lebte als Sicherheitsschef des Pariser Ritz und aktiver Pilot von seiner körperlichen und geistigen Fitness. Das Gemeinsame all dieser Leute ist Kontrolle – ohne Kontrolle wären sie nie dahin gekommen, wo sie zum Zeitpunkt ihres Todes waren. Da alle diese Fahrer tot waren, konnten die Behauptungen von Polizei und Staatsanwaltschaft nicht in einem Gerichtsverfahren überprüft werden. So fällt es natürlich leicht, den Toten die Schuld an dem Geschehen zuzuschieben.

Tote waren schon immer beliebte Sündenböcke. Bei Unfällen wie beispielsweise Flugzeugabstürzen wird die Schuld immer wieder gern auf die verstorbenen Piloten abgeschoben. Ja, es ist ein bedauerlicher menschlicher Mechanismus, dass den Toten schon immer alles Mögliche angelastet wurde, weil sie sich nicht mehr wehren können. Ist von dreien einer tot, wem werden die beiden anderen wohl die Schuld an einer Katastrophe geben? Der tote Beschuldigte hat den Vorteil, sich nicht mehr wehren zu können: Er kann keine andere Version darstellen, er kann nicht argumentieren, und er hat keinen Rechtsanwalt. Ein Toter ist der prädestinierte Müllabladeplatz für Versagen und Skandale jedweder Art. Ja, man kann ihm letztlich sogar die eigene Ermordung als Unfall oder Selbstmord unterschieben. Einem toten Fahrer Raserei zu unterstellen, wäre nun wirklich die leichteste Übung. Noch eine Blutprobe dazu – und schon ist das Bild des betrunkenen Rasers rund. Wenn wir uns aber vorstellen, Haider würde noch leben und wäre ein Beschuldigter mit allen Rechten, dann hätte er beispielsweise gute Chancen, die Geschwindigkeit von 142 Stundenkilometern vom Tisch zu bekommen. Einfach weil der Wert vor Gericht aufgrund der geschilderten Umstände möglicherweise nicht verwendet werden könnte – zumindest in Deutschland. Ja, vielleicht hätte man es bei einem lebendigen Beschuldigten nicht einmal gewagt, einen solchen Wert überhaupt ins Spiel zu bringen. Das Gleiche gilt für die Blutprobe. Angesichts der unauflöslichen Widersprüche zwischen Haiders moderatem Alkoholkonsum und dem hohen Blutalkoholgehalt hätte eine DNA-Analyse und neue Alkoholwertbestimmung in einem neutralen Labor stattfinden müssen.

Aber ob das Haider ist, angebliche »Amokläufer« oder tote Terroristen sind: Zumindest in Deutschland und Österreich können Behörden Verstorbene beschuldigen, wie sie wollen. Und wahrscheinlich nicht nur da. Und das ist nicht nur aus ethischen Motiven heraus abzulehnen, sondern auch deshalb, weil so zahlreiche Verbrechen vertuscht und zu den Akten gelegt werden können, die in Wirklichkeit von Lebenden begangen wurden. Um einen Toten einer Straftat zu beschuldigen, bedarf es meiner Meinung nach (soweit möglich) desselben Strafverfahrens wie bei einem Lebenden – schon weil sonst gar nicht mehr nach anderen Tätern ermittelt wird.

In Wirklichkeit ist deshalb auch der Titel dieses Kapitels nicht ganz richtig. In Wirklichkeit wäre es ein Fortschritt, wenn die Toten auf der Anklagebank sitzen würden, sodass man sie verteidigen könnte. In Wirklichkeit stehen sie ganz mittelalterlich am Pranger.

Ein Pressesprecher als Witwe

Ich will nicht vergessen, eine bereits erwähnte Geschichte noch ausführlicher zu würdigen: Am Dienstag, 14. Oktober, sickern erste Gerüchte über Alkohol im Blut Jörg Haiders durch. Gerüchte, die ihren ersten Ursprung eigentlich nur im Dunstkreis von Gerichtsmedizin, Staatsanwaltschaft und allenfalls Polizei haben können. Am darauf folgenden Mittwoch, 15. Oktober, lässt ausgerechnet Haiders ehemaliger Pressesprecher Stefan Petzner die Bombe platzen. Nachdem er zuvor in Interviews einen Alkoholkonsum Haiders strikt ausgeschlossen hatte, erklärt er nun überraschend: »Es ist richtig, dass Landeshauptmann Jörg Haider zum Unfallzeitpunkt alkoholisiert war. Ich kann und muss das bestätigen.« (News Website, 15.10.2008)

Statt den Umgang der Staatsanwaltschaft mit Ermittlungsergebnissen zu hinterfragen und als Haiders Pressesprecher und Vertrauter zu diesen »Ergebnissen« eine gesunde Distanz zu wahren, »bestätigt« Petzner auch den Wert 1,8 Promille. Normal ist das nicht. Gerade Pressesprecher sind eigentlich dazu da, negative Behauptungen über ihren Dienstherrn abzupuffern. Normal wäre etwa Folgendes gewesen:

»Von verschiedener Seite wurde eine Alkoholisierung Jörg Haiders ins Spiel gebracht. Die Familie wird diese Behauptungen genau überprüfen und sich zu gegebener Zeit dazu äußern.« Warum »kann«, und vor allem warum »muss« Petzner das stattdessen bestätigen? Die plötzliche Illoyalität Petzners gegenüber seinem früheren »Lebensmenschen« Haider lässt die Öffentlichkeit aufhorchen. Normalerweise ist es nicht die Aufgabe eines Pressesprechers, seinen Dienstherrn öffentlich einer Straftat anzuklagen, auch nicht post mortem. Ja, Petzner wird damit zu einer Art Kronzeuge der Anklage (die es in diesem Fall nur deshalb nicht gibt, weil der Betroffene tot ist). Am 3. März 2009 habe ich ihn dazu am Telefon befragt:

Wisnewski: Die Sache mit dem Alkoholspiegel – das war, glaube ich, am 16. oder 15. Oktober, da wurden Sie zitiert, Sie hätten gesagt, Sie würden mit der Familie darin übereinstimmen, den Alkoholpegel von 1,8 Promille zu bestätigen – war das so mit der Familie abgesprochen?

Petzner: Das war so abgesprochen. Nachdem das Ergebnis vom Alkoholtest vorgelegen ist und schon Medienberichte davon in der Zeitung

194

waren; auch das ist wichtig festzuhalten: Nicht ich habe die Alkoholisierung bekannt gegeben, sondern ich habe einen Medienbericht, wo
das Gutachten im Faksimile veröffentlicht war, bestätigt. Nicht ich bin
mit der Alkoholisierung hinaus gegangen, sondern das Nachrichtenmagazin News hat die Alkoholisierung und das Gutachten im Wortlaut
veröffentlicht, und mir ist in der Folge nach Rücksprache mit der Familie die Aufgabe und der Auftrag gegeben worden, die Alkoholisierung
zu bestätigen.

Wisnewski: *Mit wem haben Sie das von der Familie abgesprochen?*

Petzner: *Mit der Familie – Punkt. So groß ist ja die Familie Haider nicht.*

Wisnewski: *Warum haben Sie zusammen mit der Familie diesen Alkoholpegel so schnell bestätigt?*

Petzner: *Weil es schon in der Zeitung gestanden ist, was willst da noch,
entschuldige, wenn das Gutachten in der Zeitung steht, dass es so ist,
was willst da noch ... hilft eh nix.*

»Es stand in der Zeitung«? »Hilft eh nix«? Nun, über Haider stand
schon sein ganzes Leben lang so einiges in der Zeitung. Hat man das
etwa auch einfach deshalb akzeptiert, weil es nun mal in der Zeitung
stand? Eine merkwürdige Aussage für einen Pressesprecher, dessen
Aufgabe gerade darin besteht, Meinungen auch gegen den Widerstand von Medien und auch Ermittlungsbehörden zu behaupten.
Denn auch Angriffen von Staatsanwaltschaften sah sich Haider immer wieder gegenüber. Oder hatte Petzner mit dem Ableben Haiders
etwa innerlich sofort gekündigt?

Wisnewski: *Ich dachte, man hätte vielleicht etwas misstrauischer sein
können ...*

Petzner: *In der Situation damals haben sich die Ereignisse minütlich
überschlagen. Ich habe nach bestem Wissen und Gewissen gehandelt in*

dieser schwierigen Situation, und ich werfe mir da bis heute nichts vor. Ich bin schon so oft dazu befragt worden, und es werden immer wieder irgendwelchen blöden Dinge daraus interpretiert, irgendwann ist der Bedarf an Erklärung über das alles gedeckt.

Fest steht jedenfalls, dass damit die Behauptungen der Haider-feindlichen Presse sozusagen höchstinstanzlich abgesegnet wurden. Normal ist das nicht. Gerade Pressesprecher sollten eigentlich genau wissen, was sie mit ihren Aussagen anrichten. Die Verlautbarung aus Petzners Munde ist sehr viel wirksamer als aus dem Munde irgendeines Staatsanwaltes. In Wahrheit hat damit der eigene Pressesprecher des Landeshauptmannes dessen Alkoholisierung öffentlich »beglaubigt«. Zumindest ist dies als krasser Kunstfehler zu bewerten. Gäbe es in dieser Hinsicht einen Plan, erschiene der Vertraute und Freund von Jörg Haider jedenfalls als genau der Richtige, diese Ergebnisse zu bestätigen. »Ja, wenn der Petzner das schon sagt ...«, wird es hinterher heißen, »... dann muss es wohl stimmen.« Kritik und Fragen werden so schon im Keim erstickt. Cui bono?

Natürlich wollte ich auch von der Familie Haider wissen, was es mit dem Petzner-Statement vor der Presse auf sich hatte. Darauf antwortete mir ein Angehöriger, der sich mit am intensivsten mit dem Ableben Haiders auseinandergesetzt hat:

»Das ist ein interessanter Punkt ... Vergessen Sie nicht, das waren die ersten Tage nach dem Tod und vor den offiziellen Trauerfeiern, und eine Menge Leute bündelten ihre Anstrengungen, um Jörg Haiders Post-mortem-Image zu zerstören. Sex und Alkohol waren die beste Mischung, um das alte Nazi-Image zu ersetzen, das nicht mehr glaubwürdig war, seit der sozialistische Präsident der Republik und der sozialistische Premierminister Jörg Haider ihre Ehre bezeigt hatten. Kein anderer österreichischer Politiker hat je einen solchen Salut bekommen, seit die österreichische Republik existiert. Davon abgesehen: Warum hat Petzner der Presse die 1,8 Promille genannt und dabei zu dem, was der Staatsanwalt bekannt gegeben hatte, sogar noch mehr Details hinzugefügt? Ich glau-

196

be, weil er im Zentrum des Medieninteresses stehen wollte. In diesen Ta-gen arbeitete er daran, wie er berühmt werden und die Führung der Par-tei erringen könnte – und Details über den Tod Jörg Haiders bekannt zu geben war die beste Methode. Die Familie, das heißt Claudia Haider, war total am Boden zerstört in diesen Tagen, und deshalb weiß ich nicht, ob sie sich über die Veröffentlichung einig waren, und selbst wenn, war es keine normale oder rationale Entscheidung ...« (Skype-Chat vom 28.2.2009)

Anstelle der Witwe wäre es auch da die Aufgabe des Pressesprechers gewesen, die Dinge in ruhige Bahnen zu lenken und Distanz gegen-über schädlichen oder feindlichen Behauptungen zu wahren. Stattdes-sen stotterte, stammelte und weinte der Pressesprecher vor den Kame-ras herum, als sei er selbst die Witwe – und nicht etwa Claudia Haider.

Lizenz zum Lügen: die »einzige Zeugin«

Lambichl bei Klagenfurt, 16. Januar 2009. Es herrscht nasskaltes, trübes Wetter. Die Fahrt von der Unfallstelle Jörg Haiders zu der ein-zigen Zeugin, die seinen Unfall gesehen haben will, dauert zwei Mi-nuten. Von der Unfallstelle aus biegt man rechts ab, dann wieder links in ein paar enge Gassen. Anschließend eröffnet sich rechts der Blick auf einen ansteigenden, Anfang Januar noch von nassem Schnee be-deckten Hang. Eine kleine, schmale Asphaltstraße führt hinauf. Oben treffen wir eine Familie beim Schlittenfahren: Die Eltern lassen ihre beiden Kinder eine kleine Böschung hinunter auf den verschneiten Hang gleiten. Außerdem steht da eine blonde, nicht mehr ganz jun-ge Frau. Das Grüppchen macht unserem Auto nur widerwillig Platz.

Wir sind heute schon zum zweiten Mal da. In der Villensiedlung am Hang wollen wir selbst mit der einzigen Zeugin sprechen, die Jörg Haiders Unfall beobachtet haben will. Sicher: Jetzt, drei Mona-te später, wollen nicht mehr viele über den Unfall reden. Mancher hat uns schon genervt die Türe vor der Nase zugeknallt. Das ist normal. Aber das, was ich jetzt sehe, ist ungewöhnlich: nackte Panik. Aus dem rechten Beifahrerfenster starre ich in das angstverzerrte Gesicht der Mutter. Die dunkelhaarige, hübsche Enddreißigerin ist neben der Straße in die Hocke gegangen, um eins ihrer Kinder zu umklammern, als hätten wir es an Ort und Stelle umfahren wollen. Dabei haben wir uns wie auf rohen Eiern genähert. Unwillkürlich will ich die Frau beruhigen: »Na, na – wir werden ihr Kind schon nicht umfahren.« Aber wir schauen uns nur an. Ich lächelnd, sie schreckerfüllt. Und dann sind wir vorbei und fahren in den Junoweg hinein.

Viele neue Villen wurden hier in jüngster Zeit hochgezogen. Nur etwa 50 bis 100 Meter weiter steht die Villa der Sch.'s. Uns bietet sich ein bizarres Bild. Das Haus ist verrammelt wie eine Festung. Sämtliche Jalousien wurden heruntergelassen. Die Bewohner aber müssen da sein, zumindest aber können sie nicht weit sein. Denn vor der Haustüre steht – anders als bei unserem letzten Besuch – ein Auto. Das Auto passt nicht zu dem fast schon mondänen Neubau. Es ist ein mindestens zehn Jahre alter Golf III. In dem Moment kommt die blonde Fünfzigerin hinter uns hergelaufen. Was wir hier wollten, warum wir auf einem Privatgrundstück herumgelaufen wären, fährt sie uns an. Ob sie Frau Sch. sei, frage ich. Nein, kommt es barsch zurück. Ob Frau Sch. zu Hause sei, frage ich. Nein, kommt die barsche Antwort. Wann sie denn wiederkäme, will ich wissen. Das wisse sie nicht, antwortet die Frau. Ob Frau Sch. verreist sei, frage ich. Vielleicht, kommt es unbestimmt. Naja, wir könnten ja wiederkommen, sage ich, fragen kostet ja nichts, und steige wieder ins Auto ein. Langsam tuckern wir davon.

Was ist der Grund für diese Nervosität, Geheimhaltung, ja, Panik? Der Name der »Zeugin« wird gehütet wie ein Staatsgeheimnis. Na wenn schon: Ist das, was sie beim Tod Jörg Haiders erlebte, nicht ihre Privatsache? Mitnichten: Die Frau ist die einzige Zeitzeugin, die das mysteriöse Ableben einer zeitgeschichtlichen und öffentlichen Person beobachtet hat, nämlich eines österreichischen Landeshauptmannes, vergleichbar einem deutschen Ministerpräsidenten. Daher sind ihre

Beobachtungen auch nicht Privatsache, sondern von höchstem öffentlichen Interesse. Doch alle mauern: sie selbst, aber auch die Staatsanwaltschaft – alle.

Die lapidare und unbestimmte Schilderung, wie sie von den Aussagen der »Zeugin« in den Medien kursierte, ist ein bisschen dünn. Sie kann, sofern überhaupt etwas Wahres daran ist, in so einem Fall nicht ausreichen:

Nachts um kurz nach eins sei sie von Haider auf der Lambichl-Bundesstraße überholt worden. Dann habe er sich wieder rechts eingeordnet, woraufhin es eine Staubwolke gegeben und sie nichts mehr von dem Unfall gesehen habe. Anschließend habe das Auto zerstört auf der Straße gestanden. Daraufhin habe sie ihren Mann angerufen, der kurz darauf gekommen sei und Haiders Beine aus dem Wagen habe hängen sehen. Nach der Bemerkung: »Da ist nichts mehr zu machen« habe er die Behörden alarmiert.

Ein seriöser Zeuge würde wohl etwas mehr erzählen. Diese Geschichte ist aber eine Erzählung mit auffälligen Lücken:

- Woher kam die zweifache Mutter in der Nacht zum Samstag um viertel nach eins? Normale Zeugen versäumen nicht, das zu erwähnen.
- Warum rief sie zuerst ihren Mann an?
- Warum berichtet sie nichts über Erste-Hilfe-Maßnahmen, auch nicht ihres Mannes?
- Wie kam es zu der lässigen Ferndiagnose ihres Mannes: »Da ist nichts mehr zu machen«?
- Mit was für einem Auto war sie unterwegs?
- Hat ihr Mann die Kinder allein gelassen, als er zur Unfallstelle kam?
- Mit welchem Auto kam ihr Mann zu der Unfallstelle, wenn sie mit dem Auto unterwegs war (vor dem Haus haben wir nur ein Auto stehen sehen – den alten Golf)?

- Was hat es mit der »Staubwolke« auf sich, und wo soll diese in einer kühlen und feuchten Oktobernacht hergekommen sein?

Fragen über Fragen. Ganz im Gegensatz zu der Funktion, die ihre Aussage hat, nämlich die offizielle Version glaubwürdiger zu machen, hat sie in Wirklichkeit nichts gesehen. Vielmehr verschwanden nach ihren Aussagen die eigentlich wichtigen Vorgänge hinter einer Staubwolke. Oder will sie nichts gesehen haben? Denn die Staubwolke wirkt in Wirklichkeit wie ein Vorhang oder wie die berühmte »Blackbox«: Vorne fährt ein intakter Wagen rein, hinten kommt ein demolierter Wagen raus – was dazwischen passierte, weiß sie angeblich nicht. Die Zeugin erscheint wie die berühmten drei Affen: nichts hören, nichts sagen, nichts sehen.

Warum aber hat sie nichts gesehen? Dafür gibt es drei mögliche Erklärungen:

- Möglichkeit eins: Der Vorgang spielte sich so ab, wie von ihr geschildert. Die Frau wurde von Haider überholt, der produzierte bei seinem Unfall eine Riesenstaubwolke, sodass die Zeugin nichts sehen konnte. Am Ende stand das Auto demoliert auf der Fahrbahn.
- Möglichkeit zwei: Die Zeugin sah etwas, was sie nicht sehen sollte. Deshalb rief sie auch zuerst ihren Mann an und erst dann die Polizei. Und deshalb hat sie Angst.
- Möglichkeit drei: Die Zeugin schildert den Vorgang deshalb so dünn und detailarm, weil sie überhaupt nicht an der Unfallstelle war. Ihre Erzählung dient nur dazu, einen Unfall plausibel erscheinen zu lassen.

Besonders die letzte Möglichkeit ist keineswegs so absurd, wie sie klingt. Denn tatsächlich hat niemand, mit dem ich gesprochen habe, die Zeugin am Unfallort gesehen oder kann ihre Anwesenheit dort bestätigen:

200

- Anwohner Fritz Boss,
- Anwohner Rudolf Bartlmä,
- Notärztin Andrea O.,
- Zeuge Wolfgang König, der unmittelbar nach dem Ereignis am »Unfallort« eintraf (siehe Schluss des Buches).

Wäre alles so gewesen, wie laut Medien von der Zeugin behauptet, bestünde für Angst oder Panik gar kein Anlass. Angst und Panik wären nur dann normal, wenn es eben nicht so gewesen wäre und die Zeugin etwas Wichtiges verschweigen würde.

Papperlapapp! Immerhin hat die Zeugin doch mit der Zeitung »Österreich« geredet!

»Sie spricht erstmals«, lautete am 13. Dezember 2008 eine Headline der Onlineausgabe der Zeitung »Österreich«, oe24.at: »Seit Jörg Haider in den Tod gerast ist, versteckt sich die Lenkerin, die er vor seinem Unfall überholt hat. ›Österreich‹ hat sie gefunden.« Eine Sensation, die sich umgehend über sämtliche Medien verbreitet. Das angebliche Interview der Zeitung ›Österreich‹ mit der Zeugin wird zum ganz großen Knüller, der umgehend die Schlagzeilen beherrscht – bis hinauf zur Bild-Zeitung. Millionen Menschen erfahren:

- »Jetzt spricht die einzige Zeugin des tödlichen Unfalls.« (Bild.de, 13.12.2008)
- »Die einzige Zeugin spricht über Haiders Autounfall.« (tagesanzeiger.ch, 13.12.2008)
- »Einzige Zeugin des Haider-Unfalls bricht ihr Schweigen.« (tt.com, 15.12.2008)
- »Jetzt spricht die einzige Unfall-Zeugin.« (rp-online, 15.12.2008)

Na endlich, wird sich mancher gesagt haben: wurde auch Zeit. »63 Tage nach dem tragischen Tod von Jörg Haider meldet sich die Zeugin zu Wort, die seit dem Unfall untergetaucht war«, berichtete auch das Webportal shortnews.de über den sensationellen Artikel von »Österreich«. (Sie war »untergetaucht«? Aber warum? Ein seltsames Verhalten für eine Unfallzeugin.) Die Frau gehöre zu den »großen Mysterien«, schreibt »Österreich« am 13. Dezember 2008: »Später wurde sie abgeschirmt wie eine Kronzeugin in einem Mafiaverfahren.« Wie wahr. Nebenbei bemerkt waren Kronzeugen übrigens schon immer die Zeugen des Staates. Ursprünglich wurden so die Zeugen der englischen Krone genannt, daher auch der Name »Kronzeuge«. Die Frage ist darüber hinaus: Warum wird die Frau so »abgeschirmt«? Was kann so brisant an ihren Beobachtungen eines banalen Alkoholunfalles sein, dass die Frau untertaucht und ihr Name gehütet wird wie ein Staatsgeheimnis?

Die Erklärung von »Österreich«: Die Frau sei unmittelbar nach dem Unfall als Beschuldigte geführt worden. Es habe eine anonyme Anzeige gegeben, wonach sie möglicherweise gelogen habe. Grund für ihr Untertauchen seien Gerüchte, sie könnte an dem Unfall irgendwie beteiligt gewesen sein. Das wäre allerdings kein Grund zum Unter-, sondern zum Auftauchen. Normalerweise versäumt so jemand die Gelegenheit nicht, den Medien möglichst oft **seine** Version zu erzählen.

Immerhin versprachen die Kollegen von »Österreich« nun »das neue Protokoll« der »Haider-Kronzeugin«. Doch wer dieses angebliche »Protokoll« las, erlebte eine Enttäuschung. Ihre Schilderungen, wie sie dort wiedergegeben werden, sind erstens vage, widersprüchlich und dünn. Zweitens im Wesentlichen bekannt:

»Ich war auf dem Heimweg«, erzählt Sandra Sch. laut »Österreich«, »und fuhr mit 70 km/h auf der Rosentalerstraße, als ich im Rückspiegel die Lichter eines Autos sah. Der Wagen hat mich dann sehr schnell überholt.« Gleich darauf sei die Lenkerin über »eine riesige Staubwolke« erschrocken. Jörg Haider sei beim Einlenken in die rechte Fahrspur in den Tod gerast. »Sandra Sch. stoppte und rief in Panik ihren Ehemann Christoph an, danach erst die Polizei. Der Gemahl war auch noch vor der Exekutive am Unfallort: ›Er sah die Beine aus dem Wrack ragen und hat gesagt, da ist nichts mehr zu machen‹«, erklärte die Zeugin kurz angebunden. Und mehr soll im Polizeiprotokoll ihrer Aussage laut Autor des Artikels auch nicht stehen.

Das ist nicht verwunderlich, denn das angeblich »neue Protokoll« **ist** in Wahrheit nur das Polizeiprotokoll. Ein neues, inhaltliches Gespräch der Zeugin mit »Österreich« hat es nie gegeben. Das sagte mir jedenfalls ein Mitglied der Haider-Familie, das ich am 20. Februar 2008 in Salzburg getroffen habe. Die Zeitung »Österreich« habe der Zeugin das Interview nur untergeschoben. »Das Interview ist nie gegeben worden«, sagte mein Informant. Da die Zeugin die Familie kennt, habe sie »ganz verzweifelt« angerufen und bestritten, mit den Journalisten geredet zu haben. »Sie hat mich ganz verzweifelt angerufen, weil sie nämlich überhaupt nicht in die Medien wollte, und hat mich gefragt, was sie machen kann. Ich glaube ihr, dass sie kein Interview gegeben hat, weil sie mir das gesagt hat, sie hat sich von sich aus bei mir gemeldet und hat gesagt, das war ich nicht.«

Wisnewski: »Warum hat sie ›Österreich‹ nicht eine Gegendarstellung geschickt?«

Antwort Informant: »Weil das alles Geld kostet?«

Wisnewski: »Was soll das kosten?«

Antwort: »Man muss wohl einen Anwalt beauftragen. Ich glaub, da ist was am Laufen, ich glaub, sie lässt es nicht auf sich sitzen.«

Auf diese Informationen hin schaute ich mir den entsprechenden Artikel nochmal ganz genau an. Und da erlebte ich schon wieder eine Überraschung. Die Journalisten behaupten nämlich gar nicht, von der Zeugin ein neues Exklusiv-Interview erhalten zu haben. Sie erwecken nur äußerst geschickt den Eindruck. Im Wesentlichen kombinieren sie einen Besuch der Villa und einen Kontaktversuch mit der Zeugin mit Aussagen aus dem Polizeiprotokoll – und erwecken so den Eindruck, ein Exklusiv-Gespräch erhalten zu haben. Erreicht wird das beispielsweise durch die

Dachzeile des Artikels »Sie spricht erstmals«. Dann folgen Headline (»Haider-Kronzeugin – Das neue Protokoll«) und Unterzeile: »Seit Jörg Haider in den Tod gerast ist, versteckt sich die Lenkerin, die er vor seinem Unfall überholt hat. ›Österreich‹ hat sie gefunden.« Also glaubt jeder, das erste Gespräch der Zeugin mit der Presse vor sich zu haben.

In Wirklichkeit steht da aber nur: »Sie spricht erstmals« und »›Österreich‹ hat sie gefunden.« Und im Text noch einmal: »Jetzt hat ›Österreich‹ sie gefunden.« Und das stimmt auch, denn die Journalisten haben mir selbst Telefonnummern und Adresse der Zeugin gegeben. Aber haben sie auch, wie von ihnen nahegelegt, ein Interview mit ihr geführt? In Wirklichkeit präsentieren sie nämlich keine neuen O-Töne, sondern zitieren aus dem Polizeiprotokoll:

> *Bereits sechs Stunden nach dem Crash wurde die Kärntnerin ins Stadtpolizeikommando Klagenfurt bestellt und dort ab 8.30 Uhr von Inspektor G. (Dienstnummer 8352) einvernommen. Sandra S. gab an: »Ich war auf dem Heimweg (sie wohnt nur drei Minuten vom Unfallort entfernt – Red.) und fuhr mit 70 km/h auf der Rosentalerstraße, als ich im Rückspiegel die Lichter eines Autos sah. Der Wagen hat mich dann sehr schnell überholt.« Gleich darauf erschrak die Lenkerin über »eine riesige Staubwolke«. Jörg Haider war beim Einlenken in die rechte Fahrspur in den Tod gerast. Sandra S. stoppte und rief in Panik ihren Ehemann Christoph an, danach erst die Polizei. Der Gemahl war auch noch vor der Exekutive am Unfallort: »Er sah die Beine aus dem Wrack ragen und hat gesagt, da ist nichts mehr zu machen.«*

Dieses Protokoll und nicht ein neues Interview scheinen die Journalisten vor sich liegen zu haben, denn sie wissen nicht nur die Dienstnummer und den Namen des vernehmenden Inspektors (siehe oben), sondern kennen auch andere Details:

> *Fatal für die Kärntnerin die Dachzeile des Protokolls: »Einvernahme der Beschuldigten wegen fahrlässiger Körperverletzung«.*

Wie immer in solchen Fällen sei gegen die Zeugin als mutmaßliche Unfallbeteiligte ermittelt worden. Das würde ihr mehr Rechte garantieren wie beispielsweise Anwaltsbeistand und »keine Wahrheitspflicht«. Eine groteske Erklärung. Denn das würde ja bedeuten, dass sich die Ermittlungsbehörden bei Unfällen regelmäßig selbst der Zeugen berauben würden. In Wirklichkeit bedeutet das nämlich nichts anderes als eine »Lizenz zum Lügen«.

Anschließend bringt ›Österreich‹ wieder keine neuen Originalzitate der Zeugin, sondern berichtet von einer anonymen Anzeige, die gegen die Frau eingegangen sei, sie habe Haider zu einem Ausweichmanöver gezwungen:

> *Die Kernsätze daraus: Sandra S. sei nicht, wie angegeben, auf dem Heimweg gewesen, weil ihr Haus in Fahrtrichtung hinter dem Unfallort liegt (was nicht stimmt). Womöglich sei sie Haider in Wahrheit entgegengekommen und habe ihn zu einem Ausweichmanöver gezwungen.*

So, wie sie hier geschildert wird, ergibt die Anzeige überhaupt keinen Sinn. Denn da ihr Haus in Fahrtrichtung sehr wohl hinter dem Unfallort liegt, könnte sie sehr wohl auf dem Heimweg gewesen sein.

Erst ganz am Schluss des Artikels kommen neue Originalzitate der »Zeugin«, und ›Österreich‹ schildert das wohl ganze Gespräch, das wirklich stattgefunden hat:

> *Die Kärntnerin blieb freundlich,* »als ›Österreich‹ vor ihrem schmucken Haus stand. Sie bat nur um Verständnis: ›Ich bin noch immer schwer geschockt und möchte nie mehr über den Unfall sprechen.‹ Nur für Witwe Claudia Haider hat sie eine Ausnahme gemacht.«

Das heißt: In Wirklichkeit erhielten die Journalisten von der Zeugin gar keine neue Aussage, sondern eine Absage – wie alle anderen auch. Bekräftigt wird das durch den Satz, eine Ausnahme habe die Zeugin nur für die Witwe gemacht – für die Zeitung »Österreich« also in Wirklichkeit nicht. Chapeau, meine Herren – vor so viel Schlitzohrigkeit kann man nur den Hut ziehen. Richtig ist also:

- ›Österreich‹ hat die Zeugin gefunden.
- ›Österreich‹ hat mit der Zeugin geredet. Die Zeugin hat gesagt: »Ich bin noch immer schwer geschockt und möchte nie mehr über den Unfall sprechen.«

In diese beiden Behauptungen verpackt »Österreich« das Polizeiprotokoll und »verkauft« es so als »neues Protokoll«. Darauf muss man erst mal kommen, und ebenso muss man den Artikel juristisch so wasserfest formulieren, dass er sich nur haarscharf an der Grenze zur Fälschung bewegt, ohne sie zu überschreiten. Und genau deshalb hat man wohl auch noch nichts von einer Klage der Zeugin gegen die Zeitung gehört – weil sie nämlich wahrscheinlich keinen Erfolg haben würde. Und auch der Vorwurf meines Informanten aus der Familie, »Österreich« habe der Zeugin das Gespräch nur »untergeschoben«, beruht auf dem Missverständnis, »Österreich« habe behauptet, ein neues inhaltliches Gespräch geführt zu haben. Dieses Missverständnis haben sich die Journalisten allerdings selbst zuzuschreiben.

Auf meine Anfrage hin räumte der Politik-Ressortleiter der »Österreich«, Wolfgang Höllrigl, denn auch ein,

»dass zum Bericht am 13.12.08 nicht die glücklichste Schlagzeile gewählt wurde.

Die journalistische Leistung war, die Frau zu finden, die Landeshauptmann Haider vor seinem furchtbaren Unfall überholt hat. Bis zum Erscheinen des Artikels hieß es immer, es sei eine Slowenin gewesen. Richtig ist auch: Wir haben recherchiert, was die Zeugin (die formell als ›Beschuldigte‹ vernommen wurde) bei der Polizei ausgesagt hat. Diese Angaben waren bis dahin öffentlich nicht bekannt, somit natürlich auch ›inhaltlich‹ interessant. Als einer unserer Mitarbeiter in Kärnten (er heißt Manfred Wrussnig) die Frau schließlich auch an ihrer Wohnadresse be-

206

suchte, war sie zu einem ausführlichen Interview nicht bereit.« (E-Mail vom 1.4.2009)

Das heißt: Der große Knüller, wie es die tollen »Österreich«-Journalisten schafften, die »einzige Zeugin« erstmals zu einem Gespräch über den Unfall von Jörg Haider zu bewegen, beruht auf einem geschickt erzeugten falschen Eindruck und ist in dieser Form eine Ente. Dabei ist das nicht der erste Knüller von »Österreich« in dieser Sache. Sondern das war vielmehr der Enthüllungsartikel über Haiders Trinkgelage im Szenelokal »Stadtkrämer« vom 17. Oktober 2008: »Eine Flasche Wodka, dann startete er den Phaeton.« Ob bei diesem Artikel wohl ähnlich getrickst wurde?

Dennoch nehmen wir aus dieser Episode wichtige Erkenntnisse und Fragen mit:

- die Frage, warum die Zeugin über diesen Käse überhaupt so »verzweifelt« ist und sich von sich aus bei der Haider-Familie »meldet«, um zu sagen: »Das war ich nicht!« Hat sie etwa irgendwem versprochen, nie mit den Medien zu reden?
- dass die »Zeugin« gar keine zur Wahrheit verpflichtete Zeugin war, sondern dass das der Öffentlichkeit immer nur weisgemacht wurde.
- dass sie in Wirklichkeit eine Beschuldigte war. Und dass man ihr als solcher kein Wort glauben kann, einfach weil sie als Beschuldigte erzählen durfte, was sie wollte. Durch die Einstufung als Beschuldigte besaß sie die »Lizenz zum Lügen«.
- dass ihre permanente Einstufung als Beschuldigte auf einer anonymen Anzeige beruhte, die inhaltlich keinen Sinn ergab. Im Prinzip hätte der Staatsanwalt diese anonyme Anzeige selber geschrieben haben können, um eine Zeugin als Beschuldigte führen und so in seinem eigenen Verfahren abschirmen zu können. Aber das ist natürlich Phantasie.

In Wirklichkeit war die »Zeugin« also eine Mogelpackung. Das anscheinend exklusive Gespräch mit ihr genauso wie ihre ständige Darstellung als »Zeugin«. In Wirklichkeit wurde der Öffentlichkeit hier eine Beschuldigte als Zeugin verkauft, so, als wäre sie wie jede andere Zeugin auch zur Wahrheit verpflichtet. Dadurch entstand ein völlig falscher Eindruck von der Glaubwürdigkeit der gegebenen Schilderung. In Wirklichkeit durfte die Frau lügen, bis sich die Balken biegen. Das ist in allen zivilisierten Rechtssystemen der Welt so, und das ist der Grund, warum man ihr kein Wort glauben konnte. Und da sie bereits im ersten Vernehmungsprotokoll als Beschuldigte bezeichnet wird, muss sie auch da nicht die Wahrheit gesagt haben. Die Frau konnte lügen, solange sie als Beschuldigte geführt wurde. Trotz der anfänglich vollmundigen Erklärungen, die Untersuchung im Fall Haider sei abgeschlossen, wurde auch Monate später immer noch wegen möglichen »Fremdverschuldens« in dem Fall ermittelt. Warum eigentlich, wo doch sofort feststand, dass Haider den Unfall im Alkoholrausch gebaut hat? Dass die Staatsanwaltschaft wegen Fremdverschuldens ermittelte und gleichzeitig Jörg Haider die Alleinschuld an dem Unfall gab, war ein Widerspruch in sich.

Fazit: Es gab also keine »einzige Zeugin«. Und wenn es sie mal gab, dann wurde sie sehr schnell Beschuldigte und durfte als solche schweigen oder lügen, wie sie wollte. Und das heißt, dass wir die gesamte Schilderung der »Zeugin« (Überholen, Einscheren, Staubwolke, kaputtes Auto) komplett aus unserem Gedächtnis streichen können. Diese Schilderung trägt nichts, aber auch gar nichts zur Klärung des »Unfalls« bei.

Überdies hat keine der an der Unfallstelle anwesenden Personen, mit denen ich geredet habe, die »Zeugin« gesehen oder kann ihre Anwesenheit dort bestätigen.

Die gläsernen Säulen der offiziellen Version

Zeit für eine erste Bilanz. Auf den vergangenen Seiten haben wir drei wichtige Säulen der offiziellen Version kennengelernt:

1. die »Raserei« von Jörg Haider (142 Stundenkilometer),
2. den Alkoholkonsum von Jörg Haider (1,8 Promille),
3. die Schilderung des Unfalls durch die »einzige Zeugin«.

Und wir müssen feststellen, dass all diese angeblich steinernen Säulen der offiziellen Version in Wirklichkeit aus Glas sind und bei dem leisesten Stoß zerbrechen:

Zu 1: Der nach Angaben der Staatsanwaltschaft vom Hersteller herausgelesene Wert von 142 Stundenkilometern ist nichts wert, da der Hersteller des Autos grundsätzlich befangen ist. Im Gegensatz zu dem Eindruck, der auch im Fall der »einzigen Zeugin« erweckt wird, kann ein Angestellter des Herstellers in Wirklichkeit weder Zeuge noch Sachverständiger und damit überhaupt kein Mittel zur Wahrheitsfindung sein. »Bestenfalls« wäre er Angestellter eines Beschuldigten (wegen möglicher Funktionsstörungen des Autos) und damit ohnehin nicht zur Wahrheit verpflichtet. Womit keineswegs gesagt werden soll, dass hier ein Verschulden des Herstellers vorliegt. Aber wenn die »Zeugin« aufgrund von vagen Verdachtsmomenten als Beschuldigte geführt wird, gäbe es ebenso gute Gründe, den Hersteller zunächst einmal als Beschuldigten zu führen.

Zu 2: Während der Alkoholgehalt im Blut von Jörg Haider stimmen kann oder auch nicht, ist der Alkohol**konsum** zu bezweifeln. Denn erstens wurde Haider dabei von keinem der Öffentlichkeit namentlich bekannten Zeugen beobachtet. Schon wo Zeugen des Abends im Stadtkrämer aus der Anonymität auftauchen, wie beispielsweise Hans-Peter Gasser oder sein Barmann Martin, ist nicht mehr von Wodka, sondern nur noch »Gespritztem« die Rede. Und zweitens fand sich laut verschiedener Quellen kein Alkohol in Haiders Magen. Wenn jedoch jemand innerhalb von einer oder einer dreiviertel Stunde einen Blutalkoholgehalt von 1,8 Promille aufbaut und eine Viertelstunde später tödlich verunglückt, hätte auf jeden Fall eine nennenswerte Menge Alkohol im Magen sein müssen.

Zu 3: Die Schilderung des »Unfalls« durch die der Öffentlichkeit nicht bekannte »Zeugin« ist wertlos, da sie als Beschuldigte geführt wird. Dadurch besitzt sie eine »Lizenz zum Lügen«.

Das heißt, dass die von Staatsanwaltschaft und Medien präsentierten, angeblich so feststehenden Tatsachen in Wirklichkeit keine sind. In Wirklichkeit pokert der Staatsanwalt mit einem weitgehend leeren Blatt. Für die Version vom betrunkenen Raser Jörg Haider hat er überhaupt nichts in der Hand. Für die »Suff-Version« des Unfalls verfügt die Staatsanwaltschaft fast ausschließlich über anonyme oder aus anderen Gründen zweifelhafte »Zeugen«. Beweise: Fehlanzeige. Gäbe es ein Gerichtsverfahren gegen einen lebenden Haider, könnte der den Gerichtssaal höchstwahrscheinlich mit einer weißen Weste verlassen.

3. Teil: Was ist wirklich passiert?

Ganz im Gegensatz zu den vollmundigen Behauptungen von Medien und Behörden ist der Unfall des Kärntner Landeshauptmannes Jörg Haider vom 11. Oktober 2008 also keineswegs aufgeklärt. In Wirklichkeit sind alle wichtigen »Beweise« fragwürdig oder in sich zusammengebrochen. Die Wahrscheinlichkeit, dass es sich hier um ein Attentat gehandelt hat, ist erheblich gestiegen. Aber können wir nach all den Recherchen und Überlegungen wirklich eine alternative Version anbieten? Vorausschicken muss man vor all den kommenden Analysen, dass es möglicherweise nicht nur ein »Kaleidoskop der Interessen«, sondern auch ein Kaleidoskop der Spuren gibt. Um nicht zu sagen: eine Kakophonie. Denn sollte es sich um ein Attentat gehandelt haben, kann man davon ausgehen, dass die Täter Spuren verwischt und verändert haben. Dass am Unfallort zumindest durch die Polizei Manipulationen vorgenommen wurden, wissen wir aufgrund arrangierter Polizeiphotos von »Sunny-Soul«-Tabletten und einem leeren Schuh, die plötzlich in der Öffentlichkeit auftauchten (siehe Kapitel »War das Autowrack eine Botschaft?«). Es gibt aber noch weitere Hinweise auf Manipulationen oder Arrangements. Beispielsweise sehen Sie auf den folgenden Fotos das Wrack einmal nachts ohne den Bauzaunsockel oder -fuß und am Tag einmal mit dem Bauzaunsockel (rechts unten).

Phaeton-Wrack einmal ohne den Bauzaunsockel...

...und einmal mit dem Bauzaunsockel (tagsüber)

Nun wurde diskutiert, ob das an den unterschiedlichen Perspektiven der Aufnahmen liegen könnte. Es ist jedoch so, dass sich der Zaunsockel in der Verlängerung der rechten Kante des rechteckigen Papiers befindet. Verlängert man diese Kante auf dem Nachtbild, stellt man fest, dass sich dort nichts befindet. Also muss der Zaunsockel erst später zu dem Wrack gelegt worden sein. Das heißt, dass die Fotos mitten in der Umgestaltung des »Unfallortes« entstanden sein können. Und das heißt weiterhin, dass man möglicherweise gar keine Chance hat, den Unfall anhand der vorhandenen Spuren zu rekonstruieren, weil diese Spuren vielleicht gar nicht oder nur zum Teil auf den »Unfall« zurückgehen. Natürlich setzt man sich so der Gefahr aus, vollkommen falsche »Versionen« des »Unfalls« oder Attentats zu entwerfen.

Werfen wir einen kurzen Blick auf die wichtigsten Widersprüche und Ungereimtheiten:

Auto und Unfallstelle

- Das Auto weist spektakuläre Schäden auf. Die Front wurde regelrecht zerquetscht, A-Säule und Dach über dem Fahrer, Bodenschweller unter dem Fahrer durchgerissen.
- Das Wrack passt nicht zur Unfallstelle und die Unfallstelle nicht zum Wrack. Das Wrack weist erhebliche Zerstörungen auf, die es

so an der und durch die Unfallstelle nicht erhalten haben kann.

- Auch für die wahrscheinlich gefahrene Geschwindigkeit von 90 Stundenkilometern sind die Beschädigungen zu groß.

- Demgegenüber gibt es an der Unfallstelle für den Einschlag eines 142 Stundenkilometer schnellen 2,5-Tonnen-Boliden zu wenig Beschädigungen: Reifenspuren auf einer Böschung, ein plattgewalzter Maschendrahtzaun, eine plattgewalzte Hecke, ein abgeknicktes dünnes Bäumchen in fünf Metern Höhe und ein umgeworfener Hydrant. Dazu vielleicht noch ein umgeworfenes Verkehrsschild und ein leichter Bauzaun. So etwas erwartet man zwar, wenn ein Auto mal für ein paar Meter von der Straße abkommt. Nicht aber, wenn ein 2,5-Tonnen-Bolide ungebremst einschlägt. Das einzige bedeutende Hindernis in Fahrtrichtung, die große Lärmschutzwand, erhielt nicht mal einen Kratzer.

- Das Auto stand bereits etwa 100 Meter hinter dem Punkt, an dem es die Straße verlassen hatte, obwohl der Anhalteweg bei 142 Stundenkilometern etwa 217 Meter beträgt.

- Obwohl das Auto geschleudert sein soll, sieht man keine Reifenspuren auf dem Asphalt.

- Auf Fotos von der Unfallstelle ist im Dach des Wracks ein Loch zu sehen; das Wrack in der Garage der Kärntner Landesregierung weist kein Loch auf.

Unfallopfer

- Überzeugende Beweise für Alkoholkonsum fehlen,
- kein Alkohol im Magen,
- der exzessive orale Alkoholkonsum ist dadurch fragwürdig.

Was sagt uns das? Was könnte wirklich in der Nacht zum 11. Oktober 2008 auf der Bundesstraße in Lambichl passiert sein? Der kleinste gemeinsame Nenner aller Versionen ist wohl, dass hier etwas fehlt, was die Anfangs- und Endpunkte sinnvoll verbinden könnte. Denn wie man sieht, werden die Anfangs- und Endpunkte durch die offizielle Version, aber auch durch die Spuren an der Unfallstelle nicht sinnvoll verbunden. Das Auto weist zwei Beschädigungskomplexe auf:

1. einen durch die Unfallstelle erklärbaren Beschädigungskomplex,
2. einen nicht durch die Unfallstelle erklärbaren Beschädigungskomplex.

Als Ursache für Nr. 2 muss es einen bisher unbekannten »Faktor X« geben. Dieser »Faktor X« hat die Menschen von Anfang an umgetrieben: Wurde das Haider-Fahrzeug etwa beschossen oder zerbombt? Oder fuhr es unter einen LKW? Oder fuhren ein LKW oder eine Baumaschine auf das Fahrzeug drauf?

Ex-Terrorbekämpfer:
War bei Haiders Tod eine Bombe beteiligt?

Bald nach Aufnahme meiner Berichterstattung über den Haider-»Unfall« auf den Seiten des Kopp-Verlages meldete sich Herr S. bei mir, ein ehemaliger österreichischer Terrorbekämpfer, der zeitweise auch als Leibwächter von Jörg Haider tätig war. Die Verhinderung von Anschlägen und der Schutz von Personen waren sein tägliches Brot. Als Mitglied der österreichischen Anti-Terror-Truppen WEGA und EBT erhielt Herr S. eine Top-Ausbildung über die Schliche von Attentätern und Terroristen. In einem Telefon-Interview, das ich mit ihm aufzeichnete, wundert sich der Insider über das seltsame Loch im Dach der Haider-Limousine, das ihn an einen realen Anschlag und die nachfolgende Analyse in seiner Ausbildung erinnert. Außerdem wundert er sich über den angeblichen Alkoholkonsum von Jörg Haider in der Nacht zum 11. Oktober 2008. Seine Anonymität ist trotz des abgekürzten Namens übrigens sehr relativ, da in dem Interview seine Originalstimme zu hören ist. Tatsächlich gelang es dem Magazin News später, meinen Interviewpartner aufzutreiben, wobei all seine Aussagen über seinen Hintergrund bestätigt wurden.

Hier einige Informationen, die er mir vorab über sich zur Verfügung stellte:

»*Zu meiner Person: Ich ging Mitte der 80er-Jahre zur Wiener Polizei, um kurz nach Abschluss meiner Ausbildung der Alarmabteilung, heute besser als WEGA bekannt, dienstzugeteilt zu werden. Gegen 1988 wurde die EBT von seiten des Innenministeriums gegründet, wobei betont wird, dass dort Kriminalbeamte aus ganz Österreich gearbeitet haben und keiner Polizeidirektion noch Gendarmeriekommando unterstellt waren. Diese Gruppe wurde direkt dem Innenministerium unterstellt und war österreichweit tätig. Heute gibt es den Namen nicht mehr in dieser Bezeichnung, sondern wurde in das in der Zwischenzeit gegründete Bundeskriminalamt übernommen. Jetzt heißt es BVT, gleichbedeutend für ›Bundesamt für Verfassungsschutz und Terrorbekämpfung‹. Anzumerken ist, der Name wurde geändert, die Agenten sind die gleichen geblieben. Ich selbst hatte nach Absolvierung eines strengen Auswahlverfahrens die Möglichkeit, der EBT dienstzugeteilt zu werden. 1998, also 13 Jahre nach Eintritt zur Polizei, verließ ich diese und arbeite seither ... im Sicherheitsbereich und Personenschutz.*

Bemerken möchte ich, dass ich Anfang 1989 Dr. Jörg Haider persönlich kennenlernen durfte, da ein Kollege und ich einen Brief an ihn verfassten, um etwaige Missstände im Polizeiapparat zu erörtern. Zwischen 1993 und 1998 durfte unter anderem auch ich bei diversen Wahlkämpfen der damaligen FPÖ den Personenschutz für Dr. Haider übernehmen. Da lernt man nicht nur einen Politiker, sondern auch den Menschen Haider sehr gut kennen, da diese Zeit mit 18 Arbeitsstundentagen geprägt war.

Zu keiner Zeit und bei keiner dieser Veranstaltungen konnte ich feststellen, dass Jörg Haider Alkohol trank, im Gegenteil, immer nur Mineralwasser. Spätabends gönnte er sich hin und wieder ein kleines Glas Wein, ganz selten ein kleines Bier (0,33), wobei er meistens mehr als die Hälfte stehen ließ. Umso mehr war ich verwundert, dass genau dieser Jörg Haider auf einmal zum sogenannten ›Kampftrinker‹ wurde.«

Zu dem Unfall von Jörg Haider und dem Autowrack sagte er:

»Als ›gelernter‹ Polizeibeamter sieht man oft Dinge mit anderen Augen. In Folge meiner Ausbildung bei der damaligen ›EBT‹ (Einsatzgruppe zur Bekämpfung des Terrorismus) hatten wir auch mit diversen Sprengmitteln und vergangenen Attentaten zu tun. Als ich das Bild des VW von Dr. Jörg Haider sah, fiel mir das auch von Ihnen erwähnte kreisrunde Loch im Dach, welches direkt oberhalb des Kopfes vom Fahrer platziert war, auf. Ich erinnerte mich sofort an einen Vorfall, wo es zu einem Terroranschlag kam und ebenfalls ein solches Loch entstand.

Im Kurzen die Geschichte: Die zu tötende Zielperson sitzt auf dem hinteren rechten Rücksitz eines Fahrzeuges, weitere Insassen sind der Lenker und eine Person, die sich am Beifahrersitz befindet und die Funktion des Personenschützers innehat. An einer Kreuzung, bei dem das Fahrzeug verkehrsbedingt stehen musste, näherte sich ein Motorrad mit zwei Personen. Der Lenker fährt dicht an den PKW, sodass der Sozius die Möglichkeit hatte, eine Bombe am Fahrzeugdach zu platzieren. Die Bauweise, die genau ein solches Loch verursachte, war sehr einfach gemacht, dafür aber umso tödlicher. Nur die Zielperson starb, der Fahrer und der Beifahrer blieben nahezu unverletzt.

Der Aufbau einer Bombe dieser Bauart ist folgender gewesen: Die Attentäter nahmen einen Filmrollenbehälter aus Plastik, füllten diesen mit Sprengstoff, bauten einen kleinen Zünder ein und verdichteten die Abschlusskappe wieder. An der Unterseite wurde ein Saugnapf angeklebt, und fertig war die Bombe. Beim Vorbeifahren wurde der kleine Plastikbehälter mit dem Saugnapf, der vermutlich von einem Kinderpfitschipfeil oder Ähnlichem stammt, direkt über dem Kopf der zu tötenden Person platziert und rasch wieder davongefahren. Ehe noch jemand reagieren konnte, wurde die Bombe gezündet, und ein kreisrundes Loch entstand. Die darunter sitzende Person war auf der Stelle tot, da sie von Dachmetallteilen im Kopf getroffen wurde. Ich behaupte jetzt nicht, dass es bei Landeshauptmann Dr. Jörg Haider auch so war, jedoch ist das Loch am

Dach, welches bei seinem Unfall entstanden sein soll, für mich nicht nachvollziehbar.

Ich denke, egal wie es gemacht wurde, es handelt sich um keinen Unfall/Schicksalsschlag. Leider haben ›unsere‹ Behörden etwas für meinen Geschmack zu rasch gehandelt und überschnell die Akte Haider geschlossen.«

Nun ist seit diesem Interview am 21. Oktober 2008 schon einige Zeit vergangen. Im Dezember 2008 hatte ich die Gelegenheit, das Wrack exklusiv zu besichtigen. Was ich da sah, kann ich bis heute nicht genau einordnen, denn das berühmte Loch im Dach war an dem Wrack nicht zu sehen. Diese Tatsache könnte man auf verschiedene Weise formulieren:

- Das Wrack hatte nie ein Loch.
- Das Loch war also nur eingebildet.

Oder:

- Das Loch war weg (also verschwunden).

Beide Versionen waren schwer vorstellbar.

Erstens war das Loch auf dem Fahrzeugdach ursprünglich in der Mitte eines ausgeprägten »Kraters« deutlich zu sehen (siehe »Etwas zu kaputt: das Auto«). In der Vergrößerung konnte man auch eine deutliche Struktur dieses Loches ausmachen. Zahlreiche Menschen hatten das Loch auf Fotos gesehen und sich ausführliche Gedanken darüber gemacht. Dass es sich um Einbildung oder Fehlinterpretation handelte, ist also eher unwahrscheinlich.

Sollte das Loch der auffällige Beweis für eine Sprengung gewesen sein, wäre es logisch, diese Spur im Nachhinein zu beseitigen. Andererseits ist es aber unwahrscheinlich, dass das Loch am Fahrzeug entfernt werden konnte. Denn von einer solchen »Reparatur« eines Fahrzeugwracks hat man schließlich noch nie etwas gehört. Das von mir besichtigte Wrack sah genauso aus, wie das auf den Fotos von der Straße – nur eben ohne »Loch«. Stattdessen war das Dach an dieser Stelle nur zerbeult. Um dieses Phänomen zu erklären, überprüfte ich sogar die Option eines Austauschs der Fahrzeuge. Tatsächlich wird im Bereich des Terrorismus immer wieder mit sogenannten Doubletten gearbeitet, also Fahrzeugdoubles, die als ein und dasselbe Auto erscheinen, es aber nicht sind. Die Fahrgestellnummer des Phaeton war unter der zertrümmerten Frontscheibe kaum noch zu erkennen. Am Ende der Fahrgestellnummer konnte ich nur fünf Ziffern lesen, nämlich »00334«.

Wie bereits gesagt, stimmen diese Ziffern mit den Endziffern der mir zur Verfügung gestellten Fahrgestellnummer aus den Papieren überein.

Mit dem Handy durch die Hintertür?

Etwa im Jahre 2003 hatte der damalige Sozialminister und Vizekanzler Herbert Haupt ein Erlebnis der besonderen Art: An einem Sonntag morgen um halb acht war Haupt auf dem Weg zu einem Friedhofsbesuch nach Villach:

> *Das ist, wenn Sie Richtung Villach fahren, das Straßenstück hinter der Raststätte Paternion Feistritz. Da ist so eine leichte Rechtskurve. In der Kurve beginnt eine 100er-Beschränkung, bevor es in den Tunnel reingeht. Ich bin ungefähr mit 140, 150 auf die 100er-Tafel zugefahren, als bei mir plötzlich das Handy klingelte: Da ist ein Anruf reingekommen vom Landtagsclub in Klagenfurt nach der Nummer am Display. Ich weiß heute noch, wie das war, Sonntag um halb acht, da muss was Außergewöhnliches passiert sein, weil am Sonntag um*

218

halb acht ist kein Mensch im Landtagsclub, da müsste was weiß ich sein, es ist mir bis heute, Jahre danach, nicht erklärbar.«

Jedenfalls fielen am Wagen von Haupt, der gerade von 140 herunterbremsen wollte, mit dem Eintreffen des Anrufs Servolenkung und Servobremse aus. Der Politiker hatte alle Hände voll zu tun, den Wagen in den Griff zu bekommen, um nicht in das Tunnelportal zu knallen:

»In dem Moment, wo ich auf die Freisprechtaste am Lenkrad gedrückt habe, hat das Auto das Spinnen angefangen. Wenn man so gewohnt ist, so locker mit der Servolenkung die Hand am Steuer, dann muss man auf einmal wie bei einem Lastwagen zugreifen, und zur gleichen Zeit ist das volle Gewicht des Autos auf dem Bremspedal und nicht so, wie es mit dem Bremskraftverstärker ist, da muss man mit voller Gewalt drauf stampfen, da hat man einige Sekundenbruchteile zumindest zu tun, in der Zeit ist man aber schon fast im Straßengraben draußen ... Ich hab damals auch das Auto wieder in den Griff gekriegt letztendlich ...«

... erzählte mir Herbert Haupt bei einem Besuch im Januar 2009. Und siehe da:

»... wie ich am Friedhof unten war, hab ich das Handy abgeschaltet, hab die Bluetooth Verbindung gekappt mit dem Auto, und dann ging das Auto wieder ganz normal zu fahren. Ich hab das Auto dann untersuchen lassen in Wien, die haben nix gefunden. Dann hab ich kleinere Störungen gehabt, da ist mir auf einmal das Licht während dem Fahren ausgegangen, dafür ist die Tankanzeige immer voller geworden, und dann hat man festgestellt, bei meinem lokalen Auto-Vertreter, dass ein Chip einen Defekt gehabt hat. Dann ist der Anruf vom Handy in die Motorik reingekommen vom Auto, und dadurch hat dann das, was gerade in Verwendung war, Störungen gekriegt durch diesen Überstrom. Da hat man dann den Chip ausgetauscht, und ab dann waren die Störungen weg.«

Wisnewski: *Das heißt, in dem Moment, als Sie die Freisprechtaste abgeschaltet haben, war das Auto wieder normal?*

Haupt: Da war es wieder normal, ja.

Wisnewski: War denn damals jemand dran am Telefon?

Haupt: Da war niemand dran. Ich hab dann mehrfach versucht, im Landtagsclub anzurufen, hat sich aber keiner gemeldet. Die Erinnerung ist mir erst im Zusammenhang mit dem Unfall vom Dr. Haider hochgekommen. Damals hab ich das für einen technischen Fehler gehalten, wie er bei der Massenproduktion von Chips mal passieren kann.

Bis heute, Jahre danach, ist Haupt diese plötzliche Fehlfunktion in dem ungünstigen Moment nicht erklärbar.

»Eins ist allerdings sicher, dass ich mich damals in der Bundesregierung als Vizekanzler bemüht habe, in Österreich das Gleiche zu erreichen, wie es die Dänen gemacht haben, nämlich festzustellen, wer in Österreich über die Gauck-Behörde Stasi-Mitarbeiter war. In Dänemark hat man ungefähr 100 Mitarbeiter im Staatsdienst und auch Journalisten enttarnt. Österreich hat nie Anstrengungen gemacht, obwohl Österreich ein bekannter Tummelplatz der SED-Leute war, das jemals festzustellen. In meinem eigenen Ministerium habe ich mir Akten rausgeben lassen, weil das konnte man nicht verhindern, daraufhin sind fünf Leute in Pension gegangen.

Ich bin damals leider an dem verantwortlichen Justizminister und Bundeskanzler gescheitert, was ich heute noch bedaure, weil ich glaube, es wär' in Österreich durchaus interessant, wer da mit einem fremden Staat zusammengearbeitet hat. Es ist ja auch interessant, dass die Staatsanwaltschaft ja, obwohl das ein Offizialdelikt ist, nie von dieser Möglichkeit, die Gauck-Behörde anzurufen, Gebrauch gemacht hat.«

War der Beinahe-Unfall also ein Anschlag auf den österreichischen Vizekanzler und damaligen Sozialminister? Fakt ist, dass Hersteller, die komplexe Computer in ihre Fahrzeuge einbauen, ein ganz neues

Fenster der Verwundbarkeit erzeugen. Im Prinzip holen sie so auch alle damit verbundenen Nachteile ins Auto:

- die Gefahr von »Abstürzen« und
- die Gefahr von Sicherheitslücken.

Je komplexer der Computer, umso anfälliger kann er im Prinzip auch für Störungen oder gezielte Eingriffe sein. Nicht umsonst müssen beispielsweise Flugzeugpassagiere ihre Handys an Bord ausschalten. Tatsächlich gibt es viele Berichte über »abstürzende Autos«: Fahrzeuge, bei denen plötzlich das Licht oder sogar sämtliche Funktionen ausfallen. Bei manchen Marken soll das speziell in der Nähe von Handymasten passieren.

Die Hersteller basteln aber auch ganz offiziell daran, Handys als Fernsteuerung für ihre Autos zu benutzen. Ein Beispiel sind Saab und Sony Ericsson. Nach einem Bericht von handy.t-online.de vom 9. Oktober 2008 soll das neueste Spitzenmodell von Sony Ericsson, das Xperia X1 in einem neuen Modell von Saab »zur Fernsteuerung« werden. Der 9-X Air »lässt sich in vielen Funktionen vom Xperia X1 steuern. Fahren muss man zwar natürlich noch selbst, aber einige andere Dinge kann man nun über das Handy erledigen. Mit dem Xperia-Handy kann der Fahrer die Innenraumbeleuchtung und die Sitzeinstellungen steuern, das Licht ein- und ausschalten, den Kofferraum öffnen und das Auto abschließen.«

Es gibt auch eine GSM-Fernsteuerung, mit der Sie im Auto »ein beliebiges Gerät durch einen Anruf schalten« können, »gebührenfrei und von jedem Ort der Welt!« Nicht, dass ich etwas unterstellen wollte, aber da stellt sich ganz grundsätzlich mit aller Schärfe die Sicherheitsfrage: Können etwa auch Unbefugte mit Hilfe des Handys auf ein Fahrzeug zugreifen? Sind auch in einem Bordcomputer Backdoors denkbar, und was könnte man da anstellen? Könnte man beispielsweise auch die Servolenkung- und Bremse ausschalten und die Airbags auslösen? Airbag-Auslösung und Totalausfall des Fahrzeugs (samt

Gurtstraffern) wären bei einem Attentat in jedem Fall als eine Art
»Fangschlag« zu gebrauchen. Eine elegante Methode: Den Rest würde man dann nach Stillstand des Autos erledigen.

Tatsächlich lassen sich auch Handys aus der Ferne programmieren.
So lassen sich bei dem sogenannten »over-the-air-programming«
(OTA) Updates oder Einstellungen per SMS schicken. Vielleicht ist das
eine bessere Erklärung als die Vorstellung, der Landeshauptmann habe zuletzt während der Autofahrt SMS empfangen und gar gesendet.
»Er war betrunken, er saß im Auto« (Bild), er fuhr 140 – aber er emp-
fing und vor allem sendete SMS-Nachrichten: Ende Oktober 2008 ver-
öffentlichte (wieder einmal) die Zeitung »Österreich« (Website) Jörg
Haiders letztes »Handy-Protokoll«:

*1:05 Uhr: Um 1.05 Uhr verlässt Haider stark betrunken (1,77 Promille)
das Szene-Lokal »Stadtkrämer«.*

*1:08:39 Uhr: Nach drei Minuten Fahrt soll Haider einen Anruf getätigt
haben. Der dauerte exakt eine Minute und 8 Sekunden. Die angerufene
Nummer wurde angeblich nicht abgespeichert.*

*1:12:53 Uhr: Vier Minuten später wird von Haiders Handy eine SMS ver-
schickt.*

1:14:38 Uhr: Jörg Haider empfängt noch eine letzte SMS.

*1:16:06 Uhr: Kein Signal mehr: Der Kontakt des Mobilfunkbetreibers zu
Haiders Handy bricht ab.*

*1:18 Uhr: Eine Zeugin meldet sich beim Notruf – sie steht vor Haiders
völlig zerstörtem Phaeton.*

Kommunizierte hier wirklich der Fahrer per SMS – oder klinkte sich
von außen jemand in das Mobiltelefon ein, um dem Auto über die
drahtlose Freisprecheinrichtung tödliche Signale zu schicken? So gibt

es noch eine Merkwürdigkeit. Und zwar erhielt Herbert Haupt den anonymen Hinweis, die Auswertung der Bordelektronik habe ergeben, Haiders Auto sei die ganze Zeit mit einer moderaten Geschwindigkeit gefahren und habe dann erst kurz vor dem Unfall auf über 140 Stundenkilometer beschleunigt.

Wisnewski: *Woher haben Sie diese Daten?*

Haupt: *Die Daten habe ich von Polizeikreisen.*

Wisnewski: *Das heißt, er ist gar nicht da hochgerast ... ?*

Haupt: *Er ist nicht hochgerast, sondern er ist mit einer üblichen Geschwindigkeitsüberschreitung, wie es um die Zeit häufig passiert, gefahren, und erst kurz vor dem Unfall ist die Geschwindigkeit dann nach oben explodiert ...*

Nun wäre diese Diskussion schnell beendet, wären die Sender und Empfänger der SMS-Nachrichten bekannt. Das sind sie aber bis heute nicht. Das Handy lag nach dem »Unfall« total zerstört im Auto. Ob es Haider während des Telefonierens oder »Simsens« vom Airbag aus der Hand geschlagen wurde oder ob es bewusst zerstört wurde, ist unklar. Das einzige, was an dem Wrack nach meinem Eindruck demontiert worden war, ist die Steuerelektronik in oder über der Mittelkonsole.

Eine spezifische Steuerung von Auto-Funktionen wäre nicht unbedingt nötig; es reicht ja, in einer kritischen Situation wichtige Systeme abzuschalten – wie bei Herbert Haupt geschehen. Genau wie Sender und Empfänger von Haiders SMS-Nachrichten ist auch Haupts geheimnisvoller Anrufer aus dem Landtagsclub bis heute nicht bekannt. Haupt konnte jedenfalls bis heute nicht herausbekommen, wer ihn da sonntagmorgens um halb acht aus dem Landtagsclub in Kärnten angerufen hat. Der Anrufer wollte Haupt anscheinend nie wieder sprechen ...

Cherchez le camion!
Kollidierte Haider-Auto mit Schwerfahrzeug?

Findet man ein vertikal, aber nicht horizontal gestauchtes Auto vor, ist es nur natürlich, dass man dafür eine Ursache sucht und beispielsweise die Frage stellt, ob das Auto nicht durch einen Aufprall, sondern durch eine schwere Last beschädigt wurde. Für das vorne nach unten gequetschte Fahrzeug mit dem einseitig beschädigten Dach gibt es wesentlich bessere Erklärungen als eine Fahrt durch ein paar Hecken und Zäune. Entweder wurde das Fahrzeug von etwas Schwerem überrollt, oder es ist unter etwas Schweres drunter gefahren.

Dazu gibt es bei youtube einen interessanten Film, der zumindest die demolierte Windschutzscheibe und das einseitig niedergedrückte Dach erklärt. Ein Auto fährt mit schätzungsweise 40 Stundenkilometern seitlich etwas versetzt auf einen stehenden LKW auf. Während die Front den LKW glatt unterfährt und genauso unbeschädigt bleibt wie Radaufhängung und Reifen, bohrt sich der Auflieger des LKW auf der rechten Seite in Scheibe und Dach des PKW und drückt es herunter (suchen Sie bei youtube.com nach dem Film »stupid driver hits truck«).

Einseitig demolierte Scheibe und eingedrücktes Dach bei LKW-Auffahrunfall
Quelle: youtube.com, letzter Zugriff 21.3.09

Das Loch im Dach könnte theoretisch genau wie in dem Videobeispiel von der Ecke eines Aufliegers stammen. Wobei sich der Phaeton aber wesentlich tiefer und mit wesentlich größerer Gewalt unter das andere Objekt gebohrt haben müsste als das Fahrzeug in dem Video. Etwa so wie bei dem folgenden Zusammenstoß eines PKW mit einem mit Kies beladenen Kleinlaster 2006 bei Kosice (Kaschau). Da sieht man schon sehr viel mehr Ähnlichkeiten:

Zusammenstoß mit einem mit Kies beladenen Kleinlaster 2006, bei Kosice (Kaschau)

Wie man an diesem Beispiel sieht, sind die Vorderreifen nach unten gedrückt, der Schweller erscheint durchgebogen und das Heck hochgestellt. Bei einem solchen Unfall überträgt sich die Kraft des Aufliegers durch die Fahrzeugstruktur auf die vordere Radaufhängung, ggf. auch auf den Schweller und biegt ihn durch. Ob und wie die Kraft bei dem Schweller ankommt, hängt von der Stabilität der oberen Aufbauten ab. Sind sie sehr stabil, wird mehr Kraft an den Schweller weitergegeben, was man beispielsweise an dem Phaeton sieht:

- totale Zerstörung der Front und des Daches bis hinein in den Fahrgastraum,
- Bruch der vorderen Radaufhängungen,
- durchgebrochener Bodenschweller,
- Hochstehen der Hinterräder.

Ein ähnliches Bild beim Auffahrunfall eines Mercedes auf der Autobahn A 66 Frankfurt-Fulda auf einen Silowagen. Am 20. Oktober
2006 raste ein Mercedes mit hoher Geschwindigkeit ungebremst unter einen Silowagen. Am Fahrzeug waren die üblichen Symptome zu
sehen: zerdrückte Reifen, zerbrochene Felgen, hochstehendes Heck.
Ja, die Vorderräder sahen genauso aus wie später beim Haider-Unfall.
Die Reifen hängen nur noch zerfetzt an den zerbrochenen Felgen. Aufgrund der extrem hohen Geschwindigkeit waren die Fahrzeugaufbau-
ten im Vergleich zum Haider-Fahrzeug jedoch regelrecht abrasiert
worden. Das Dach wurde zurückgeschoben wie ein Faltdach.

Man sieht: Wir kommen der Sache schon näher. Was mir noch
nicht »gefällt«, ist die ziehharmonikaartig gestauchte Front bei den

*Mercedes unterfuhr Silowagen
2006, A 66 Frankfurt-Fulda*

Vergleichsfahrzeugen, vor allem bei dem ersten Vergleichsfahrzeug
aus Kosice. Sie rührt eindeutig vom Unterfahren des LKW bei hoher
Geschwindigkeit her. Das ist bei Haider nicht zu beobachten. Die
Front wurde in Fahrtrichtung praktisch überhaupt nicht gestaucht. Al-

so kann er in diesem Moment nur sehr langsam oder überhaupt nicht gefahren sein. Ein Unterfahren ohne Geschwindigkeit gibt es aber nicht. Stattdessen bleibt da eigentlich nur noch ein langsames Überfahrenwerden. Ein Bild wie bei dem Phaeton kann eigentlich nur entstehen, wenn sich etwas sehr Schweres über ein Fahrzeug schiebt und es zerquetscht.

Tatsächlich kann man die Spur dieses Objekts regelrecht nachvollziehen – tatsächlich gibt es so etwas wie eine Schneise der Verwüstung. Diese Schneise der Verwüstung zieht sich von rechts vorne über die gesamte Kühlerhaube nach links zu dem Loch über dem Fahrersitz. Danach verlässt sie das Fahrzeug wieder. In derselben Richtung befinden sich diagonale Schleifspuren auf der Motorhaube (siehe Kapitel »Etwas zu kaputt: das Auto«). Die Türen sind herausgeflogen oder -getrennt (laut Medienberichten schon beim Eintreffen des Notarztes), der linke Heckbereich ist aber unbeschädigt. Hier hat also keine Einwirkung mehr stattgefunden. Insgesamt bleiben fast die gesamte rechte Seite, die Heckscheibe, das hintere Dach, die Hinterräder, der Kofferraum und das linke Heck so gut wie unbeschädigt.

Die Schneise der Verwüstung führt von rechts vorne diagonal über die Motorhaube Richtung Fahrer (Pfeil). In dieser Richtung befinden sich auch Schleifspuren auf der Haube.

Hammer + Hydraulik = Loch?

Etwa am 21. Oktober 2008 erhielt ich den Telefonanruf eines Bau-leiters, dessen Überlegungen perfekt zu dem Wrack zu passen schie-nen. Er war felsenfest der Meinung zu wissen, welche Art von Fahr-zeug den Phaeton zerstört hatte. Seit zehn Jahren sehe er dieses Gerät tagtäglich arbeiten. Schon ganz zu Beginn der Recherche hatte ich ebenfalls die Assoziation an dieses auffällige Werkzeug, das bestimmt jeder von Ihnen schon mal gesehen hat. Diese Hydraulik-Hämmer können an allen möglichen Fahrzeugen montiert werden, beispiels-weise an einem Baggerlader oder auch an einem Raupenfahrzeug.

Die Stahlspitze eines Hydraulik-Hammers kann ein Loch erzeugen, während die Manschette am oberen Ende der Stahlspitze und der Kör-per des Hydraulik-Hammers beim Auftreffen auf das Dach eine runde Delle um das Loch herum verursachen würden. Und das Spannende an dem auf den ersten Fotos sichtbaren Loch war ja: In dem großen Loch war in einer darunter liegenden Dachschicht noch ein kleineres Loch zu erkennen, das sehr gut den Durchmesser des Hammer-Quer-schnitts haben könnte. Dringt der Stahlbolzen des Hammers voll ein, ist das Loch rund oder reißt einigermaßen rund aus. Dringt aber nur die zugespitzte Spitze des Hammers ein, wird das Loch rechteckig, so wie die Löcher auf der Motorhaube. Denn diese Spitze hat einen recht-eckigen Querschnitt (siehe oben). Das nach außen gebogene Metall an den Lochkanten auf der Motorhaube kann daher rühren, dass das Werkzeug eben nur ein enges Loch verursachte und wieder herausge-zogen wurde.

Dies schien eine weitere plausible Möglichkeit neben einem Angriff mit irgendwelchen Waffen zu sein. Baggerlader oder Raupenfahrzeug mit Hydraulikarm und -Hammer könnten das Fahrzeug in der Tat so demolieren, wie wir es am Tatort gesehen haben. Der Baggerlader, so versicherte mir der Bauleiter, könnte den Hammer in das Fahrzeug hi-neinschlagen, das Fahrzeug dann zu sich heranziehen und die Front an den beiden quer verlaufenden Stahlträgern am Heck zermalmen.

Schönheitsfehler dieser Version:

- Das »Loch« war nie da oder ist »weg«.
- Beim Einsatz eines solchen Werkzeuges hätten die Lochränder nach innen gebogen sein müssen; stattdessen erschien das »Loch« glatt ausgestanzt.
- Beim »Heranziehen« des Autos an den Baggerlader hätte das Loch im Dach in Zugrichtung verformt werden müssen.

War das Autowrack eine Botschaft?

Warum lässt einem der Fall Haider bloß keine Ruhe? Wie schon ganz zu Beginn gesagt, ist die Erklärung dafür ganz einfach: Es ist wie mit einem Bild, in das der Künstler ein paar Fehler eingebaut hat. Wenn man das Bild sieht, weiß man genau, dass irgendetwas nicht stimmt, ohne die Fehler gleich benennen zu können. Um nachzuvollziehen, was der Künstler genau gemacht hat, muss man das Bild eine ganze Weile betrachten und zufällige von bewussten Pinselstrichen unterscheiden lernen. Genau das passiert mit dem Haider-»Unfall«.

Sie haben doch bestimmt schon mal von einem »Profiler« gehört. Profiler sind Ermittler, welche die bewussten und unbewussten Zeichen des Täters am Tatort analysieren und daraus Rückschlüsse auf den Täter ziehen: also den Modus Operandi, die Symbolik und die Rituale an den Tatorten hauptsächlich von Serienkillern. Der Profiler interessiert sich

- für die Leiche, ihre Anordnung und Symbolik,
- für die Artefakte (also persönliche Gegenstände etc.), ihre Anordnung und Symbolik.

In den Medien wurden diese Profiler bereits in zahlreichen Serien gefeiert, bloß in der Realität werden sie dann leider zu selten eingesetzt. Überhaupt hat man nie davon gehört, dass am Unfallort von Jörg Haider Mordermittler gearbeitet hätten. Beim plötzlichen und unerwarteten Ableben einer solchen Figur wäre das jedoch zweifellos angebracht gewesen. Vom Einsatz eines Profilers ganz zu schweigen.

Bei einem Profiler würden schon allein wegen der Präsentation des Wracks wie auf einer Bühne mitten auf der Straße alle Alarmglocken leuchten. Mit den herausgerissenen »Augen« (Scheinwerfern) und Kotflügeln wirkt es unheimlich zugerichtet, fast wie ein erlegtes Tier.

Das sah ganz ähnlich aus wie im Fall Herrhausen. Während aber dort das Fahrzeug nach der Sprengung durchaus mitten auf der Straße zum Stehen gekommen sein kann, erhebt sich die Frage, wie es das Haider-Auto zurück auf die Straße geschafft haben soll. Einen 2,5-Tonnen-Boliden, der von der Straße abkommt, findet man nur selten auf derselben wieder. Nach den Gesetzen der Ballistik neigt er vielmehr dazu, die einmal eingeschlagene Richtung beizubehalten und sich in die Büsche zu schlagen. Zurück auf die Straße wird er es nur bei unüberwindlichen Hindernissen wie etwa einer Betonwand schaffen. Die aber ist weit und breit nicht in Sicht.

Ging man von den Unfallbildern aus, gab es noch eine weitere rätselhafte Sache: den Mummenschanz am Tatort. Neben den bekannten Beschädigungen des Daches und der Front, die wahrscheinlich auf ein schweres Fahrzeug zurückzuführen sind, gibt es noch ein weiteres Beschädigungsmuster: Zahlreiche Bauteile des Autos wurden herausgetrennt oder ausgebaut. Neben den zwei Türen auch zwei Kotflügel, zwei Scheinwerfer und zwei Nummernschilder.

Alles in allem:

- Zwei Nummernschilder fehlen,
- zwei Kotflügel fehlen,

- zwei Scheinwerfer fehlen,
- zwei Löcher nebeneinander in der Motorhaube,
- zwei Scheibenwischer stehen senkrecht hoch,
- zwei Türen fehlen am Fahrzeug und liegen auf der falschen Seite neben dem Fahrzeug parallel nebeneinander.

Eines oder zwei dieser Phänomene könnten natürlich »zufällig« durch einen Unfall oder durch einen gewalttätigen Angriff entstanden sein. In diesem Fall handelte es sich aber nicht um Zufall, wie man am Beispiel der Türen nachweisen kann. Wie die unbeschädigten Scharnier-Ösen beweisen, wurden die Türen nicht durch undefinierte Belastungen des Unfalls herausgerissen, sondern fein säuberlich ausgebaut. Im Prinzip funktioniert so eine Türbefestigung wie das gute alte Stangenscharnier. Die Ösen der Karosserie und der Tür werden parallel ausgerichtet und durch eine Stange (Bolzen) verbunden. Wird die Fahrertür bei einem Unfall mit Gewalt herausgerissen, müsste auch die Türbefestigung an der Karosserie samt Öse herausgerissen oder zumindest verbogen sein, denn diese ist mit der Tür untrennbar verbunden. Die Türbefestigungen beim Phaeton sind jedoch unbeschädigt, was bedeutet, dass die Türen fachgerecht entfernt wurden, indem der verbindende Bolzen nach oben oder unten herausgezogen wurde:

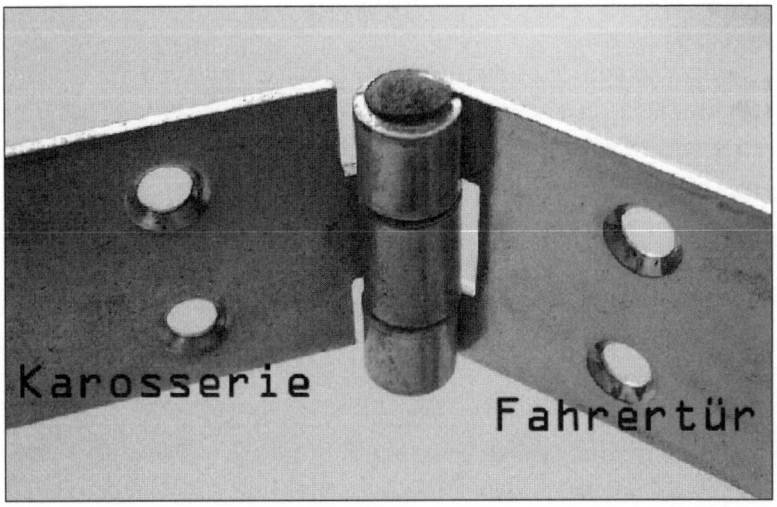

Stangenscharnier: Modell der Türbefestigung beim Phaeton. Die Ösen der Karosserie und der Tür werden parallel ausgerichtet und durch eine Stange (Bolzen) verbunden. Wird die Fahrertür bei einem Unfall mit Gewalt herausgerissen, müsste auch die Türbefestigung auf der Karosserie herausgerissen oder zumindest verbogen werden, denn diese ist mit der Tür untrennbar verbunden. Die Türbefestigungen beim Phaeton sind jedoch unbeschädigt, was bedeutet, dass die Türen fachgerecht entfernt wurden, indem der verbindende Bolzen nach oben oder unten herausgezogen wurde.

War das vielleicht die Feuerwehr? Obwohl es für die Retter natürlich keinen Grund gibt, Fahrer- und hintere Passagiertür zu entfernen, wollte ich das auch wissen, erhielt auf meine entsprechende Anfrage bei der Freiwilligen Feuerwehr Köttmannsdorf jedoch keine Auskunft. Dort verwies man mich an die Staatsanwaltschaft, die der Presse grundsätzlich ja nur ihr genehme Auskünfte gibt. Es gibt aber noch andere Quellen, beispielsweise die Notärztin, die wenige Minuten nach dem »Unfall« am Ort des Geschehens eingetroffen sein soll. Sie fand den Wagen bereits mit fehlenden Türen vor (Südtirol Online, 11.10.2008). Auch der von mir gefundene Zeuge Wolfgang König, der unmittelbar nach dem ersten Rettungsauto überhaupt, einem zivilen Polizeiwagen, an der Unfallstelle eintraf, sah das Wrack bereits mit fehlenden Türen. Also können die Türen nur durch die Täter entfernt worden sein. Dass die Türen ausgebaut wurden, sieht man auch daran, dass die linke hintere Passagiertür äußerlich überhaupt nicht, die Fahrertür nur am Fensterrahmen beschädigt wurde (nämlich bei der Zerstörung des Daches über dem Fahrer). Die Türen können also nicht durch rohe undefinierte Kräfte herausgerissen worden sein. Im Grunde genommen ist das eine der wichtigsten Spuren des ganzen »Unfalls«. Damit steht fest: Das Wrack wurde arrangiert und »gestaltet«.

Nun bedeutet, wie ein Profiler zu denken, ja noch lange nicht, sich die irren Symbole von Killern zu eigen zu machen.

Die ständige Betonung eines Friedhofsgewächses (Thujenhecke) in der Berichterstattung weist auf eine weitere Botschaft hin, nämlich: Es war kein Unfall, sondern ein Begräbnis. Natürlich kann es auch Zufall sein, dass ein Unfallauto eine Thujenhecke überfährt. Ein weiterer dubioser Vorfall beweist jedoch, dass am Tatort tatsächlich Manipulationen vorgenommen wurden. So sickerte plötzlich eine Reihe Fotos an die Medien durch, die angeblich unerlaubt von einem Polizeibeamten aufgenommen und weitergegeben worden waren. Ebenso angeblich wurden gegen den Polizeibeamten Ermittlungen eingeleitet. In Wirklichkeit erscheint die Operation jedoch absichtsvoll. Diese Fotos erscheinen fein säuberlich hergerichtet. Darauf sieht man Haiders Brille mit einem Thujenzweig arrangiert. Dass diese Bilder inszeniert wurden, sieht man auch an der Packung »Sunny-Soul«-Tabletten auf der Mittelkonsole des Wracks. Nach den Erschütterungen, denen das Auto ausgesetzt war, würden sie da garantiert nicht mehr liegen. Ebenso falsch ist der in den Medien nie richtiggestellte Eindruck, dies seien Haiders Tabletten gewesen. Dieser Eindruck verstärkte das Bild von einem psychisch angeschlagenen und labilen Haider, bei dem es plausibel erschien, dass er sich auch mal eine Flasche Wodka »reinzieht«. Nach Angaben von Familien-Angehörigen gehörten diese Tabletten aber Haiders persönlichem Referenten Robert Seppele, der dies mir gegenüber (31. März 2009) jedenfalls nicht dementierte. Es handelt sich nicht einmal um regelrechte Psychopharmaka, sondern eher um Stimmungsaufheller, die man einnimmt, wenn man sich müde und abgespannt fühlt.

Das Interessanteste ist aber das Bild von einem Schuh im Gras. Das Bild erweckt den Eindruck, als hätte Haider diesen Schuh bei dem Unfall verloren. In Wirklichkeit wurde der Schuh dort absichtsvoll abgelegt und fotografiert. In Wirklichkeit befand sich dieser Schuh nämlich im geschlossenen Kofferraum des Autos. »Das wissen wir, denn es handelte sich um einen Trachtenschuh, den er an diesem Abend nicht getragen hat«, sagte ein Angehöriger von Jörg Haider zu mir. Der unbekannte Fotograf muss also zu dem Wrack hingegangen, den Kofferraum geöffnet, den Schuh entnommen, ins Gras gelegt und fotografiert haben. Eine spektakuläre Handlung an einem Tatort. Und als Tatort hätte man den Unfallort eines Landeshauptmannes zunächst mal natürlich behandeln müssen. Beim plötzlichen Tod prominenter Politiker kann es sich schließlich immer um ein Attentat handeln. Daher müsste ein derartiger Unfallort abgesperrt und kriminalistisch sorgfältig untersucht werden. Irgendwelche Veränderungen durch die Polizei, die das Bild verfälschen könnten, verbieten sich normalerweise von selbst.

Es wirft also ein bezeichnendes Licht auf die Ermittlungsbehörden, dass die Situation am Unfallort manipuliert und Bilder von diesen manipulierten Situationen anschließend auch noch an die Öffentlichkeit gebracht wurden. Hier kommt ja schließlich eine bestimmte Mentalität der Ermittlungsbehörden zum Ausdruck, die sich um ein realistisches Bild des Unfalls offenbar überhaupt nicht schert. Im Grunde genommen hat sich bereits dadurch das ganze Ermittlungsverfahren ad absurdum geführt. Wenn so etwas am Unfallort möglich ist – was ist dann in der Gerichtsmedizin und bei der technischen Untersuchung des Fahrzeugs möglich? Denken wir noch einmal an einen lebenden Haider und ein ordentliches Gerichtsverfahren: Nach internationalen Rechtsmaßstäben wäre in solchen Manipulationen bereits ein absolutes Verfahrenshindernis zu sehen. Da man nicht mehr davon hätte ausgehen können, dass dieses Ermittlungsverfahren ordnungsgemäß durchgeführt wird, wäre der Beschuldigte freizusprechen gewesen. Erinnern Sie sich an den Fall des amerikanischen Footballstars O. J. Simpson, dessen Ex-Frau und deren Geliebter eines Tages ermordet vor dem Eingang ihres Hauses lagen? Zwar deuteten alle Beweise auf Simp-

son als Täter hin, der Verteidigung gelang es jedoch, die Voreinge-
nommenheit der Ermittlungsbehörden zu beweisen. Simpson wurde daher freigesprochen, ganz einfach, weil man nicht wissen
konnte, wo die Ermittlungsbehörden überall manipuliert hatten –
man konnte ihnen schlicht und einfach nicht mehr trauen. Auch
deshalb plädiere ich übrigens allein aufgrund dieser Umstände auf
posthumen Freispruch für Jörg Haider: Vergessen Sie die 1,8 Promille und die 142 Stundenkilometer – der »Angeklagte« hat in Wirklichkeit als unschuldig zu gelten. (Davon abgesehen, dass er sowieso als unschuldig zu gelten hat, weil es einen Richterspruch ja
nicht gibt.)

Doch wir waren bei den seltsam symbolischen Arrangements am
Tatort. Mit dem Bild von der Brille und dem Thujenzweig assoziiert
man spontan »Beerdigung«. Der leere Schuh ist ein okkultes Symbol für den Tod, ja, vielleicht sogar für Mord. Da der Schuh, wie gesagt, extra aus dem Kofferraum entnommen worden sein muss,
muss der »Regisseur« und Fotograf dieses Bildes ein Interesse gehabt
haben, dieses Motiv darzustellen. Kennen Sie zufällig den Holly-
wood-Film »Angel Heart« mit Robert DeNiro und Mickey Rourke?
Wenn nicht, empfehle ich Ihnen, diesen Film einmal auszuleihen
und die symbolischen Arrangements und Anspielungen zu genie-
ßen. Der Film porträtiert das Voodoo-Milieu und spielt intensiv mit
okkulten Symboliken. Ja, fast jedes Bild und jeder Name enthält eine Botschaft: Ein gewisser »Louis Cyphre« (= Lucifer) engagiert einen
Privatdetektiv namens »Harry Angel« (= Engel), um seinen »Lieb-
ling« zu finden (»Johnny Favorite«). Angel macht sich auf die Suche
und klappert alle möglichen dubiosen Figuren ab, darunter einen alten drogensüchtigen Arzt. Um den Arzt unter Entzug zu setzen, legt
er ihn im Schlafzimmer aufs Bett und schließt die Tür ab – mit dem
Versprechen, ihn später, wenn er redet, an seine Drogen im Kühl-
schrank zu lassen. Und nun wird es interessant, denn der Film betont das Todessymbol der Schuhe sozusagen mit dem Holzhammer.
Nachdem Favorite den Arzt in dem Schlafzimmer allein gelassen
hat, sieht man einen ausgezogenen Schuh neben dem Bett liegen.

Und nun entsteht beim Zuschauer erst mal dieselbe unbefangene Wahrnehmung wie bei dem Haider-Unfall: Na ja, was soll sein: verloren oder ausgezogen eben, der Schuh – im Fall des Arztes, dass der Arzt aufs Bett gelegt wurde.

Das will der Film jedoch nicht sagen, und das macht er wenig später auch ganz klar. Als Detektiv Johnny Favorite nach einer Weile zurückkehrt, um den im Schlafzimmer eingesperrten Arzt zu verhören, ist der tot. Und nicht nur das: Er wurde ermordet. Und nun zeigt der Film den auf dem Bett liegenden Arzt mit angezogenen Schuhen. Damit's auch der letzte Zuschauer merkt, zündet sich Favorite auch noch ein Streichholz an den Schuhsohlen des toten Arztes an. Jetzt beginnt der Zuschauer zu verstehen, dass der ausgezogene Schuh vor dem Bett nichts mit dem natürlichen Vorgang zu tun hat, also damit, dass der Arzt aufs Bett geworfen wurde. Und für die, denen das jetzt noch nicht klar ist, blendet der Regisseur später – als Favorite den Schauplatz verlässt – noch einmal auf den leeren Schuh vor dem Bett zurück. Die Botschaft lautet: Tod. Und nun verstehen wir auch die Symbolik des Haider-Schuhs. Denn auch der hat nichts mit dem »natürlichen« Ablauf, in diesem Fall mit dem Unfall, zu tun. Er wurde vielmehr aus einem ganz anderen Zusammenhang, nämlich dem Kofferraum, entnommen und künstlich platziert. Von wegen: Ein Beamter wollte mit den Bildern bei der Presse ein paar Euro verdienen. Vielleicht hat er das ja auch, aber das war wohl kaum der eigentliche Zweck der Operation.

Bizarr ist auch eine Nachtaufnahme, auf der hinter dem Wrack ein Feuerwehrauto mit der Auto-Nummer »K-72-666« zu sehen ist (siehe Abb. S. 236). »666« gilt in okkultem Verständnis als Symbol des Antichristen. Eine solche Nummernfolge ist wohl kaum auf einen Zufall zurückzuführen. Auf eine Anfrage bei der Freiwilligen Feuerwehr Köttmannsdorf erhielt ich diesmal eine Antwort, nämlich dass das Fahrzeug der Freiwilligen Feuerwehr Maria Rain gehöre.

»666«: Feuerwehr-Fahrzeug am Haider-Wrack

Des Weiteren veröffentlichten die Medien (zum Beispiel Spiegel Online, Zugriff am 22.10.2008 um 22.17 Uhr) Aufnahmen von Jörg Haiders Sarg bei der Trauerfeier in Kärnten, auf denen auch die Sargplakette zu sehen war. Und siehe da: Dort stand der Todesmonat von Jörg Haider zwei Mal geschrieben. Die Aufschrift lautet gemäß dem Foto:

Dr. jur. Jörg Haider
*26.1.1950 †11.10.10.2008

Bizarr, nicht wahr? Angehörige, die den Sarg häufiger besucht hatten, versicherten mir zwar, dass ihnen dieses Detail nicht aufgefallen sei. Trotzdem wurde die Manipulation nun einmal vorgenommen – wenn nicht am Sarg, dann eben später am Foto.

Nach Jörg Haiders Tod überstürzten sich in Kärnten die makabren Ereignisse. »Aus dem Grab: Toter Milliardär Flick geklaut!«, meldete die Bild-Zeitung am 20. November 2008. »Laut Polizei wurde die Leiche des Großindustriellen zwischen Mittwoch, 10 Uhr, und Freitag, 8.30 Uhr, der Vorwoche entführt« (Bild, 22.11.2008). Und zwar aus seiner Gruft in Velden, das bekanntlich ebenfalls in Kärnten liegt. Der Diebstahl sei durch Kratzer und Beschädigungen an den Grabplatten aufgefallen, berichteten die Medien. Beim Öffnen der Gruft sei das Fehlen des Sarges entdeckt worden. Und das Beste: Genau wie bei Haider war auch das Todesdatum von Friedrich Karl Flick manipuliert worden. Wieder handelte es sich um ein Paar: Bei Flicks Todesjahr 2006 waren die beiden Nullen entfernt worden. Der Zufälle ein bisschen viel. Und genau das soll all das wahrscheinlich auch heißen: »Kein Zufall!« Denn was soll das ganze »schöne Attentat«, wenn gar keiner mitkriegt, dass es eins war? Von den maßgeblichen Leuten natürlich. An das Volk ist das Attentat nicht adressiert, deswegen erzählt man ihm eine plumpe Geschichte von einem dummen Unfall.

Man kann also festhalten, dass es in Kärnten eine okkulte Infrastruktur gibt, die mit Toten makabre Spielchen treibt. Und in dieser okkulten Infrastruktur fand Haider nicht nur den Tod; in dieser Umgebung wurde auch das Ermittlungsverfahren durchgeführt.

Für die Untersuchung des Haider-Unfalls hat das weitreichende Konsequenzen. Am Tatort könnte man es mit einer Mischung aus technischen und symbolischen Spuren zu tun haben. Im Sinne eines Botschaftenträgers wie Zeitung oder Fernsehen könnte das Wrack ein Medium gewesen sein. Allerdings kein Medium für das breite Publikum. Im Gegenteil: Mit der Unfalltheorie versuchen die Massen-Medien für das breite Publikum eher von diesem Medium abzulenken. Wenn, dann handelt es sich bei dem Fahrzeug um ein Medium für eine ganz kleine, elitäre Minderheit. Versuchen wir, es zum Sprechen zu bringen, spekulativ natürlich:

In erster Linie könnte das total zerstörte Fahrzeug eine Machtdemonstration und eine Botschaft an andere elitäre Personen sein. Die Botschaft könnte lauten: Seht her, wir können unter den Augen des ganzen Landes, ja, der ganzen Welt, jeden beseitigen, der uns missfällt, und kein Hahn wird danach krähen. Wenn der Unfall eine Machtdemonstration ist, dann war sie in dieser Form anscheinend nötig; ansonsten hätte man Haider ja auch unauffälliger bei einem Badeunfall, durch eine Lebensmittelvergiftung oder Ähnliches sterben lassen können. Macht wird jedenfalls dann demonstriert, wenn sie einem zu entgleiten droht.

Vielleicht kennen Sie auch den Ausdruck von der »Propaganda der Tat«: Aufsehenerregende Attentate, spektakuläre Fahrzeugwracks (siehe auch Herrhausen) propagieren das Ableben des Betreffenden in aller Welt – viel wirksamer als ein Herzinfarkt, bei dem es nicht viel zu sehen gibt. Mit dem unheimlichen Wrack wird ein Bild produziert, das um die Welt geht, anders als bei einem Badeunfall oder einer Lebensmittelvergiftung.

Die Trümmer vor dem Unfallort

Das Interessante ist, dass wir über die Unfallstelle noch lange nicht die ganze Wahrheit erfahren haben. Diese sah nämlich etwas anders aus, als man uns das später weismachen wollte. Ein wichtiges Detail fehlte oder wurde einfach nicht beachtet. Jedenfalls, wenn man den Aussagen des bereits vorhin erwähnten Wolfgang König glaubt, eines von mir aufgespürten Zeugen. König arbeitet als Anzeigenleiter bei einer Klagenfurter Zeitung und war am 10. Oktober 2008 bis tief in die Nacht beschäftigt. Um kurz nach eins traf er als zweiter »Passant« auf dem Heimweg nach Weizelsdorf im Rosental auf die frische »Unfallstelle« von Jörg Haider. Hier mein Gespräch mit ihm:

Wisnewski: Jetzt erzählen Sie mal. Sie waren der Erste an der Unfallstelle?

König: Nein, der Zweite.

Wisnewski: Wer war denn der Erste?

König: Das war ein alter brauner Volvo, wer das war – keine Ahnung. Ein brauner alter Kombi, da ist ein Mann drin gesessen, aber wer – keine Ahnung. Der ist dort stehen geblieben, ist im Auto gesessen, hat eigentlich gar nichts getan.

Wisnewski: Und wie sind Sie zu dieser Szenerie dazugekommen, und wann?

König: Naja, ich bin dazugekommen um circa 1.25 bis 1.30 Uhr, genau kann ich es nicht sagen, ich glaube, auf der Uhr ist 1.28 gestanden, also 13 Minuten später, als die tatsächliche Zeit angegeben wurde. Ich bin die Rosentalerstraße hinaufgefahren, mich hat weder ein Auto überholt, noch ist eins vor mir gefahren, und wie ich so um diese leichte Linkskurve biege, sehe ich eben ein Auto auf der ersten Spur stehen, und ein zweites Auto, was gerade gebremst hat und ein Blaulicht drauf hatte. Ich bin hinter das Blaulichtauto gefahren in zweiter Spur …

Wisnewski: Also da waren zwei Autos?

König: Zwei Autos, genau. Ein ziviles von irgendjemandem [der Volvo; G. W.] und eine Zivilstreife. Der Volvo ist rechts neben mir gestanden auf der ersten Spur … Da komm ich hin, da sind die zwei Herren ausgestiegen, dann wollte ich auch aussteigen, dann haben sie mir bedeutet: Naa, nix. Dann hab ich mir gedacht, naja, ich bleib trotzdem mal stehen, mal schauen, was da passiert ist. Die haben sich dann zwei gelbe Warnwesten angezogen, wo nicht Polizei draufgestanden ist. Ich denke, es war ein Passat Kombi, nicht ein richtiger Kombi, sondern ein Fließheck, ein dunkles Auto, entweder dunkelgrau oder schwarz, und dann hab ich mir gedacht, naja, so wie es da ausschaut auf der Unfallstelle, sind viele Trümmer herumgelegen, da hat's ordentlich gebumst. Dann hab ich eben gesehen, dass Autoteile herumgelegen sind, eine 50er-Tafel am Boden gelegen ist, dann hab ich mal zum Unfallauto geschaut, da hab ich niemanden gesehen beim Auto, die offene Seite mit der offenen Tür …

Wisnewski: Da haben Sie keine Beine raushängen sehen?

König: Gar nix, naa. Es war zwar maximal 100 Meter von mir weg, es war nicht neblig, aber ich hab da niemanden gesehen, also keine Person feststellen können.

Wisnewski: Hätten Sie eine Person sehen müssen, wenn eine dagewesen wäre?

König: Eigentlich schon ... Es war niemand für mich feststellbar. Ich habe aber nicht soviel Bedacht draufgelegt, jetzt alles aufzunehmen, ich habe ja nicht gewusst, worum es sich handelt. Es war sonst niemand am Unfallort. Die zwei Polizisten, der Herr neben mir ... Dieses besagte Auto von dieser Dame, das angeblich Dr. Haider überholt haben sollte, konnte ich nicht ausmachen. Es ist dort kein weiteres Auto gestanden, auch keine Personen. Also, ich weiß nicht, wo die Dame geparkt hat oder wo die hingegangen ist dann. Also, das ist mir im Nachhinein auch etwas komisch vorgekommen ...

Ja, und die Wrackteile, muss ich jetzt im Nachhinein sagen, die sind eigentlich vor der Mauer gelegen, also bevor er die Thujen touchiert hat. Das waren zwei größere Teile ...

Wisnewski: Also vor dem Sockel lagen die Wrackteile?

König: Ja, vor dem Sockel. Also ungefähr in der gleichen Höhe, wie die Einfahrtsstraße ist. Also wo von rechts diese Straße reingeht, vor dem Sockel, da sind ungefähr diese Teile gelegen. Es war ein größeres Teil, Kotflügel, Tür, keine Ahnung, kann ich nicht sagen, und ein kleineres, könnte eine Stoßstange gewesen sein.

Ja, und die zwei Polizisten sind dann eben zum Auto vorgegangen, was sie dort getan haben, weiß ich nicht, hab ich nicht so genau beobachtet, dann ist die Rettung unmittelbar gekommen, mehrere Autos sind noch von hinten dazugekommen, also ich bin ungefähr drei, vier Minuten dort gewesen, dann waren fünf, sechs Autos hinter mir, die Rettung ist dann gekommen mit zwei Fahrzeugen, einer könnte ein Notarzt, einer die Rettung gewesen sein – hab ich auch nicht so genau beobachtet. Ich hab mir gedacht, naja, das wird etwas länger dauern, legen wir den Retourgang ein, und fahren wir irgendwo eine andere Strecke.

Wisnewski: *Aber das ist doch eigenartig, dass die Wrackteile vor dem Sockel liegen ...*

König: *Ja, eigentlich schon, denn eigentlich sollte es ja da erst passiert sein. Also das war für mich im Nachhinein a bissel komisch; ich hab mir gedacht, wie können da Teile schon liegen, wenn eigentlich er doch dann den Sockel und dann erst diesen Hydranten touchiert haben sollte, net.*

Wisnewski: *Stand das Polizeiauto quer vor Ihnen?*

König: *Nein, in Fahrtrichtung.*

Wisnewski: *Und die sind dann ausgestiegen ... ?*

König: *... sind zum Kofferraum hintergegangen, haben sich zwei gelbe Jacken rausgeholt. Und haben sie sich angezogen, da ist aber nicht Polizei oben gestanden auf diesen Jacken.*

Was für mich sehr, sehr komisch war, ist: Ich bin zehn, sagen wir, acht bis zehn Minuten später am Unfallort gewesen, als der Unfall eigentlich passiert sein soll, und dass da nur ein Auto oben steht, ist mir sehr spanisch vorgekommen. Weil ich bin ungefähr fünf, sechs Minuten dort gewesen, da waren sicher 12 bis 15 Autos hinten dazugekommen. Das ist mir im Nachhinein sehr, sehr suspekt. Es gibt um die Zeit sehr, sehr viele, die in dieser Richtung nach Hause fahren. Dass da in 13 Minuten nur ein Auto oben steht, kann ich mir nicht vorstellen.

Wisnewski: *Und was stellen Sie sich da als Erklärung vor?*

König: Keine Ahnung, kann ich nicht sagen. Dass es noch gar nicht so lange her war …

Wisnewski: Das heißt, dass es vielleicht zehn Minuten später war als angegeben …

König: Richtig, ja. Weil auch die Zivilstreife die erste war, es war sonst niemand dort, es war kein Streifenwagen dort, es war keine Rettung dort, es waren keine Leute im Auto, es muss unmittelbar gewesen sein, eigentlich.

Mich hätte die Zivilpolizei beim Hinauffahren nach Lambichl überholen müssen. Wo ist die hergekommen? Die kann nur über die Rosentaler Straße raufgefahren sein, wenn sie nicht schon vor Ort war. Weil ich bin ja auch unten in Klagenfurt bei Rot gestanden. Alleine, es hat mich keiner überholt, ich bin die ganzen Straßen bis hinauf alleine gefahren. Wo sind die dann hergekommen in Wirklichkeit? Ja, dann ist natürlich auch die Frage: Warum standen nicht schon vor der Polizei ganz normale Autos von Bürgern, die normalerweise zuerst auf einen solchen Unfall stoßen?

Ein guter Punkt: Dass die Polizei vor allen anderen Autofahrern zuerst an einem Unfallort ankommt, dürfte wohl eher die große Ausnahme sein – erst recht, wenn die Straße so befahren ist, wie von Herrn König geschildert. Normalerweise stauen sich bei einem Unfall schon die Autos, irgendjemand telefoniert, stellt Warndreiecke auf, Autofahrer versuchen Verletzten zu helfen. Ganz davon abgesehen, dass sich hier doch die »Zeugin« und ihr Mann tummeln sollten, die angeblich die Polizei gerufen haben. Oder ist das nur eine erfundene Geschichte, um einen Unfall plausibel zu machen? Tatsächlich konnte niemand, mit dem ich gesprochen habe, die Anwesenheit der »Zeugin« an dem Unfallort bestätigen (siehe Kapitel »Lizenz zum Lügen«). Und dann ist ja auch die Frage: Wieso kam überhaupt Zivilpolizei? Wenn jemand den Notruf anruft, kommt doch keine Zivilpolizei?

Wisnewski: Und Sie sind dann heimgefahren auf einem anderen Weg?

König: Auf einem anderen Weg heimgefahren, ja. Dort ist man ja nicht vorbeigekommen, es war ja gesperrt, bin dann umgedreht und einen anderen Weg nach Hause gefahren und hab dann von der anderen Seite die Unfallstelle noch einmal gesehen, und dann war schon mehr Blaulicht, an der Unfallstelle schon mehr los, da ist es also richtig zugegangen.

Wisnewski: Und haben Sie da diese Zeugin mit ihrem Auto gesehen?

König: Nein. Aber da waren schon mehrere Leute dort, das kann ich nicht mehr genau sagen. Das hab ich jetzt von 200, 250 Metern gesehen, war doch eine rechte Entfernung.

Wisnewski: Was ist denn Ihre persönliche Meinung zum dem Ganzen, was da oben passiert ist?

König: Ich glaube nicht, dass das, was uns an Informationen gegeben worden ist, dass das wirklich auch stimmt. Also ich bin der Meinung, dass da sicherlich etwas anderes vorgefallen ist.

Wisnewski: Also Sie meinen, dass das, was man uns so erzählt, nicht richtig ist?

König: Ja. Weil sich der Unfall mir ganz anders dargestellt hat, als das, was ich da gelesen, gehört und gesehen habe.

Wisnewski: Und wo sind da für Sie die Unterschiede?

König: Ja, die Unterschiede sind zum einen die Wrackteile, dann die Zeit kann nicht passen für mich, weil das gibt's nicht, dass in 13 Minuten nur ein Auto an der Unfallstelle oben ist. Dann diese ominöse Zeugin, von der man weder einen Namen kennt, noch die jemals eine Aussage gemacht hat noch sonst was, die ich auch am Unfallort nicht gesehen habe. Es war kein Golf oder irgendein anderes Auto oben, sie soll ja einen Golf gefahren haben. Ich habe kein anderes Auto oben gesehen. Am Unfallort wird sie kaum vorbeigefahren sein und danach geparkt haben. Das kann ich mir nicht vorstellen. Also, das sind so ein paar Ungereimtheiten, bei denen man also im Nachhinein sagt: Nein, also es kann nicht stimmen. Und das beschädigte Auto ist für mich auch etwas komisch, vor allem das Dach oben. Überschlagen haben kann es sich nicht, denn das Wrack hab ich ja gesehen am nächsten Tag auf den Fotos von den Journalisten, und ein Auto, das sich überschlägt und fast keine Schäden am Dach und der rechten Seite und am Kofferraum hat – da hab ich mir gedacht, das kann eigentlich nicht sein. Dass dann das Auto auf einmal geschlittert sein soll und der Hydrant das Loch am Dach gerissen haben soll, das gibt's für mich auch nicht. Der Hydrant ist eigentlich für mich ein Rätsel, weil ich weder ein Wasser gesehen habe, noch sonst irgendwas gespritzt hat ...

Wisnewski: *Das Loch am Dach haben Sie auch gesehen?*

König: *Das habe ich gesehen, ja. Anhand der Fotos.*

Wisnewski: *Haben Sie denn jetzt Angst, weil Sie das alles beobachtet haben?*

König: *Angst eigentlich nicht. Aber man weiß nicht, was dahinter steckt. Weil, wenn es eine Frau gegeben hat, die überholt worden ist: Wo ist sie? Warum sagt sie nicht aus? Also es sind schon ein paar Sachen, wo man glaubt, dass jemand mundtot gemacht worden ist.*

Wisnewski: *Sind Sie im BZÖ aktiv?*

König: *Nein – war ich. Damals noch FPÖ. Da bin ich aber schon seit 14 Jahren nicht mehr.*

Wie man sieht, werfen die Beobachtungen dieses wichtigen Zeugen (der übrigens nie von den Behörden vernommen wurde) jede Menge Fragen auf:

- Wo war die »Zeugin«? Warum wurde sie von dem Zeugen nicht gesehen?
- Wie kam es, dass die Polizei so blitzartig – noch vor allen anderen Autofahrern – am Unfallort war?
- Warum lagen Trümmerteile **vor** der Zauneinfassung, wo frühestens ernste Schäden an dem Fahrzeug eingetreten sein können?

Interessanterweise werden die Aussagen von Herrn König von anderen bestätigt. Der bereits erwähnte frühere Vizekanzler und heutige BZÖ-Politiker Herbert Haupt erhielt beispielsweise aus anonymen Quellen ebenfalls die Information, dass Zeugen vor der Unfallstelle Trümmerteile gesehen haben. Angeblich existiert von den Trümmern sogar eine Handyaufnahme.

Zwei Möglichkeiten:

1. Haider fuhr in einen bereits bestehenden Unfall.
2. Haiders Auto wurde bereits vor der angeblichen Unfallstelle demoliert oder von etwas getroffen.

Nr. 2 würde bedeuten, dass in der offiziellen Unfallschilderung ganz einfach Ursache und Wirkung vertauscht wurden, ein häufiges Phänomen bei Attentaten: Das Fahrzeug wurde nicht demoliert, weil es von der Straße abkam, sondern es kam von der Straße ab, weil es demoliert wurde. Und das würde auch den Widerspruch zwischen dem schwer demolierten Auto und der eher »harmlosen« Unfallstelle auflösen: Das Fahrzeug war vorher schon zerstört; durch die »Unfallstelle« erhielt es nur noch geringe Beschädigungen. Diese Version würde natürlich eine ganze Menge erklären, zum Beispiel,

- warum das Auto überhaupt von der Straße abkam – nicht durch Alkohol, sondern durch irgendeine Gewalteinwirkung,
- warum im Gras der Böschung auch eine von der Polizei markierte doppelte Reifenspur wie von einem Lastwagen zu sehen

war – oder wie von einem Fahrzeug, dessen Fahrwerk demoliert wurde,

- warum Unfallstelle und zerstörtes Fahrzeug einfach nicht zusammenpassen,
- warum das Fahrzeug zwei unterschiedliche Spurenkomplexe aufweist: den durch die Unfallstelle verursachten und den nicht durch die Unfallstelle verursachten (plattgedrücktes Dach und Front),
- warum die Polizei zuerst da war: Weil es sich nämlich nicht um einen »natürlichen« Unfall handelte,
- warum die »Zeugin« einfach nichts sagen will und warum sie lange Zeit durch ein Ermittlungsverfahren geschützt wurde: Weil ihre Aussage nämlich entweder etwas verschweigt (die ursächliche Gewalteinwirkung auf das Fahrzeug/»Staubwolke«) oder weil die Aussage frei erfunden ist, um einen Unfall plausibel zu machen und das wirkliche Geschehen zu verbergen.

Erst die Erzählungen der »Zeugin« machen ja die Geschichte vom »rasenden Landeshauptmann« rund. Ohne sie bliebe viel Raum für Phantasie.

Meine Version, die auf monatelanger Beschäftigung mit dem »Unfall« und auf den hier dargestellten Recherchen beruht, ist notgedrungen nur eine grobe, mit dicken Strichen gezogene Skizze:

Rekonstruktion

11. Oktober 2008, 1.15 Uhr. Haider fährt die Lambichl-Bundesstraße hinauf. Am Ende der lang geschwungenen Linkskurve vor dem großen Ortsschild »Köttmannsdorf« wird sein Fahrzeug von einem ersten Angriff ereilt. Der Phaeton wird durch irgendetwas Schweres getroffen. Haider, der telefoniert, wird durch den daraufhin explodierenden Airbag das Handy aus der Hand geschlagen. Man findet es später total zertrümmert im Auto. Auch er selbst wird mit voller Wucht

von dem Airbag getroffen und in den Sitz geschleudert. Die Sitzlehne biegt sich weit nach hinten. Das Auto fährt geradeaus weiter. Die schnurgerade Spur, die in einem flachen Winkel die Straße verlässt, weist darauf hin, dass der Fahrer nicht mehr reagieren konnte. Haider ist zu diesem Zeitpunkt bereits an einem Genickbruch/Hirnstammabriss verstorben. Warum er in die Todeszone des Airbags geriet, ist unklar. Vielleicht war er nicht angeschnallt. Zu klären wäre das, wenn überhaupt, über den Obduktionsbericht, denn angeschnallte Unfallopfer weisen, wenn sie bei einem harten Aufprall in den Gurt geschleudert werden, normalerweise deutliche Gurtstriemen am Körper auf. Doch leider waren auch die Angehörigen nicht bereit, den Obduktionsbericht offenzulegen, sodass hier Zweifel bleiben. War Haider nicht angeschnallt, dann hätte der Airbag den Tätern die weitere »Arbeit« abgenommen.

Doch weiter im Text: Das Fahrzeug fährt auf die flache Böschung, stellt sich in der Längsachse schräg und rumpelt anschließend auf den Zaun und in die Thujenhecke. Den Hydranten verfehlt es. Der Wagen ist nicht mehr sehr schnell; eigentlich müsste er zwar trotzdem noch in die Lärmschutzwand rumpeln, doch da, an einer kleinen Baustelle vor der Lärmschutzwand, steht ein Baufahrzeug. Dieses Fahrzeug übernimmt mehrere Aufgaben:

- Es stoppt den Phaeton vor der Lärmschutzwand.
- Anschließend schiebt es ihn rückwärts gegen den Hydranten, wodurch die runde Delle im Kofferraum entsteht.
- Auf diese Weise fixiert, fährt das Baufahrzeug auf die Haube und zermalmt die Front und das Dach des Phaeton.
- Dabei reißt die A-Säule durch, die B-Säule wird eingeknickt. Die Kraft und das Gewicht übertragen sich auf den Bodenschweller, der ebenfalls durchreißt.
- Durch den Druck des Baufahrzeugs gegen den Phaeton bricht am Heck der Hydrant ab.
- Nach getaner Arbeit befördert das Baufahrzeug das Auto auf die Straße zurück und sorgt dabei für jenen rätselhaften Richtungs-

248

wechsel, über den sich schon viele den Kopf zerbrochen haben (siehe »Ballistik«).

- Möglicherweise wird das Auto dabei direkt durch die Bäume an der Lärmschutzwand gehoben.
- Dabei landen Trümmer in den Zweigen und wird der Wipfel eines Baumes abgebrochen. Die Bäume können aber auch »dekoriert« worden sein.
- Anschließend schafft das Hydraulik-Fahrzeug den Wagen auf die »Bühne«, auf der man ihn schließlich vorfinden wird.
- Die Türen und andere Teile werden ausgebaut und einfach daneben gelegt.
- Zum Abschluss werden an dem Fahrzeug möglicherweise noch weitere Bauteile entfernt und die Scheibenwischer hochgestellt (Zweierpaare).
- Die Polizei – oder die »Polizei« – riegelt währenddessen den Unfallort ab.
- Die Zeugin wird festgehalten und eingeschüchtert, mit niemandem über das Gesehene zu reden.
- Oder: Die »Zeugin« und ihr Mann waren nie am Unfallort. Vielmehr wird sie erpresst, am nächsten Tag bei der Polizei aufzutauchen und den Anschlag als Unfall darzustellen.
- So oder so wird zum Schutz der »Zeugin« ein Ermittlungsverfahren gegen sie eingeleitet. Weil sie ein absolutes Sprechverbot hat, hat sie der Presse auch nie ein Interview über den »Unfall« gegeben und gerät in Gegenwart von Journalisten in Panik. Tauchen trotzdem Medienberichte über sie auf, versichert sie jedem verzweifelt, nicht mit der Presse geredet zu haben.

Nun – nach Lage der Dinge kann das nur ein Modell sein: Staatsanwälte mauern, Zeugen bleiben anonym oder sind gar keine, Polizeibeamte pfuschen am Tatort herum. Fast jeder verfolgt eigene Interessen, die mit einer wahrheitsgemäßen Aufklärung des Vorfalls nichts zu tun haben. Denkbar ungünstige Voraussetzungen, um ein Geschehen wirklich rekonstruieren zu können. Fragen bleiben also. Zum Beispiel: Wie war es möglich, diesen »Unfall« auf der befahrenen Bundesstraße zu inszenieren? Wurde sie zeitweise gesperrt und der Verkehr umgeleitet? Gerüchte besagen, dass der Verkehr mitten in der Nacht tatsächlich plötzlich für eine gewisse Zeit völlig zum Erliegen kam. Aber das sind nur Gerüchte. Jedes Detail dieser Inszenierung lässt sich mit den Mitteln eines Journalisten nicht mehr aufklären, das große Bild aber schon. Und das bestätigt meine allererste Assoziation, die ich beim Anblick des Phaeton-Wracks hatte – nämlich dass dieses Wrack *prima facie* ein ganz ähnliches Bild bietet wie 1989 der zerstörte Herrhausen-Mercedes. Nach mehreren Monaten Recherche und Einarbeitung in den Fall bleibt es bei meinen ersten Einschätzungen:

Bei dem »Unfall« von Jörg Haider handelte es sich höchstwahrscheinlich eben nicht um einen Unfall.

In Wirklichkeit sprechen alle Umstände für ein sorgfältig inszeniertes Attentat.

Die politischen Folgen

Die Große Koalition

Nach dem Abwirtschaften der Wiener Großen Koalition im Juli 2008 waren Neuwahlen nicht zu vermeiden. »Große Koalition? Nie wieder!«, lautete der Slogan. Am Ende hatte keiner mehr Lust auf das SPÖVP-Bündnis, nicht einmal die großen Parteien selber. Das Abwracken der Großen Koalition und das dadurch entstandene Machtvakuum waren eine regelrechte Aufforderung für Jörg Haider und sein BZÖ. Erstens waren die Wähler der großen Koalitionsparteien frustriert und würden wie reife Früchte in Haiders Schoß fallen. Zweitens waren sich alle Beteiligten einig, dass die Große Koalition keine Option mehr ist – die reinste Einladung für das »rechte Lager«. Daher war es nur folgerichtig, dass sich Haider in Stellung brachte. Erst Ende August 2008 ließ er sich bei einem Parteitag des BZÖ zum Parteivorsitzenden wählen. Die Strategie, den Schwächeanfall der großen Parteien zu nutzen, ging auf. Einen Monat später konnte das BZÖ bei der Wahl am 28. September 2008 seinen Stimmenanteil auf 10,7 Prozent mehr als verdoppeln. In Kärnten erzielte die Partei mit 38,5 Prozent ihr bis dahin bestes Ergebnis, das Haider nur posthum noch übertreffen konnte: Bei der Landtagswahl am 1. März erzielte das BZÖ in Kärnten mehr als 45 Prozent.

Für die Altparteien, die Kräfte der Globalisierung und der EU war das Ergebnis der Nationalratswahl vom 28. September 2008 eine Katastrophe. Die Süddeutsche Zeitung sah ein »Desaster des alten Regimes«, wobei der Ausdruck »Regime« deutlich ins Auge fiel (28.9.2008). Selbst ÖVP-Chef Wilhelm Molterer räumte im ORF-Fernsehen ein, dass das Ergebnis auch »eine klare Niederlage der Art« sei, »wie in Österreich bisher von den zwei Parteien Politik gemacht wurde« (N24 Website, 29.9.2008 u. a.). Die internationale Presse schäumte angesichts der Wahlerfolge des rechten Lagers. Der Londoner Guardian bezeichnete das erstarkte rechte Lager als »neo-faschistische Rechte« und befand: »Österreich wurde von einem politischen Erdbeben erschüttert« (zitiert nach: Oberösterreichische Nachrichten, 30.9.2008).

> Die »Jerusalem Post« spekulierte über einen möglichen Abbruch der diplomatischen Beziehungen Israels mit Österreich, sollten die »Parteien der extremen Rechten« in die Regierung kommen. Die »Post« erinnert an den Abzug des Botschafters nach der Bildung der schwarz-blauen Regierung im Jahr 2000 und zitiert den derzeitigen Botschafter in Wien, Dan Aschbel, der sich demnach »sehr besorgt« über die xenophoben Parteien zeigte. (News ORF.at, 6.4.2009)

Dass die Annalen der österreichischen Regierungen – Simsalabim – nun trotz allem wieder eine Große Koalition der Altparteien verzeichnen, ist verblüffend. Es ist als künstliche und atypische Entwicklung zu werten, die ganz sicher nicht dem letzten Wahlergebnis oder dem Wählerwillen entspricht, sondern die erst durch den Tod des rechten Strategen Jörg Haider möglich wurde.

Tatsache ist, dass nach dem Wahlerfolg von BZÖ und FPÖ Ende September 2008 Gespräche von FPÖ und BZÖ über eine Regierungsbildung mit den großen Parteien liefen. Das geht unter anderem aus einem Interview hervor, das »Zeit im Bild 2« am 15. Oktober 2008, wenige Tage nach Haiders Tod, mit dem BZÖ-Mann und ehemaligen Haider-Sprecher Stefan Petzner führte. An dem Gespräch kann man hautnah miterleben, wie Haiders Tod in Österreich die Karten neu mischte. Der Tod des BZÖ-Chefs krempelte die politische Großwetterlage innerhalb kürzester Zeit so um, dass nun plötzlich wieder eine Große Koalition möglich wurde.

ZIB 2: Die ÖVP hat nun angekündigt, sie möchte doch die Koalitionsverhandlungen zunächst mit der SPÖ aufnehmen. Ist damit Ihre Hoffnung auf eine Regierungsbeteiligung des BZÖ dahin?

Petzner: Auch bei der ÖVP stellt sich die Frage, warum sie genau jetzt zu diesem Zeitpunkt die Koalitionsverhandlungen mit der SPÖ begonnen hat; das ist für mich nicht nachvollziehbar, ich halte das für einen sehr schweren Fehler und appelliere auch an dieser Stelle an jene Kräfte in der ÖVP, die diese große Koalition nicht wollen, und die gibt es. Es hat vier Gegenstimmen im Parteivorstand gegeben, die Parteispitze, den Parteiobmann Josef Pröll, davon zu überzeugen, diese große Koalition, wie sie jetzt geplant wird und offensichtlich hinter den Kulissen schon weit gediehen ist, zu verhindern, vor allem im Sinne dieses Landes und seiner Menschen, denn diese Große Koalition tut diesem Land nicht gut … wichtig ist: Bei uns bleibt es dabei, ich biete der ÖVP an, auch dem Josef Pröll an dieser Stelle an: Ja, das BZÖ ist nach wie vor bereit, in einer Regierung für Österreich zu arbeiten.

Er stehe nach wie vor für Gespräche mit der ÖVP, aber auch mit der SPÖ, bereit.

Bemerkenswert ist, dass nur vier Tage nach Haiders Tod die Große Koalition hinter den Kulissen laut Petzner bereits »weit gediehen« war. Das kann nur heißen, dass es die beiden großen »Volksparteien« un-

heimlich eilig hatten, sofort nach Haiders Ableben auch die Regie-
rungspläne mit den Rechten zu beerdigen. Statt Jörg Haiders »Die rot-
schwarze Koalition ist tot« hieß es nun: »Jörg Haider ist tot. Es lebe die
rot-schwarze Koalition.«

Genau wie in Deutschland 2005 bildeten die Wahlverlierer (wieder)
eine Große Koalition. Auch in Deutschland hatten SPD und CDU ihre Wahlniederlagen und Stimmenverluste 2005 in einen »Wählerauf-
trag« für eine Große Koalition umgelogen. Und nun dasselbe in Österreich. Trotz »historischer Verluste« (Spiegel Online) und dem
»schlechtesten Ergebnis in der Nachkriegsgeschichte« (N24) fühlten
sich SPÖ und ÖVP berufen, das Land erneut zu regieren. »Das Konzil
der Gescheiterten«, nannte das Michael Fleischhacker in einem Leit-
artikel in der Zeitung »Die Presse«. Nach einem Bekenntnis Fleischha-
ckers zu Haiders Tod »als betrunkener Raser« legte er los:

*Jörg Haider ist tot, und die österreichische Politik schickt sich am Wo-
chenende nach seinem Begräbnis an, das wiederherzustellen, was ihn zur
bestimmenden Figur dieses Vierteljahrhunderts gemacht hat: die Große
Koalition ...*

*Schon die Verhandlungsteams von SPÖ und ÖVP sind so etwas wie
ein personelles Monument für den Verstorbenen: Die beiden Parteien, die
nach eineinhalb Jahren gemeinsamer Regierung spektakulär gescheitert
sind, schicken die höchsten Repräsentanten des Scheiterns in Gespräche
über eine Neuauflage ihrer Zusammenarbeit mit dem Ziel, etwas »völlig Neues« in Inhalt und Stil zu vereinbaren. Neu ist freilich nur die Rück-
kehr zum ganz Alten: Die Sozialdemokratie hat die Trennung zwischen
Partei und Gewerkschaft rückgängig gemacht, in der ÖVP wird wieder
auf etwas mehr Ausgewogenheit zwischen den Bünden Wert gelegt, an
der es Wolfgang Schüssel angeblich so schmerzlich fehlen ließ.*

*Jörg Haider hätte mit dieser Verhöhnung der Wähler, die den beiden
»Altparteien« eine katastrophale Niederlage zugefügt haben, seine Freude gehabt. Wer mitverfolgt hat, wie der bald 60-Jährige seine jüngeren*

*Mitbewerber während der TV-Konfrontationen ausgesprochen alt ausse-
hen ließ, kann sich ausmalen, was er während der nächsten fünf Jahre
mit der »Verliererkoalition«, die da jetzt wieder geschmiedet wird, ver-
anstaltet hätte ...*

*Es ist eine sich selbst erhaltende, sich selbst reproduzierende und da-
mit zur personellen Austrocknung verurteilte Parteien- und Sozialpartner-
herrschaft, die mit den gesellschaftlichen und wirtschaftlichen Realitä-
ten schon lange nichts mehr zu tun hat. Das erkennt man schon daran,
dass sie zu einer absoluten Mehrheit von Nationalratsabgeordneten führt,
die ihre Lebenseinkommen von Beginn an ausschließlich von der öffentlichen Hand lukriert haben.* (»Die Presse«, Print-Ausgabe, 18.10.2008)

Die Wahrheit ist: Ob es ihr nun passt oder nicht, wurde diese Große Koalition auf dem Tod Jörg Haiders begründet. 38, 13, 1,5 Jahre –
durch Haiders Tod wurde einem abgewirtschafteten Zweiparteien-Sys-
tem noch eine Gnadenfrist gewährt. Österreich und die EU sind in vie-
lerlei Hinsicht außer Kontrolle. Haider war da nur das spektakulärste
Beispiel. Sein Ableben könnte der Versuch gewesen sein, diese Kontrolle wiederzugewinnen.

Nachwort

Das vorliegende Buch stellt den aktuellen Stand meiner Recherchen zum Fall Haider dar. Wahrscheinlich wird es die hinreichend bekannte Medienlitanei über »Spekulationen«, »Widersprüche«, »Ungenauigkeiten« und sonstige angebliche Versäumnisse des Autors auslösen. Bestimmt bin ich auch ein »Rechter«, »Verschwörungstheoretiker«, ein »Grenzgänger« oder sonst eine dubiose Existenz, die mit abenteuerlichen Theorien Geld machen will. Auf der Anklagebank wird wahrscheinlich wieder der Journalist sitzen, der mit seinen begrenzten Ermittlungsmöglichkeiten versucht, Licht ins Dunkel zu bringen – und es werden nicht die Behörden sein, die mit ihren umfassenden Ermittlungsinstrumenten nur Dunkel ins Licht bringen.

Diese ewig gleichen Propaganda-Phrasen sind dem Publikum jedoch nur allzu gut bekannt – zumal in Österreich. Sollten sie angewendet werden, wird das dem Leser nur zeigen, dass ich mich auf der richtigen Spur befinde.

Für aktuelle Informationen über dieses Buch sehen Sie bitte auf meiner Webseite **www.gerhard-wisnewski.de** unter dem Menüpunkt »Haider-Unfall« nach.

Dank

Während der Arbeit an diesem Buch habe ich in Österreich viele Freunde gewonnen. Ja, überhaupt ist mir aufgefallen, wie vergleichsweise offen, unvoreingenommen und lebendig Österreich gegenüber lähmender deutscher political correctness ist.

Zunächst gilt mein Dank natürlich allen, die mit mir geredet und die Sie auf den vergangenen Seiten kennengelernt haben.

Namentlich nicht erwähnen kann ich hier manche hochstehenden Persönlichkeiten aus der Kärntner und österreichischen Politik, die mir ebenfalls Türen geöffnet und mich mit Informationen versorgt haben. Dasselbe gilt für einige Angehörige der Familie Haider.

Besonders hervorheben möchte ich meinen Freund Arndt Burgstaller, der mir bei meinen Recherchereisen ein unermüdlicher Helfer war und mir dabei auch den einen oder anderen Crashkurs in Kärntner Geschichte verpasst hat. Sollten Sie einmal in Kärnten campen wollen, tun Sie das auf seinem Campingplatz in Döbriach am Millstätter See (burgstaller.co.at).

Nicht möglich gewesen wäre das Buch ohne meine Familie, die immer wieder wertvolle Ideen beigetragen und jede Menge Stress mitgetragen hat.

256

Literatur

Baentsch, Wolfram: Der Doppelmord an Uwe Barschel, 2. durchgesehene Auflage November 2006, München 2006

Barnett, Thomas P. M.: The Pentagon's New Map – War And Peace In The Twenty-First Century, New York 2004

Barnett, Thomas P. M.: Blueprint for Action – A Future Worth Creating, New York 2005

Haider, Jörg: Die Freiheit, die ich meine, Frankfurt/Berlin 1993

Lux, Georg/Wiedergut, Arno/Sommersguter, Uwe: Jörg Haider – Mensch, Mythos, Medienstar, Wien–Graz–Klagenfurt 2008

Rétyi, Andreas von: Skull and Bones, Rottenburg 2003

Scharsach, Hans-Henning: Europa ohne Sachertorte? Österreich und die EG, Wien–Graz–Klagenfurt 1989

Scharsach, Hans-Henning: Haiders Kampf, München 1992

Scharsach, Hans-Henning/Kuch, Kurt: Haider – Schatten über Europa, Köln 2000

Schwan, Heribert: Tod dem Verräter! Der lange Arm der Stasi und der Fall Lutz Eigendorf, München 2000

Tozzer, Kurt/Kallinger, Günther: Todesfalle Politik – Vom OPEC-Überfall bis zum Sekyra-Selbstmord, St. Pölten–Wien 1999

Wisnewski, Gerhard/Landgraeber, Wolfgang/Sieker, Ekkehard: Das RAF-Phantom, München 2008

Zöchling, Christa: Haider – Eine Karriere, München 2000

Bildnachweise

dpa: S. 12, 13, 139, 140, 142, 143, 210, 211, 226, 231, 236
S. Fleischer: S. 225
G. Wisnewski: S. 103, 153, 154
Farbbildteil: Archiv G. Wisnewski; S. I und S. V: Muggenthaler

Trotz intensiver Recherche konnten nicht alle Bildrechte geklärt werden. Urheber bitten wir, sich gegebenenfalls an den Verlag zu wenden.

Stichwortverzeichnis

A

A-Säule 79, 141, 211, 247

Airbag 84, 157 f., 161, 167–173, 220, 222, 247

Albia 18

Alkoholeinlauf 179

Alkoholgehalt 132, 177, 208

Alkoholiker 97, 182 f.

Alkoholkonsum 117, 177, 186, 192 f., 208, 212 f.

Alkoholrausch 207

Altparteien 41–44, 57, 59 f., 63 f., 135, 250, 253

Anhalteweg 161 ff., 212

Antenne Kärnten 102, 105 ff., 109

Anti-Terror-Truppe 213

Antichrist 235

Antisemitismus 49 ff.

Aschbel, Dan 250

Attentat 3, 10, 12, 14, 29, 55, 82 ff., 130 f., 210, 221, 233, 237, 249

Aufsichtsrat 69

B

B-Säule 79, 141, 247

Bad Goisern 16, 18

Baggerlader 227

Ballistik 144, 147 f., 229, 248

Bandion-Ortner, Claudia 137

Bärental 19, 91 f., 95, 118, 176

260

I

injury.com 169 f.

J

Jost, Marlies 100 ff., 105, 177

Jugoslawien 86, 88

Justizministerium 132, 136

K

K.-o.-Tropfen 81, 115 f., 190

Kaplaner, Bernhard 126

Kardinalplatz 93 ff.

Kärnten 9, 11, 20 f., 31, 47, 59, 71, 77, 86–89, 91, 94, 96, 98, 100, 102, 105 ff., 109, 118, 132, 135, 137, 183, 206, 222, 236 f., 250, 255

Kärntner Abwehrkampf 88

Karosserie 84, 230 f.

Klagenfurt 15, 86, 88 f., 93 f., 103, 111 f., 115, 118 f., 121, 124 f., 126–129, 132 f., 135 f., 151, 155 f., 174, 196, 203, 217, 242, 256

Klagenfurter Zeitung 238

Klaus, Václav 11, 66

Kleine Zeitung 49, 90 f., 115, 125, 127, 149, 155 f., 178

Klestil, Thomas Dr. 35

Kofferraum 220, 226, 233 ff., 241, 244, 247

Kommunistische Partei Österreichs 41

König, Wolfgang 200, 231, 238–245

Königs-Astner, Susanne 98, 101 f., 105

Kotflügel 139, 150, 229 f., 240

M

N

O

P

Q

R

S

Sachverständige 120 f., 155, 157, 159 ff.

Sandra S. 201, 203 f.

Schager, Friedrich 87, 91, 93

Scharnier 230

Scharsach, Hans-Henning 18, 21, 32 ff., 51–54, 256

Scheibenwischer 230, 248

Scheinwerfer 190, 229 f.

Schlaftabletten 180, 182

Schleifspuren 139 f., 226

Schuh 157, 210, 232–235

Schüssel, Wolfgang 57 ff., 77, 252

Schweller 149, 224

Schwulenlokal 93, 109, 112 f., 127 ff., 131, 178

Seppele, Robert 232

Simpson, O. J. 233 f.

Sinowatz, Fred 28, 63

Sonderparteitag 58

Sony Ericsson 220

Sozialistische Partei Österreichs 41, 43, 48, 59–65, 72–78, 134, 136 ff., 251 f.

Sozialrebell 25, 30

Spiegel, Der 56, 59, 60 f., 159, 236, 252

SPÖ 41, 43, 48, 59–65, 72–78, 134, 136 ff., 251 f.

Sprechverbot 248

Staatsanwaltschaft 6, 80, 82, 92, 104, 121, 124 f., 128–136, 155 f., 158–161, 164, 174, 180 f., 191, 193, 198, 207 f., 219, 231

Stadtkrämer 6, 81, 92–97, 104, 108–117, 128, 177 ff., 206, 208, 221

Stasi 184, 186, 219, 256

X

Y

Z